28,-

Aus dem Institut für die Pädagogik
der Naturwissenschaften (IPN)
an der Universität Kiel
Olshausenstraße 40–60
D-2300 Kiel 1

Günter Eulefeld, Karl Frey, Henning Haft,
Wolf Isensee, Jürgen Lehmann, Boje Maassen,
Brunhilde Marquardt, Karl Schilke, Hansjörg Seybold

in Zusammenarbeit mit
Wolfgang Bürger, Karl-Rudolf Höhn,
Regula Kyburz-Graber

Ökologie und Umwelterziehung

Ein didaktisches Konzept

Verlag W. Kohlhammer
Stuttgart Berlin Köln Mainz

CIP-Kurztitelaufnahme der Deutschen Bibliothek

Ökologie und Umwelterziehung: e. didakt. Konzept /
aus d. Inst. für d. Pädagogik d. Naturwiss. (IPN) an d. Univ. Kiel.
Günter Eulefeld ... in Zusammenarbeit mit Wolfgang Bürger ... –
Stuttgart; Berlin; Köln; Mainz: Kohlhammer, 1981.
 (Kohlhammer-Studienbücher: Pädagogik)
 ISBN 3-17-005509-7
NE: Eulefeld, Günter [Mitverf.];
Institut für die Pädagogik der Naturwissenschaften ⟨Kiel⟩

Alle Rechte vorbehalten
©1981 Verlag W. Kohlhammer GmbH
Stuttgart Berlin Köln Mainz
Verlagsort: Stuttgart
Umschlag: hace
Gesamtherstellung:
W. Kohlhammer Druckerei GmbH + Co. Stuttgart
Printed in Germany

Inhalt

Vorwort 9

Einführung: Zum Gebrauch des didaktischen Konzepts ... 11

Teil 1: Der Rahmen für das didaktische Konzept
Ökologie und Umwelterziehung 14

1.1. *Der Ansatz des didaktischen Konzepts
Ökologie und Umwelterziehung* 14

1.2. *Begründung für das didaktische Konzept Ökologie
und Umwelterziehung aus drei Bezugswissenschaften* ... 20
1.2.1. Zur Geschichte der Problemanalyse 20
1.2.2. Merkmale und Inhalte des Wissenschaftsbereiches
Ökologie 23
1.2.3. Biologische Ansätze 23
1.2.4. Sozialwissenschaftliche Ansätze 31
1.2.5. Ökonomische Ansätze 40
1.2.5.1. Die marktwirtschaftsorientierte Analyse 42
1.2.5.2. Die kapitalismus-kritische Analyse 53

1.3. *Ökologie und Umwelterziehung im Schulunterricht* 60
1.3.1. Begriffliche Abgrenzung 60
1.3.2. Verwirklichung von Ökologie und Umwelterziehung
im Schulsystem 63
1.3.2.1. Zur gegenwärtigen Situation 63
*1.3.2.2. Möglichkeiten der Verwirklichung des didaktischen
Konzeptes Ökologie und Umwelterziehung* 64

Teil 2: Das didaktische Konzept zur Strukturierung
von Lehr-/Lernsituationen im Bereich Ökologie
und Umwelterziehung 68

2.1. *Zum interdisziplinären Anspruch des didaktischen
Konzeptes* 68

2.2.	Übersicht über das didaktische Konzept Ökologie und Umwelterziehung	69
2.3.	Drei Komponenten für die Analyse und Entwicklung von Lehr-/Lernsituationen	70
2.3.1.	Komponente I: Gegenständliche Teilsysteme	70
2.3.2.	Komponente II: Aussagesysteme aus unterschiedlichen Wissensbereichen	76
2.3.2.1.	Drei Wissensbereiche mit Aussagen für Ökologie und Umwelterziehung	77
2.3.2.2.	Verwendung von Aussagen aus den wissenschaftlichen Disziplinen	80
2.3.2.2.1.	Unterschiedliche Formen der wissenschaftlichen Aussagesysteme	80
2.3.2.2.2.	Gewährleistung der Handlungsfähigkeit bei der Verwendung disziplinären Wissens	82
	Anmerkungen	85
2.3.3.	Komponente III: Ökologische Thematisierungsgesichtspunkte	86
2.3.3.1.	Einordnung, Aufgaben und Rolle der Thematisierungsgesichtspunkte im didaktischen Konzept	86
2.3.3.2.	Auswahl von Thematisierungsgesichtspunkten	88
2.3.3.3.	Thematisierungsgesichtspunkte	89
2.3.3.3.1.	Vernetztheit ökologischer Systeme	90
2.3.3.3.2.	Problemhaftigkeit ökologischer Systeme	96
2.3.3.3.3.	Geschichtlichkeit ökologischer Systeme	98
2.3.3.3.4.	Prozeßhaftigkeit ökologischer Systeme	101
2.4.	Unterrichtsmethoden im Bereich Ökologie und Umwelterziehung	103
2.4.1.	Bestimmungen durch das didaktische Konzept	103
2.4.2.	Externe Bestimmungen	106
2.4.3.	Einzelne Unterrichtsmethoden	107
Teil 3:	Konsequenzen aus dem didaktischen Konzept	125
3.1.	Vorüberlegungen zur Strukturierung von Unterricht über das gegenständliche Teilsystem »Die Nutzung des Waldes durch den Menschen«	125

3.2.	*Ein Beispiel für die Entwicklung einer Unterrichtseinheit im Bereich Ökologie und Umwelterziehung: Schutz des Waldes*	137
3.2.1.	Planung	137
3.2.2.	Leitideen der Unterrichtseinheit	138
3.2.3.	Erfahrungen als Ausgangspunkt für die Entwicklung	140
3.2.4.	Verwendung von Aussagesystemen (Wissensbereichen)	140
3.2.5.	Funktion und Auswahl der Thematisierungsgesichtspunkte	142
3.2.6.	Unterrichtsformen	146
3.2.7.	Aufbau der Unterrichtseinheit	148
Literatur		150

Vorwort

Das »Didaktische Konzept Ökologie und Umwelterziehung« geht zurück auf einen mehrjährigen Diskussions- und Entwicklungsprozeß einer Projektgruppe am IPN, deren Gründung bis Anfang 1973 zurückreicht. Vom 13. 10. bis 17. 10. 1975 fand im IPN Kiel ein Seminar über »Ökologie im Unterricht allgemeinbildender Schulen« statt, an dem 45 Lehrer, Lehreraus- und -fortbildner und Erziehungswissenschaftler teilnahmen. Zu diesem Seminar erstellte die Projektgruppe als Arbeitsunterlage ein »Didaktisches Konzept Ökologie«, das in den Arbeitsgruppen einer intensiven Kritik unterzogen wurde.
Nach Abschluß des Seminars wurde entschieden, daß die Materialien vor ihrer Veröffentlichung eine gründliche Überarbeitung erfahren sollten. In mehreren, durch längere Pausen unterbrochenen Arbeitsphasen wurden die Teilstücke und das Gesamtkonzept immer wieder diskutiert und weiterentwickelt, während ein Teil der Mitarbeiter der Projektgruppe gleichzeitig in anderen Teilprojekten mit Umweltthematik tätig war. Das vorliegende Endprodukt berücksichtigt sowohl Anregungen der Seminarteilnehmer von 1975 als auch konzeptionelle und unterrichtspraktische Entwicklungen der letzten Jahre. Für konstruktive Beiträge sind wir insbesondere unseren Kollegen D. Bolscho und F. Zacharias dankbar.
Obwohl sich in den letzten 10 Jahren die didaktische Diskussion über die Umwelterziehung sehr ausgeweitet hat und in Lehrplänen, Unterrichtsmaterialien und auch in der Lehrerausbildung vielfältige Realisierungen begonnen haben, ist das »Didaktische Konzept« nicht überholt. Wir hoffen vielmehr, damit eine Lücke zu schließen, die auch heute trotz aller Bemühungen immer wieder feststellbar ist. Denn es fehlt immer noch ein Gesamtkonzept der Umwelterziehung und seiner Einbindung in die Aufgaben unseres Schulsystems und in seine Organisationsformen. Ein Vorschlag für eine solche Konzeption wird mit dem »Didaktischen Konzept« vorgelegt.
Wir erhoffen uns damit eine bessere Fundierung der Gespräche zwischen allen Beteiligten in Administration, Universität und Schule, um die nach wie vor aktuellen Probleme der Umwelterziehung ihrer Lösung näher zu bringen.
Aufgrund der Geschichte dieses Buches, der Interdisziplinarität des umfangreichen Autorenteams und der großen Breite der relevanten Inhaltsbereiche konnte es nicht ausbleiben, daß die Diktion der einzelnen Kapitel unterschiedlich ist. Dies hat nicht nur redaktionelle Gründe. Die Sprache verschiedener Fachbereiche ist verschieden und kann nur unter Verlusten vereinheitlicht werden. Wir bitten den Leser um Nachsicht, wenn ihm hier kein stilistisch einheitliches Werk vorgelegt wird.

Wir hoffen, daß unsere Bemühungen, Argumente aus verschiedenen Fachbereichen zusammenzuführen, andere Gruppen zu ähnlichen Versuchen anregt. Denn Umwelterziehung beschäftigt sich mit den Problemen der Menschen in ihrer Umwelt und der Zugang zum Verständnis dieser Probleme ist von der Offenheit abhängig, mit der die unterschiedlichen Fachkenntnisse, die interessegeleiteten Aussagen und die Wertsetzungen konsequent als gleichgewichtige Teilbereiche berücksichtigt werden.

Unser Dank für die Erstellung des Manuskriptes gebührt Frau Renate Glawe, für umfangreiche redaktionelle Arbeiten danken wir Herrn Gerd Wiechering.

Kiel, April 1981 *Günter Eulefeld*

Einführung: Zum Gebrauch des didaktischen Konzeptes

Ziel der Umwelterziehung ist, Menschen zu einem verantwortlichen Umgang in ökologischen Situationen zu befähigen, ihnen Wert und Unwert von Umwelten bewußt zu machen. Umwelterziehung dient der Entwicklung von Kenntnissen und Fähigkeiten, die als Voraussetzung für ein Verhalten gelten können, das ökologische Gesetzmäßigkeiten mit berücksichtigt.
In einer Welt, in der dem individuellen Wohlergehen mit die höchste Wertigkeit zugesprochen wird, sind Traditionen wenig gefragt, die der langfristigen Vorsorge auf Kosten kurzfristigen Konsums verpflichtet sind. Umwelterziehung zielt aber auf eine Erhaltung oder Erneuerung eines Denkens und Handelns, das an biologischen und soziologischen Langzeitprozessen, an den Lebensbedingungen zukünftiger Generationen orientiert ist. Umwelterziehung ist deshalb nicht auf Schule begrenzt, sie bezieht vielmehr alle Bereiche des öffentlichen Lebens ein.
Ein didaktisches Konzept zur Umwelterziehung muß daher an dieser grundlegenden Zielsetzung orientiert sein und für den *gesamten Bildungsbereich* Denk- und Handlungsanregungen bieten. Unverzichtbar ist aber auch bei jeder didaktischen Konzeption, daß sie konkretisiert wird, daß sie Beispiele nennt und nachvollziehbare Anregungen gibt. Das heißt wiederum, daß in einem so komplexen und vielschichtigen Feld wie dem Bildungs- und Informationswesen der Bundesrepublik Deutschland ein solches Konzept *nicht für alle Teile gleichermaßen konkret* werden kann.
Das hier vorgelegte didaktische Konzept Ökologie und Umwelterziehung wendet sich nun nicht nur an eine gesellschaftliche Gruppe, wie z. B. die Lehrer der allgemeinbildenden Schulen. Es kann vielmehr von vielen benutzt werden, die sich mit der Realisierung von Umwelterziehung oder ihrer Voraussetzungen befassen. In der notwendigen Konkretisierung konzentriert es sich aber auf den schulischen Bereich und spricht hier vor allem den Sektor Unterrichtsplanung und Lehrerbildung an.
Das didaktische Konzept Ökologie und Umwelterziehung besteht aus drei Teilen:

Teil 1 bildet den Rahmen für das eigentliche didaktische Konzept, das im Teil 2 vorgelegt wird. Teil 1 hat im Zusammenhang mit diesem Konzept begründende und inhaltserschließende Funktion.
Im ersten Abschnitt wird der curriculare Ansatz der Arbeitsgruppe erläutert und vor dem Hintergrund des Verständnisses von Schule, Unterricht und Curriculum der Stellenwert des didaktischen Konzeptes verdeutlicht. Abschnitt 2 enthält eine Diskussion des Ökologiebegriffes und der Rolle der Bezugswissenschaften. In Abschnitt 3 werden Schulökolo-

gie, Umwelterziehung und Realisierungsmöglichkeiten im bestehenden Schulsystem reflektiert.

Teil 2 ist das didaktische Konzept im engeren Sinne. Der erste Abschnitt begründet die Notwendigkeit interdisziplinären Vorgehens im Bereich Ökologie und Umwelterziehung. Der zweite Abschnitt führt drei Komponenten für die Planung von Lehr-/Lernsituationen aus, die für die Unterrichtsvorbereitung und die Curriculumentwicklung ebenso wie in anderen Lebensbereichen in inhaltlicher und struktureller Hinsicht verwendet werden können. Die Ausführung der drei Komponenten »Gegenständliche Teilsysteme«, »Aussagensysteme« und »Thematisierungsgesichtspunkte« soll die eigene Planung von Unterrichtssituationen beim Leser anregen und erleichtern.

Denselben Zweck hat auch der dritte Abschnitt des Teils 2: hier liegt jedoch der Schwerpunkt eher auf dem Handlungsaspekt. Dieses Kapitel befaßt sich mit Unterrichtsmethoden, die für Lehr-/Lernsituationen im Bereich Ökologie und Umwelterziehung als adäquat gelten können.

Teil 3 schließlich enthält einige Beispiele für eine mögliche Aufarbeitung von Thematisierungsgesichtspunkten mit Hilfe von Aussagensystemen sowie ein Beispiel für die Entwicklung einer Unterrichtseinheit, die z. T. auf Anregungen aus dem didaktischen Konzept zurückgeht.

Wir meinen, daß das didaktische Konzept insgesamt geeignet ist, Studenten, Lehrern, Lehreraus- und -fortbildnern sowie Curriculumentwicklungsgruppen Anregungen für didaktische Reflexion und konkrete Entwicklungen zu geben. Es stellt den Versuch einer begründeten Anleitung zur Entwicklung und Analyse von Unterricht mit ökologischen Inhalten dar.

Die Verwendung des didaktischen Konzepts trifft auf Grenzen, wenn die Ziele der Adressaten von denen der Autoren wesentlich abweichen. Das kann schon bei der Grundabsicht vorkommen, unter der hier ökologische Themen erschlossen werden. Ökologie und Umwelterziehung soll als schulisches Lerngebiet nicht einer einzigen wissenschaftlichen Disziplin oder gar Teildisziplin vorbehalten bleiben. Vielmehr sind mehrere Disziplinen angesprochen.

Dieses Verständnis ist die Grundlage des didaktischen Konzeptes. Es stellt auch eine Zielperspektive dar: Der Unterricht soll die Schüler mit den verschiedenen Dimensionen ökologischer Situationen bekanntmachen. Das gilt für die Abgrenzung ökologischer Phänomene, ihre Bearbeitungsmethoden und die allgemeinen Betrachtungsmuster, die in der Ökologie vorkommen können. Damit verbindet sich unmittelbar ein weiteres normatives Element dieses didaktischen Konzeptes. Ökologieunterricht soll den Schülern sowohl Erklärungen und Interpretationen an die Hand geben wie auch Handlungsorientierungen vermitteln.

Die Ausklammerung vieler anderer Faktoren, die für die Einführung neuer Unterrichtsgebiete große Bedeutung haben (vgl. z. B. Hameyer, 1978), rechtfertigt sich pragmatisch aus der Gegebenheit, daß hierzu im Bereich Ökologie und Umwelterziehung in den letzten Jahren eine Anzahl einschlägiger Veröffentlichungen erschienen sind (vgl. Literaturverzeichnis).

Teil 1: Der Rahmen für das didaktische Konzept Ökologie und Umwelterziehung

1.1. Der Ansatz des didaktischen Konzeptes »Ökologie und Umwelterziehung«

Der Begriff »didaktisches Konzept« bietet sich hier an. Er ist noch wenig besetzt und gibt Raum sowohl für begründende Argumente als auch für inhaltliche Festlegungen.
Der Begriff »Didaktisches Konzept« impliziert keine spezielle curriculare Methodologie. Dadurch wird der Eindruck vermieden, einen völlig neuen Ansatz präsentieren zu wollen. Dem widerspricht allerdings nicht, daß eine bestimmte Auffassung didaktischer bzw. curricularer Methodologie vertreten wird. Curriculare Methodologie meint in dem hier verwendeten Sinne eine begründete Aussagenreihe mit Handlungsorientierung. Dieser Aussagenzusammenhang verzichtet von vornherein auf eine erschöpfende Systematisierung und auf die Verpflichtung, ständig bis zu Erstbegründungen zurückzugehen.
Die drei Komponenten des didaktischen Konzepts (s. Teil 2) als Referenzrahmen für die Reflexion und die konkrete Entwicklung von Unterricht werden (1) aus Vorstellungen über die *Aufgaben der Schule* als Institution gewonnen, die (2) in einige allgemeine *Leitideen* für den Unterricht eingehen. Die Leitideen binden sich (3) in das hier unterlegte Verständnis von *Curriculum* ein.
Der »Ansatz des didaktischen Konzeptes« (Abschnitt 1 des »Rahmens«) dient der Rechtfertigung der mit dem didaktischen Konzept angestrebten Ziele von Ökologie und Umwelterziehung in der Schule. Das didaktische Konzept selbst als *ein* Mittel zum Erreichen dieser Ziele, und damit als zweckorientierte Konzeption wird mit den Anschnitten 2 und 3 des Rahmens begründet (zu den Begriffen Begründung und Legitimation vgl. u. a. Künzli, 1975, S. 9 ff.; Zedler, 1976).

(1) Aufgaben der Schule als Institution

In den meisten Ländern stehen die obligatorischen Schuleinrichtungen unter der Aufsicht des Staates – dies ohne Zweifel mit der Absicht der Reproduktion gegebener Lebensformen, aber auch zwecks Garantie der Rechte des einzelnen. Dieser Doppelaspekt staatlicher Schulaufsicht gibt die Grundlage für die Zweckbestimmung von Schule ab: Die Schule soll helfen, die Rechte des einzelnen zu gewährleisten. Sie muß die Rechte auf freie Meinungsäußerung, Handlungsfähigkeit und Selbstbestimmung verwirklichen helfen, d. h. sie hat der Entfaltung des einzelnen zu dienen. Sie darf sich nicht nur auf die intellektuelle oder körperliche »Entfaltung«

beschränken. Es sind *alle* Eigenschaften und Merkmale menschlichen Lebens angesprochen. Konkreter ausgeführt darf sich die obligatorische Schule nicht auf einen einzelnen Lebensbereich wie den Beruf, die Familie oder die Freizeit ausrichten. Sie darf darüber hinaus nicht allein wissenschaftliches Wissen –, aber auch nicht nur Aktion und reflektiertes Tätigsein fördern.
Neben dem Ziel der individuellen Entfaltung steht das zweite – der Beitrag zum Fortbestand bzw. zur Fortentwicklung der Gesellschaft. Hier geht es darum, den Schüler zu veranlassen, sich aktiv mit jenen Normen und Merkmalen des sozialen Systems auseinanderzusetzen, die zur Zeit und in Zukunft für den Fortbestand der Gesellschaft bedeutsam erscheinen. Orientierungspunkte sind dabei vermehrte soziale Gleichberechtigung, Absicherung der individuellen Freiheit und ein ökologisch im positiven Sinn bestimmtes Verhältnis zur natürlich/technischen Umwelt.

(2) Allgemeine Leitideen des Unterrichts

Die einzelnen Lernbereiche wie Deutsch, Mathematik, Sport oder Ökologie sind in den gesamten Unterricht der Schule eingebunden. Sie können sich nicht völlig autonom entwickeln und ausweiten, wenn man davon ausgeht, daß eine Zerstückelung der Gesamtbildung nicht gewollt wird. Umgekehrt läßt sich auch nicht ein Gesamtcurriculum von Schule konstruieren, um daraus die einzelnen Lernbereiche abzuleiten. Das Gesamtcurriculum und die einzelnen Teilcurricula entstehen idealerweise in einer Wechselwirkung. Die Konzeption des Gesamtcurriculum wirkt gegenüber den einzelnen Lernbereichen als Regulativ. Sie bedarf zusätzlicher Orientierungsmarken, um diese Aufgabe leisten zu können. Einige solcher Orientierungen sind in den im folgenden entwickelten Leitideen zu sehen. Es gilt als Voraussetzung, daß die Schule in ihrer allgemeinbildenden Funktion sich nicht auf ein einziges Gebiet des heutigen Lebens beschränken kann. Nicht nur die gegenwärtigen Wissenschaften oder andere Kulturgüter wie z. B. die Literatur bilden ihre Gegenstände. Vielmehr soll die Schule versuchen, Ausschnitte aus allen größeren Lebensbereichen aufzugreifen, um sich nicht selber von der übrigen Lebenswelt abzusondern.
Folgt man einem solchen Vorverständnis der Schule, dann können ihre Inhalte nicht allein theoretischer oder ausschließlich lebenspraktischer Natur sein. Daraus ergibt sich als

1. Leitidee: Die Schule befaßt sich mit kulturellen Objektivationen

Kulturelle Objektivationen sind Ergebnisse aus den Wissenschaften, dem Alltagsleben, der Kunst, dem Recht, dem Staatsverständnis u. a.
Sie sind damit Bestimmungsgrößen unseres gegenwärtigen und künftigen Lebens. Sie wirken auf die Handlungsmöglichkeiten jedes einzelnen ein. Deshalb ist es sinnvoll, daß sie verstanden werden, um sie nachvollziehen – und gegebenenfalls verändern zu können.

In den letzten Jahrzehnten wurden zuerst und oft nur wissenschaftlich/ kulturelle Objektivationen in die Schule aufgenommen. Zudem ergänzen und revidieren Fächer wie Mathematik, die Naturwissenschaften oder Geschichte ihre Inhalte oft aus neuen Erkenntnissen parallel laufender wissenschaftlicher Disziplinen. Soll die Schule aber nicht zu einer Nachfolgeinstitution der einzelnen Wissenschaften in der Hinsicht werden, Vereinfachungs- und Verbreitungsdienste für diese zu leisten, dann hat sie sich in gleicher Intensität mit kulturellen Objektivationen aus nichtwissenschaftlichen Lebensbereichen zu befassen.

Die kulturellen Objektivationen, die in der Schule behandelt werden, sollen

– in ihrer Entstehung (einschließlich der Motive ihrer Entstehung) –,
– in ihren gegenwärtigen Aussageformen, Gestalten oder Funktionsweisen – sowie
– in ihren vorhandenen oder denkbaren Konsequenzen für die Lebenswelt behandelt werden.

2. Leitidee: Die Schule vermittelt Qualifikationen zur Bewältigung späterer Lebenssituationen

Mit dieser Leitidee ist gemeint, daß die Schule Verhaltensdispositionen oder Handlungsorientierungen herausbilden soll, die als Grundlage für die optimalen und selbstbestimmungsfördernden Qualifikationen zur Bewältigung sich stets ändernder »Lebenssituationen« dienen.

Lebenssituationen verstehen sich hier im Gegensatz zu anderen Auffassungen nicht nur als Bestimmungsmomente für die Rechtfertigung und Konstruktion schulischer Ziele und Inhalte, sondern auch als unmittelbare Lerngegenstände. Die Schule qualifiziert *für* Lebenssituationen, aber ebenso *in* Lebenssituationen. Sie macht diese zu Schulthemen.

Um das Verhältnis der ersten zur zweiten Leitidee herauszuarbeiten, sind die komplexen Lebenssituationen mit den vereinfachenden und innerhalb ihres Systems strukturierten und strukturierenden Objektivationen aus Kunst, Wissenschaft, Kulturtechnik, Zivilisation u. a. zu integrieren.

3. Leitidee: Die Schule ist ein selbstbestimmter Lebensraum für Schüler und Lehrer

Die weitaus meisten Inhalte und Ziele der Schule sind auf in weiterer Zukunft wichtig werdende Fähigkeiten und Einstellungen ausgerichtet: Die Schule soll die Berufs- und Studierfähigkeit fördern oder späteres Lernen lehren. Sie soll zu mündigen Staatsbürgern erziehen. Alle diese Ziele weisen über die Schule hinaus. Sie geben Zwecke an, auf die hin die Schule Aufgaben zu erfüllen hat. Damit ist die Schule funktionalisiert: Bildung versteht sich als Vermittlung normativer und funktionaler Qualifikationen. Oft bestehen die Qualifikationen nur in einer Beschreibung von Leistungen, die später nach dem Schulbesuch erbracht werden sollten. Dieser Typus der Zielsetzung kann als sekundäre (in die Zukunft

verschobene) »Verzweckung« (Funktionalisierung) bezeichnet werden. Davon hebt sich die primäre (unmittelbare) Verzweckung ab, auf die Zielsetzungen in und während des Schulbesuches gerichtet sind.
Es gibt mehrere Gründe, die dafür sprechen, Schule nicht nur auf eine sekundäre Verzweckung hin auszulegen. So weisen z. B. wissenschaftstheoretische Analysen der pädagogischen Zweckbeschreibungen auf die Unzulänglichkeit pädagogischer Theorien hin, welche die Funktion erzieherischer Prozesse begrifflich zu fassen versuchen (vgl. z. B. Amini, 1976, 79 ff.; Klafki, 1973; Kramp, 1973).
Die Schule sollte die dritte Leitidee eines selbstbestimmten Lebensraumes realisieren, indem sie Lernsituationen schafft, in denen Schüler und Lehrer das tun können, was sie nach ihren gegenwärtigen Bedürfnissen tun möchten. Dazu ist vor allem erforderlich, daß in der Schule die möglichen Erfahrungssituationen und Handlungsspielräume ausgebaut werden, in denen die Schüler ihre Wünsche anmelden, diskutieren und verwirklichen können. Derartige Situationen werden in engem Bezug zur schulischen und individuellen Lebenswelt der Schüler stehen müssen.
Diese unmittelbare Verzweckung läßt sich nicht rein theoretisch verwirklichen. Dennoch muß sie sich auch der Komponenten der Aufklärung, der Reflexion und der Formulierung objektiver (d. h. gedanklich als wichtig herausgestellter) Bedürfnisse bedienen. Die Befriedigung spontaner Wünsche, die subjektives Wohlbefinden erhöhen (selbst diese Wünsche und Zustände von Glück unter bestimmten Bezugspunkten als unopportun abgetan werden) gehört unbedingt dazu.
Die besonderen Ziele unmittelbarer und verschobener Verzweckung können Konflikte in der Institution Schule aufbrechen lassen. Die Befriedigung aktueller Wünsche kann in Widerspruch zu den Qualifikationsabsichten und Forderungen nach einer grundsätzlichen oder langfristig vernünftig-verantwortungsvollen Bildungsarbeit geraten. Dieser Widerspruch muß durch die Entwicklung entsprechender Materialien und Unterrichtsformen bearbeitet werden. Unterrichtsthemen müssen neben anderen zugleich frei bearbeitbare Teile enthalten.
Auch die Lernorte dürfen sich nicht ausschließlich auf die unmittelbare schulische Umgebung beschränken. Sie müssen in entscheidendem Maße das Zuhause, den Freizeitraum, die natürliche Umwelt u. a. m. mit einbeziehen.
Zwingende Beziehungen zwischen den drei Leitideen können nicht festgelegt werden. Das würde ihrem Orientierungscharakter widersprechen. Grundsätzlich kann keine dieser Leitideen Priorität beanspruchen. Bisherige Schulausbildung, die sich nur auf eine der Leitideen konzentriert hat, ist einseitig und nicht der Breite von Interessen der Lehrer und Schüler entsprechend.
Gleichmäßige Berücksichtigung der drei Leitideen kann auch nicht bedeuten, daß jede einzelne Stunde danach befragt wird. Es kann auch nicht bedeuten, daß einzelne Fächer zur aktuellen Selbstbestimmung und

Zufriedenheit der Schüler eingerichtet werden, während andere Fächer zum Lernen für die Zukunft da sind.
Da die schulische Ausbildung aus verschiedenen historischen Gründen und aus ökonomischen Motiven in Fächer aufgeteilt ist, ist es sinnvoll, die gleichmäßige Behandlung der drei Leitideen innerhalb der einzelnen Fächer, verteilt über die gesamte Unterrichtszeit, zu verwirklichen.
Die Berücksichtigung der drei Leitideen sollten die Gewähr dafür bieten, daß die genannten Interpretationsmuster in engem Kontakt mit den handlungsorientierenden Aufgaben in der Schule und der Entwicklung des Selbstverständnisses der Schüler vermittelt werden.

(3) Das Verständnis von Curriculum

Curriculum im Zusammenhang mit dem didaktischen Konzept wird als Lehr-Lern-Gefüge verstanden, das sich in verschiedenen Handlungsbereichen und Formen der schriftlichen Wiedergabe niederschlägt. Das Curriculum ist nicht nur das Schulfach oder der Lehrplan oder die Unterrichtsvorbereitung des Lehrers. Das Gesamtcurriculum, das letztlich den Unterricht ausmacht, setzt sich aus allen diesen Komponenten zusammen.
Obwohl sich Curricula in Handlungsvollzügen konstituieren, sollen sie nicht nur den Charakter momentaner Interaktionszusammenhänge aufweisen. Vielmehr sollen sie auch auf Theorien und diskutierbaren Argumenten beruhen. Deshalb wird versucht, curriculare Konzepte für die Behandlung von Ökologie und Umwelterziehung im Bildungswesen als Ganzes zu erarbeiten.
Curriculum wird darüber hinaus als ein Prozeß begriffen, der auf zwei Ebenen verläuft. Einmal umfaßt er die Planung und Durchführung eines konkreten Curriculums. Dabei sollen alle Einflußgrößen wie Medieneinsatz, Lernsituationen, Voraussetzungen der Schüler, Qualifikationen der Lehrenden und anderes mehr berücksichtigt werden. Dieser Konkretionsgrad wird in diesem didaktischen Konzept nicht angestrebt, ohne jedoch ganz vernachlässigt zu werden.
Zum anderen bezieht sich der curriculare Prozeß auf eine mehr theoretisch-konstruktive Ebene. Dabei geht es um die Grundlegung einer Strategie und ihrer Rahmenbedingungen für den Curriculumprozeß auf der genannten konkreteren Ebene.
Unter Berücksichtigung dieser Überlegungen richtet eine Strategie, welche sich am Curriculumprozeß orientiert, alle Aktivitäten und Produkte nach jenen Angelpunkten aus, welche letztlich die Realisierung des Curriculum bestimmen. Dabei wird zuerst untersucht, welche Determinanten, Faktoren, Arbeitsphasen, Kodifikationszustände, Informationsflüsse wichtig sind bzw. wichtig sein sollen, wenn sich ein Curriculum herausbildet. Anschließend wird versucht, auf möglichst alle diese wichtigen Punkte einzugehen, sie in ihren Bedingungen und Konsequenzen zu bearbeiten.

Eine curriculumprozeß-orientierte Strategie ist nicht lehrerzentriert, indem hauptsächlich Materialien zum Training des Lehrers und zur Unterrichtsvorbereitung produziert werden. Sie ist auch nicht schulnah, indem mit einigen Lehrer- und/oder Schülergruppen vor Ort Unterrichtseinheiten entwickelt – und damit gleichzeitig durchgeführt werden.
Vielmehr steht im Vordergrund die Absicht, ein Konzept für die Entwicklung von Produkten für die verschiedenen Orte zu erstellen, an denen Teile des späteren unterrichtlich relevanten Curriculum entstehen. Das können u. a. die Behandlung von Ökologie und Umwelterziehung in der Biologielehrer-Ausbildung, der Fachdidaktikkurs in der Praxisführung der Lehrer (2. Phase der Lehrerbildung), der Einbau von Ökologie und Umwelterziehung in die Stundentafeln, die Abfassung der Präambeltexte für die naturwissenschaftlichen Fächer, die Auswahl von ökologischen Themen für die Schulbücher, der Ökologiebegriff der Schulbuchautoren, die Zusammenarbeit von Lehrergruppen bei der Unterrichtsvorbereitung und -durchführung u. a. m. sein.
Dieser curriculumprozeßorientierte Ansatz wird nicht auf eine einzige Grundentscheidung zurückgeführt. Zum einen trägt dazu die Entscheidung bei, Ökologie und Umwelterziehung von einem umfassenderen Rahmen her zu betrachten und Unterrichtseinheiten nur exemplarisch zu konstruieren. Zum anderen sind auch inhaltliche Überlegungen wichtig. Denn es existieren zwar viele Ansätze, die verschiedenen Aspekte ökologischen Denkens, Forschens und Handelns im Unterricht zu realisieren, sie bleiben aber jeweils von den korrespondierenden Ansätzen in anderen Fachbereichen isoliert. Auf diese Weise erreichen sie die verschiedenen mit Ökologie und Schule befaßten Personen nicht als fachlich orientierte Teilaspekte eines komplexen Problembereiches, sondern mit jeweils umfassendem Gültigkeitsanspruch. Bezeichnend hierfür ist die allgemein übliche Trennung der Bereiche Ökologie und Umweltschutz im Unterricht.
Das didaktische Konzept selbst ist also als Rahmen zu verstehen, in dem verschiedene Aktivitäten zusammengefaßt werden, die aufgrund unterschiedlicher Produkte, Adressaten, institutionell gegebener Voraussetzungen und Verwendungssituationen je verschieden geplant und durchgeführt werden sollen. Es enthält sowohl allgemeine Leitlinien wie konkrete Anwendungshilfen und Beispiele. Dahinter steht die These, daß curriculares Arbeiten sowohl in der konstruktiven konkreten Tätigkeit wie in der Reflexion in größeren Zusammenhängen verwirklicht werden muß. Die methodische Ausgestaltung einzelner Stunden, die Wahl von Themen, die Zielformulierung verlangen Anknüpfungsmöglichkeiten zu weiteren Begründungs- und Interpretationszusammenhängen – wie allerdings diese nur sinnvoll in Verbindung mit realem Unterricht bzw. realen Unterrichtsplanungen zu sehen sind.
Das didaktische Konzept hat folglich verschiedene Vermittlungsstufen

und Medien für die verschiedenen Arbeitsbereiche bereitzuhalten. Das geschieht z. B. durch die Konstruktionsleitlinien auf mittlerem Abstraktionsniveau (gegenständliche Teilsysteme, ökologische Thematisierungsgesichtspunkte) und durch die Arbeit am Beispiel.
Das didaktische Konzept bezieht Ergebnisse von Situationsanalysen mit ein. Es verzichtet bewußt auf bedingungsunabhängige Allgemeinaussagen. Dahinter steht die Überlegung, daß sich der Sinn von Unterricht und die Bearbeitung der unmittelbar thematischen Elemente für institutionalisierte Lernzusammenhänge nur aus den faktisch vorliegenden Gegebenheiten der institutionellen und individuellen Bedingungen realisieren kann.
Das didaktische Konzept für Ökologie und Umwelterziehung bindet sich über die Leitideen in den gesamten Schulbereich ein. Der ökologische Bereich unterwirft sich dem Steuerungssystem des Gesamtcurriculum der Schule. Damit wird darauf verzichtet, den Eigenwert eines einzelnen Faches Ökologie und Umwelterziehung isoliert zu betonen. Es wird hingegen zu realisieren versucht, dem Schüler Bildungsangebote mehrerer Fächer unter ökologischer Perspektive integriert zu vermitteln.

1.2. Begründung des didaktischen Konzeptes »Ökologie und Umwelterziehung« aus drei Bezugswissenschaften

1.2.1. Zur Geschichte der Problemanalyse

Die biologische Ökologie als Analyse der Wechselbeziehungen zwischen Lebewesen und deren Umwelt sowie der Lebewesen untereinander (vgl. Kühnelt, 1970, 17) hat schon seit langem in Arbeiten aus diesem Sektor auf durch Eingriffe des Menschen bedingte Störungen in größeren Ökosystemen hingewiesen (vgl. u. a. Carson, 1962; Thienemann, 1965, 120). Ein Großteil der Autoren betont dabei die ursächlich damit in Zusammenhang stehende Gefährdung des Fortbestehens der menschlichen Gesellschaft. Die Warnungen von seiten der naturwissenschaftlichen Forschung blieben politisch weitgehend ohne Folgen.
Erst hoch problemhaltige Anlässe in den 60er Jahren, deren Ursachen unmittelbar auf eine zunehmende Belastung der Biosphäre zurückzuführen waren, führten zu einer breiteren politischen Aktualisierung des Themas in der Öffentlichkeit. »In zunehmendem Maße werden diese Erscheinungen zum politischen Thema erhoben, aus deren Diskussion partiell und in Anfängen politische Folgerungen gezogen werden« (Glagow, 1972, vgl. Gruhl, 1975).
Diese Aktualisierung evozierte zwar ein größeres Problembewußtsein, es ist aber bisher nicht zu erkennen, daß Ansätze zur grundlegenden Behebung der Ursachen entwickelt wurden (vgl. zu den bisherigen Bemühun-

gen u. a. Enzensberger, 1973, 22 ff) oder daß daran ein politisches Interesse besteht (vgl. z. B. Rat von Sachverständigen 1978, S. 575).
Auch in der naturwissenschaftlichen Diskussion mußten diese Erfahrungen zu dem Ergebnis führen, daß die Naturwissenschaften nicht fähig sind, *allein* Maßnahmen zur Lösung der Krise zu entwickeln (vgl. Commoner 1971; Ehrlich/Ehrlich, 1972; Meadows/Meadows/Zahn/Milling, 1972), da einerseits rein gesellschaftspolitische Entscheidungen notwendig sind, andererseits aber auch Durchsetzung und Kontrolle geplanter Maßnahmen von politischer Willensbildung abhängen. Daraus ergab sich, daß eine wissenschaftliche Analyse der Ursachen grundsätzlich davon ausgehen muß, zumindest die Beziehungen zwischen ökologischen, ökonomischen und sozialen (im besonderen Maße Herrschafts- und Machtverhältnisse) Variablen aufzudecken. Nur aus der Kenntnis dieser Zusammenhänge heraus sind – in jedem Fall politisch intendierte – Maßnahmen zu entwickeln, die zu einem möglichen Erfolg führen könnten.
Dabei spielt die Frage der Endlichkeit der Ressourcen innerhalb des ökologischen Systems eine Nebenrolle, solange nur das Problem der ökonomischen Relation (hohe Preise für knappe Güter) in der menschlichen Gesellschaft und die Verteilungsfragen bedacht werden.
Grundsätzliche Bedeutung für das ökologische System haben aber die Art und das Ausmaß

a) der *Gewinnung* von Rohstoffen und ihre Folgen (z. B. Ölbohrungen, Öltransport)
b) der *Verarbeitung* von Rohstoffen und ihre Folgen (z. B. Industrieansiedlungen, Emissionen)
c) der *Verwendung* von Rohstoffen und ihre Folgen (z. B. Belastung durch Abfallstoffe; Recycling)

Diese Variablen werden vom jeweils gegebenen ökonomischen und politischen System bestimmt.
Politische Maßnahmen werden von den herrschenden Eliten einer Gesellschaft durchgesetzt. Die jedoch sind grundsätzlich an der Stabilität gegebener funktionaler Abläufe des politischen Systems interessiert.
Veränderungen der Biosphäre können in dem Augenblick diese Stabilität gefährden, wenn sie einen Schwellenwert übersteigen, oberhalb dessen der gesellschaftspolitische Zusammenhang dieser Veränderungen so deutlich wird, daß eine Reaktion durch die Verhältnisse erzwungen wird.
Das kann bedeuten, daß eine Gefährdung des politischen Systems die Folge sein könnte, weil die notwendigen Maßnahmen den geplanten funktionalen Abläufen widersprechen.
Nach der Theorie der strukturell-funktionalistischen Schule in der Soziologie (vgl. Parsons, 1953; Parsons/Shills, 1966) sind die Eliten nur unter diesem Aspekt der Systemstabilität an der Beseitigung von Störungen interessiert. Ihre Reaktionen auf diese Störungen sind nicht in erster Linie neue Planungen auf der Basis veränderter Prämissen. Es sind eher Modifi-

zierungen vorhandener Pläne, die einerseits die gefährdenden Abweichungen beseitigen sollen, andererseits die Anpassung der Verhaltensweisen des Systems an möglichst viele der festgelegten Planungsdaten gewährleisten sollen. Eventuell notwendige Veränderungen sollen so gering wie möglich sein.
Etzioni – ein bekannter Theoretiker auf dem Gebiet des sozialen Wandels – führt z. B. dazu aus: »Eine typische Wahl, die gesamtgesellschaftliche Eliten bei der Steuerung des Wandels zu treffen haben, und zwar an ›kritischen‹ Wendepunkten, ist die Entscheidung zwischen Beschleunigung und Verzögerung des Wandels. In der Regel wird sich Widerstand akkumulieren, sobald ein gesamtgesellschaftlicher Wandlungsprozeß eingeleitet wird... denn die überkommenen Interessen an bestehenden Strukturen werden durch den Wandel bedroht« (Etzioni, 1969, 162).
Derartige elastische Reaktionen dienen als Absicherung gegen denkbare grundlegende Umwandlungen. Diese werden dadurch ausgeschlossen, obwohl sie bei rechtzeitiger Durchführung einen Zusammenbruch verhindern könnten, auf den die durch den Menschen manipulierte Biosphäre zusteuert.
Es ist z. Z. keineswegs gesichert, welches Therapiemodell zur Verhinderung der Umweltkrise führen kann: die punktuelle Therapie einzelner Störungen oder ein grundlegender, Störungen verhindernder Wandel. Deshalb ist es eine schädliche Ideologisierung, wenn von vornherein Tendenzen zur Kritik der Grundvoraussetzungen zu verhindern gesucht werden. Die sachliche Diskussion ist zur rationalen Abschätzung aller vorhandenen Möglichkeiten unerläßlich.
Der Umweltproblematik kann mit kurz- und langfristigen Maßnahmen begegnet werden. Albert unterscheidet »grob zwischen zwei Fällen..., die man mit den Worten ›Intervention‹ und ›Organisation‹ umschreiben kann. Im ersten Fall handelt es sich um den Versuch, das soziale Geschehen durch Einzeleingriffe zu beeinflussen, im zweiten Fall um die Konstruktion und Reform von Institutionen... Diese Unterscheidung fällt wohl wesentlich auch mit der zwischen kurzfristigen und langfristigen Maßnahmen zusammen« (Albert, 1970, 193).
Eine der Voraussetzungen für den Erfolg langfristiger, geplanter Maßnahmen ist die Aktivierung politischer Handlungsbereitschaft; es muß die Fähigkeit entwickelt werden, demokratische Verfahrensweisen nicht nur zur Durchsetzung von Veränderungen ökologischer Mißstände anwenden zu können, sondern auch die entsprechenden Institutionen zu reformieren bzw. neu zu entwickeln.
Die Schule kann in diesem Aufgabenfeld eine wichtige Funktion übernehmen:

– Als einer der Hauptsozialisationsbereiche hat die Schule eine große Bedeutung bei der Entwicklung von Kenntnissen und Werthaltungen zur Umwelt.
– Schule kann mit der Entwicklung eines kritisch reflektierten Umweltbewußtseins und der daraus resultierenden Verhaltensweisen früh einsetzen.

1.2.2. Merkmale und Inhalte des Wissenschaftsbereiches Ökologie

Ökologie kann in Anlehnung an Boehme (1974) als Wissenschaftsbereich gekennzeichnet werden, dessen Gegenstandsbereich ökologische Systeme sind und zwar speziell deren Reproduktionszusammenhänge. In ihnen geht es – unter der Beteiligung verschiedener Wissenschaftsdisziplinen – um die Erhaltung, die Stabilisierung und die Einrichtung oder Änderung von Reproduktionskreisläufen. Das analytische Vorgehen in diesem Wissenschaftsbereich muß unter verschiedenen Zwecken möglich sein. Mit einer solchen Definition wird der dynamische, handlungsbezogene und strategische Aspekt der Ökologie betont.

Diese Charakteristika treffen auf die Ökologie nicht von ungefähr zu. Zum einen wird sie in dem Problemfeld, dem sie sich zugewendet hat, direkt betroffen, zum anderen orientiert sich ihr Handeln an Zielsetzungen dieser menschlichen Gesellschaften. Beides führt letzten Endes zu einer starken Finalisierung (vgl. Boehme, 1974) dieses Wissenschaftsbereiches auf die Lösung von immer neuen Problemsituationen, die durch die menschliche Geschichte heraufbeschworen werden.

Die jeweils unterschiedliche Problemsituation zwingt im Wissenschaftsbereich Ökologie zu Reaktionen, die sich z. B. in der Erweiterung oder Verschiebung der Gruppe der an der Lösung beteiligten Disziplinen zeigt. Diese Form der interdisziplinären Arbeitsweise ist auch Indiz eines neuartigen Praxisbezuges. Ein derartiger Praxisbezug führt zu einer Theoriebildung, die die »Einmaligkeit« der untersuchten komplexen Systeme mit berücksichtigt und den »Abstraktionsdruck« wissenschaftlicher Erkenntnisse (d. h. den Druck zur strukturellen Darstellung wissenschaftlicher Aussagensysteme) zugunsten der Problembewältigung zurückdrängt. Statt dessen kommt es zu einer Planung, die unter vorgegebenen Zielen die schwerpunktartige Untersuchung oder Entwicklung eines Systemes lenkt, um so eine Erhaltung, Stabilisierung oder Einrichtung zu erreichen. Ein wichtiges Merkmal des Wissenschaftsbereichs Ökologie ist die bei seinem Praxisanspruch notwendige Koppelung situationsbezogener Strategieplanung mit struktureller (disziplinbezogener) Erkenntnis.

1.2.3. Biologische Ansätze

Wissenschaften lassen sich im allgemeinen so abgrenzen, daß ihre Objektbereiche und ihre Instrumente (Methoden) sowie ihre Forschungsziele und Theorien beschrieben werden, die sie zur Begründung ihrer Analysen entwickeln. Die Analysen sind in den Naturwissenschaften zumeist empirisch. Sie werden an einem vorher festgelegten Objektbereich durchgeführt. Dessen Umfang ist durch die vorgesehenen Methoden mitbestimmt. Der durch Methoden und Theorien, z. T. auch durch Normen festgelegte Objektbereich ist aber immer noch einer Interpretation seiner

Grenzen zugänglich. Es ist deshalb für das Verständnis des Aussagenbereiches einer Wissenschaft wichtig, die verschiedenen Umschreibungen dieses Bereiches zu sammeln und auf ihre Unterschiede und Gemeinsamkeiten zu untersuchen.

Begriffsbestimmungen von Ökologie in der Biologie

Der Begriff Ökologie wird heute in sehr verschiedenen wissenschaftlichen und außerwissenschaftlichen Bereichen verwendet. Er spielt nicht mehr nur in der Biologie, sondern auch in den Sozialwissenschaften, der Politik, der Rechtswissenschaft und in der »alternativen Szene« eine Rolle. Trotz der Verbreitung dieses Terminus ist es aber bis heute auch in der Biologie nicht gelungen, sich auf eine eindeutige Begriffsbestimmung zu einigen. Einige der wichtigsten Definitionen werden im Anschluß aufgeführt. Das soll die Übersicht erleichtern, eventuell einige Klärungen herbeiführen sowie zur Diskussion anregen.

Sie leiten über zu einer Begriffsumschreibung, die das eigene Verständnis von Ökologie aufzeigen soll, das diesem Konzept unterlegt ist.

Haeckel (1866, Bd. II, S. 286): »Unter Oecologie verstehen wir die gesamte Wissenschaft von den Beziehungen des Organismus zur umgebenden Außenwelt, wohin wir im weiteren Sinne alle ›Existenz-Bedingungen‹ rechnen können. Diese sind theils organischer, theils anorganischer Natur...«

Tischler (1949, 1): »Unter Ökologie versteht man die Lehre vom Haushalt der Natur. Sie behandelt die Beziehungen der Organismen zu den Lebensbedingungen der Umwelt«.

Tischler (1955, XV): »Das Wesen der Ökologie beruht in der besonderen Fragestellung nach den Wechselbeziehungen zwischen den Lebensansprüchen der Organismen und den Umweltgegebenheiten«.

Peus (1954, 285): »Der Ökologie ist mit der Erforschung der Umweltbeziehungen der Lebewesen ein sachlich klar begründetes und umgrenztes Aufgabengebiet gesetzt«.

Thienemann (1956, 127): »Allgemeine Ökologie ist als überfachliche verbindende Naturwissenschaft..., die Wissenschaft vom Haushalt der Natur. Dabei ist das Verhältnis des Menschen zur Natur – mit Ausschluß dessen, was Gegenstand der Geisteswissenschaft ist – mit einbezogen«.

Friederichs (1957, 124): »Ökologie (ist) die Wissenschaft von den überindividuellen Gefügen (Systemen) oder... die Wissenschaft von den Lebewesen als Gliedern des Naturganzen«.

Schwerdtfeger (1963, 11): »Ökologie... als Wissenschaft von den Beziehungen der Organismen zur Umwelt liefert den Titel für eine Enzyklopädie, grenzt aber kaum eine wissenschaftliche Disziplin ab«.

Odum (1963; dt. 1972, 11): »Ökologie (ist)... die Wissenschaft von der Struktur und Funktion der Natur... Durchaus selbstverständlich sollte dabei sein, daß die Menschheit selbst als ein Teil der Natur aufgefaßt wird, da das Wort »Natur« alles Lebende einschließt«.

Kühnelt (1970, 17): »Die Ökologie ist die Lehre von den Wechselbeziehungen zwischen Organismen und Umwelt. Dabei wird unter Umwelt die Summe der anorganischen und organischen Lebensbedingungen verstanden«.

Krebs (1972, 4): »Ecology is the scientific study of the interactions that determine the distribution and abundance of organisms«.
Berninger (1973, 19): Die Ökologie beschäftigt sich mit den »Abhängigkeitsverhältnissen der Organismen von ihren als Umwelt bezeichneten Standortfaktoren«.
Illies (1973, 20): »So ist Ökologie bei der Erfassung von Kreislaufprozessen in ihrem ganzen Umfang, aber auch schon bei der Untersuchung kleinerer Lebensräume stets mehr als nur ein naturwissenschaftliches Fach. Sie ist eigentlich eine besondere Einstellung, sozusagen eine Geisteshaltung des betreffenden Forschers, nämlich die Überzeugung, daß nur beim Betrachten aller wirksamen Faktoren innerhalb eines Lebensraumes dessen innere Gesetzmäßigkeit erkannt werden kann, und daß daher Tierkunde, Pflanzenkunde, Chemie und Physik, Wetterkunde und sogar Zivilisationsgeschichte und Technik nur Hilfsmittel sind bei dem großen Plan, einen Ausschnitt der Natur in seiner ganzen Wirklichkeit zu begreifen«.
Müller (1974, 636): »Die Ökologie untersucht die naturgesetzlich faßbaren Wechselwirkungen zwischen Organismen (Pflanze, Tier, Mensch) und deren Außenwelt«.
Tischler (1976, 1): »In der Ökologie, der Wisschenschaft von den Beziehungen zwischen Leben und Umwelt, setzt die Erforschung entscheidender Probleme ein Denken voraus, das in erster Linie nach Zusammenhängen sucht«.
Remmert (1978, 1): »Ökologie ist die Haushaltslehre von der Natur«... »Der Ökologe steht vor dem Problem, die Reaktionen und die Entwicklungen komplexer Systeme ... vorausbestimmen zu sollen«.
Als Konsequenz aus der Diskussion der letzten Jahre muß schließlich die Entscheidung Tischlers (1980) gewertet werden, sein letztes Buch »Biologie der Kulturlandschaft« zu nennen. Er begründet dies so:
Tischler (1980, VII): »Bei dem Gedanken an die Kulturlandschaft wird oft nur an die Zerstörung oder Verschmutzung der Umwelt und somit an ökologische Probleme gedacht. Dabei werden nicht immer die rein biologischen Grundlagen genügend berücksichtigt, auf denen das Wechselspiel zwischen Leben und Umwelt beruht. Um keine falschen Erwartungen zu erwecken, habe ich *angewandte* Ökologie vermieden.«

Diese Übersicht zeigt auf, daß der Wissenschaftsbereich Ökologie eher durch Umschreibungen als durch wissenschaftliche Definitionen festgelegt ist. Eine Untersuchung der wichtigsten Grundbegriffe weist dies genauer aus.

Grundbegriffe

Grundbegriffe sind nach Savigny (1970, 29) alle im gegebenen Zusammenhang nicht definierten Begriffe. Sie müssen den gemeinten Sachverhalt so eindeutig bestimmen, daß unterschiedliche Interpretationen ausgeschlossen sind.
Drei Grundbegriffe spielen in den Umschreibungen des Begriffes Ökologie die Hauptrolle: Lebewesen, Beziehungen und Umwelt. Einigkeit besteht darin, daß mit Lebewesen Mikroorganismen, Pflanzen, Tiere und Mensch gemeint sind. Umstritten ist dagegen durchaus, welche *Beziehun-*

gen Gegenstand der Ökologie sind und was genau unter *Umwelt* verstanden wird. Diese Interpretierbarkeit der verwendeten »Grundbegriffe« ist die Ursache dafür, daß »heute diese Ausdrücke (Ökologie und Ökosystem) neu entdeckt (werden), sie werden modern, und jeder kleidet sich mit ihnen« (Remmert, 1978, 1).

Das Unbehagen, die unabsehbare Vernetzung mit naturwissenschaftlichen Methoden nicht in den Griff bekommen zu können, hat immer wieder zum Versuch geführt, den Ökologiebegriff auf eine eindeutig bestimmbare Art von Beziehungen zu beschränken. Am weitesten ist in dieser Hinsicht Peus gegangen.

Peus (1954, 285) versteht unter Umweltbeziehungen, soweit sie Gegenstand der »ökologischen Forschungsdisziplin« sind, eine direkte Abhängigkeit einzelner Tiere bzw. Arten von ihnen unmittelbar auf sie einwirkenden Lebensbedingungen:

»Faktoren oder Umstände, die nur von mittelbarem Einfluß sind, betrachte ich als außerhalb der Umwelt des Tieres liegend, auch dann, wenn es sich um eine Einwirkung ersten Grades auf einen unmittelbar wirksamen Faktor (Einwirkung zweiten Grades auf das Tier selbst) handelt. Ist eine indirekte Beziehung oder Wirkung etwa in der ersten Stufe der Abhängigkeitsfolge auch noch so konkret greifbar und offensichtlich, so ist diese Greifbarkeit oder Offensichtlichkeit eben doch nur ein Gegenstand der menschlichen Erkenntnis«.

Diese extreme Auffassung des Begriffs »Beziehung« steht nun allerdings isoliert und wird z. T. auch explizit abgelehnt (vgl. z. B. Tischler, 1955 a, 84; Thienemann, 1956, 135; Friederichs, 1957, 136 f.)

Vielmehr sind einfache *Beziehungen* zwischen einzelnen Organismen und ihren Lebensbedingungen (Nahrung, Temperaturgrenzen, Konkurrenten, Feinde usw.) ebenso Gegenstand ökologischer Untersuchungen wie komplexe Wechselbeziehungen (z. B. Nahrungsnetze im See) und die Erforschung der Struktur und Funktion ganzer Lebensräume mit ihren darin lebenden Organismenkollektiven (Ökosystem: Tansley, 1935; Holozön: Friederichs, 1927). Beispiele geben Tischler und Thienemann:

»Die Ansammlung von Exkrementen und von der beim Füttern verlorengegangenen oder von Jungvögeln erbrochenen Nahrung im Bereich großer Reiher- und Löfflerkolonien im Röhricht mancher Seen bringt so viel organische Substanz ins Wasser, daß an solchen Stellen eine ungeheure Zunahme des Planktons erfolgt. Die planktonfressenden Jungfische konzentrieren sich dann gerade in der Nähe der Vogelkolonien, die somit eine kollektive ökologische Funktion ausüben, welche wieder ihrer eigenen Nahrungsbeschaffung zugute kommt« (Tischler 1955 b, XVI).

»Die Lebensgemeinschaft... verändert auch ihrerseits ihren Lebensraum. Das kann so weit gehen, daß die biogene Umgestaltung der Lebensstätte diese zuletzt als Lebensraum für diese Lebensgemeinschaft völlig vernichtet... Im See lagern sich die Reste der abgestorbenen Tiere und Pflanzen als Faulschlamm am Boden ab; der See wird auf diese Weise flacher und flacher; gleichzeitig wachsen die Uferpflanzen immer weiter gegen die Seemitte vor. So wird die freie Wasserfläche in zunehmendem Maße eingeengt; der See wird zum Weiher oder Teich, bis schließlich das Wasser ganz verschwunden ist. An Stelle des Sees ist... festes Land getreten. Damit hat sich natürlich die Tier- und Pflanzenwelt des Sees ihr eigenes Grab gegraben und muß den Organismen des festen Landes den Platz räumen«. (Thienemann, 1956, 108).

Während die Berechtigung dieser Beispiele heute von keinem Biologen angezweifelt würde, wäre eine entsprechende Änderung oder Zerstörung eines Lebensraumes durch die geplante Tätigkeit des Menschen jedoch nur ohne das Verhalten des Menschen selbst und lediglich als Veränderung nach jeweils erfolgtem Eingriff des Menschen Gegenstand ökologischer Untersuchungen. Die Beziehung zwischen dem Menschen und seiner Umwelt beginnt danach also nicht mit der Planung der Umweltänderung als notwendiger und hinreichender Voraussetzung des Wandels, sondern erst mit dem tatsächlichen Eingriff, der nur noch die »automatische« Folge der gefällten Entscheidung ist.
Der Begriff »Beziehungen« ist mithin kein Grundbegriff, sondern ein komplexer, der interessengeleiteten Interpretation zugänglicher Terminus. Ob er nur auf eine direkte, nicht vermittelte Einwirkung angewendet wird (so Peus) oder auf ein natürliches Ökosystem oder auch auf Situationen und Prozesse in der Biosphäre und unter Berücksichtigung der Lern- und Entscheidungsfähigkeit der darin beteiligten Menschen, ist durch das Wort »Beziehung« nicht festgelegt.
Die *Umwelt* des Individuums (Kollektivs) kann alle außerindividuellen Bereiche umfassen. Sie besteht aus Strukturelementen der Umgebung (gleich Gesamtheit dessen, was das Lebewesen umgibt), die mit dem (den) Lebewesen in Beziehung stehen. Diese Strukturelemente sind die ökologischen oder Umweltfaktoren, die man »üblicherweise in drei Gruppen zusammenfaßt, in solche der unbelebten Welt, solche der belebten Welt und solche der Nahrung. So unterscheidet man abiotische, biotische und trophische Faktoren« (Schwerdtfeger, 1963, 21).
Ebenso wie beim Begriff »Beziehung« ist die Verwendung des Begriffes »Umwelt« in den Definitionen von Ökologie bedenklich. Es macht einen großen Unterschied, ob bei Umwelt an die Uexküllsche Merkwelt gedacht wird oder an die alles umfassende kosmische Umwelt. Dies ist aber entscheidend für die Definition des Forschungsziels.
Schwerdtfeger (1963) unterscheidet je nach dem Schwerpunkt des Forschungszweiges eine Phyto-, Zoo-, Bio-Ökologie, wenn die einseitige Betonung auf den Pflanzen, den Tieren oder allen Organismen liegt. Aber: »Voll erfaßt wird jedoch ein Gefüge oder Getriebe erst, wenn seinen Komponenten ohne Bevorzugung der einen oder anderen gleiche Wertigkeit zuerkannt wird« (S. 27).
Im folgenden zeigt Schwerdtfeger, daß »der Wissenschaftler... notgedrungen, in Erkenntnis der ihm gesetzten Grenzen, sich auf die Arbeit in den unteren Stufen der Ökologie beschränkt... Friederichs (1957) sagt mit Recht, daß diese (Hol-Ökologie) ›nicht nur ein Fach oder Überfach,

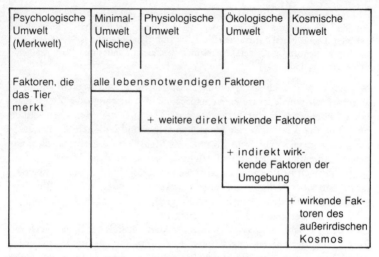

Abb. 1: Umfang verschiedener »Umweltbegriffe« nach Schwerdtfeger (1963)

sondern auch ein Gesichtspunkt ist« (Seite 118). Im Gegensatz zum naturverbundenen Praktiker, dem Zusammenschau selbstverständlich ist, wird der Wissenschaftler ... zum Spezialistentum ... geführt. Analyse ist wichtig und Voraussetzung allen Wissens, aber sie bleibt ohne nachfolgende Synthese ein Torso, ja ihre Ergebnisse können falsch und unbrauchbar sein, wenn sie zu spezialistisch, nicht vom Ganzen ausgehend gewonnen und gewertet werden. Die Berücksichtigung, das ständige Sich-vor-Augen-Halten der großen holographischen Zusammenhänge läßt einseitiges Spezialistentum nicht zu und gliedert die notwendige analytische Arbeit von vornherein richtig in das Gesamtgefüge der Forschung und des Erkennens ein« (S. 30).

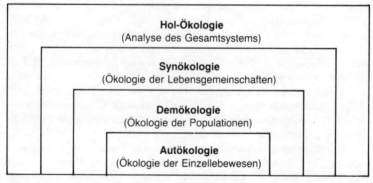

Abb. 2: Einteilung der Ökologie nach Schwerdtfeger

Anläßlich der Gründung der Gesellschaft für Ökologie nannte Rupert Riedl als Forschungsziel:

»Die Ökologie ist es, die in einer neuen Synthese dabei ist, unsere Position weiter und genauer zu bestimmen; in einer Synthese, die von der Physik bis zur Soziologie reichen muß, um unsere Position, wie man früher gesagt hätte, im Haushalt der Natur zu begreifen, als Glied der Biosphäre, wie wir uns heute ausdrücken« (Riedl, 1972, S. 9).

Die entgegengesetzte Position nimmt Müller (1974) ein, wenn er die Ökologie auf die Untersuchung der naturgesetzlich faßbaren Wechselwirkungen zwischen Organismen und Außenwelt festlegt.
Organismen und ihre abiotischen Außenfaktoren sind Teile von Systemen. Das System aus der Menge aller Strukturelemente und den diese verbindenden Prozessen wird *Ökosystem* genannt.
Ellenberg (1973, 1) bestimmt: »Ein Ökosystem ist ein Wirkungsgefüge von Lebewesen und deren anorganischer Umwelt, das zwar offen, aber bis zu einem gewissen Grade zur Selbstregulation befähigt ist«. Damit schließt er kleine Teilsysteme, wie z. B. Räuber-Beute-Systeme aus zwei Arten, aus. Ausdrücklich enthalten sind aber die urban-industriellen Ökosysteme, deren Selbstregulation ja durch die menschliche Gesellschaft, ihre politische Ökonomie, ihre Legislative, Exekutive und Judikative und ihre Technologie »bis zu einem gewissen Grade« gewährleistet wird.
Das umfangreiche Spektrum von Interpretationen zeigt, daß die Verwendung der Begriffe »Umwelt« und »Beziehungen« als Grundbegriffe geradezu unzulässig genannt werden kann. Es ist zu diskutieren, ob sie durch solche zu ersetzen sind, die den Objektbereich der Ökologie besser begrenzen. Ein Vorschlag in dieser Richtung ist folgender:
Ökologie ist der Wissenschaftsbereich (mit Anteilen aus verschiedenen Disziplinen), der sich mit denjenigen Außenfaktoren und ihren Wirkungen beschäftigt, die die Existenzmöglichkeit, den Zustand und die Anzahl der Organismen in Raum und Zeit sowie deren Veränderung beeinflussen.

Die Rolle des Menschen in Ökosystemen

Die den Menschen betreffenden Fragestellungen der biologischen Ökologie beziehen sich meist auf das Bevölkerungswachstum, die Welternährung, die Veränderung der natürlichen Ökosysteme durch anthropogene Faktoren und die Notwendigkeit der Erhaltung oder Wiederherstellung naturnaher Ökosysteme. Der eigentlich autökologische Aspekt (Beziehungen zwischen Einzelorganismen und ihrer Umwelt) der Humanökologie wird von der experimentalwissenschaftlich orientierten biologischen Disziplin Ökologie nicht bearbeitet. Dies überläßt man z. B. der Medizin, der Toxikologie und der Ernährungslehre.
»H. Schaefer hat den Begriff der ökologischen Fächer geprägt, der... in die neue Approbationsordnung übergegangen ist... Man rechnet dazu:

Hygiene, Sozialmedizin, Rechtsmedizin, ärztliche Rechts- und Berufskunde« (Lüth, 1972, 322). »Auch der Städtebau ist ein legitimes sozialmedizinisches Problem... Psychoneurotische Störungen (nehmen) mit der Etagenhöhe zu, nämlich vom Erdgeschoß bis zur dritten Etage um das Doppelte. Wohnformen prägen Lebensformen und die »Unwirtlichkeit unserer Städte« ist in direkte Beziehung zu den spezifischen Krankheitsprofilen und -häufigkeiten der Städtebewohner zu setzen« (Lüth, 1972, 321). »Der Mensch der Siedlungs- und Produktionszentren und die Lebensbedingungen, die diese technischen Räume ihm geben, sind untrennbar... Wir (müssen) ganz scharf zu sehen lernen: was ist gelungene Anpassung und was ist Biopathologie der industriellen Massenzivilisation« (Mitscherlich, 1974[12], 25).
Es wird hier deutlich, daß die Autökologie des Menschen nicht außerhalb soziologischer Fragestellungen stehenbleiben kann. Zur Umwelt des Menschen gehören in zunehmendem Maße der Mensch selbst als Individuum und Gesellschaft mit den direkten und indirekten Beziehungen, die den einzelnen betreffen und seine Existenzbedingungen berühren.

»Die Humanökologie weist eine Komplexitätsstufe mehr auf, als die Ökologie jeder anderen Spezies von Lebewesen: der Mensch allein... kann sich zu seinem eigenen Verhalten bewußt verhalten. Er trägt daher für sein Verhalten (für sein Handeln oder auch Nichthandeln) Verantwortung« (Knötig, 1972, 12).

Für vollständige naturwissenschaftliche Analysen sind derart komplexe Systeme, wie sie aus den Begriffsumschreibungen deutlich werden, nicht zugänglich, da die Zahl der Variablen unübersehbar ist. So beschränken sich Ökologen denn auch auf Teilbereiche wie z. B. Planzen- oder Tierökologie, obgleich sich sehr bald die Begrenztheit so gewonnener Erkenntnisse zeigt, da jede Abgrenzung eines Subsystems willkürlich ist.
Abgrenzungen des Fachbereichs Ökologie richten sich heute weniger nach dem Grad der Komplexität des zu untersuchenden Systems. Es wird im Prinzip anerkannt, daß die ganze Biosphäre Gegenstand ökologischer Forschung ist. Das Problem ist die Methode. Was nicht mit dem naturwissenschaftlichen Experiment untersucht werden kann, wird als Gegenstand der Ökologie vom Biologen im allgemeinen nicht akzeptiert.
Soziologen teilen die Bedenken vieler Naturwissenschaftler nicht, ökologische Kausalanalyse bis in Bereiche auszudehnen, die aufgrund der Interessengebundenheit menschlichen Verhaltens keine eindeutigen Voraussagen zulassen. Und auch für den Schulunterricht ist es eine künstliche Trennung, wenn zwar die Auswirkungen von Kraftwerken in der Umwelt als ökologische Faktoren gesehen werden, nicht aber die gesellschaftlichen Prozesse, die zur Entscheidung führen, an einer bestimmten Stelle ein Kraftwerk zu bauen. Die konkreten Handlungen der Menschen werden durch gesellschaftliche Prozesse und individuelle Entscheidungen vorbereitet. »Wir müssen... unsere physikalischen und biologischen Begriffe im Zusammenhang mit Ökologie so viel weiterfassen, daß darin

auch das soziale Verhalten des Menschen Platz findet – soziales Verhalten als gleichermaßen entscheidender Faktor innerhalb des Ökosystems nämlich« (MC. Hale, 1974, 10).

1.2.4. Sozialwissenschaftliche Ansätze

Die Darstellung der sozialwissenschaftlich orientierten Ursachenanalysen für die Umweltkrise ist deswegen schwierig, weil die meisten Autoren keinen methodischen Unterschied zwischen der Deskription von Entwicklungen und Kausalaussagen machen.
Die Deskriptionen beschränken sich meistens darauf, einige allgemein bekannte Entwicklungen zu spezifizieren, die mit der Umweltkrise einhergehen. Natürlich ist es der Fall, daß Industrialisierung, Bevölkerungswachstum, Konsumorientierung etc. immer oder häufig zusammen auftreten. Aber es wird häufig nicht die strikte und wichtige Unterscheidung zwischen Kovariation und Korrelation einerseits und Kausation andererseits gemacht. Denn nur eine Kausalerklärung ergäbe Aufschluß darüber, welche Variablen überhaupt wichtig sind, d. h. bei welchen beeinflussend angesetzt werden kann. Und bekanntlich lassen sich aus Beobachtungen der Korrelation noch keine Aussagen über Kausation ableiten.
Da diese deutliche Unterscheidung selten gemacht wird, müssen wir meistens Interpretationen vornehmen. Wenn Ehrlich & Ehrlich zum Beispiel schreiben, »den Zusammenhang von Luftverschmutzung und dem Zunehmen der Bevölkerungszahl erkennt man deutlich...« (1972, 162), ist kaum Interpretation notwendig, denn hier ist klar, daß die Luftverschmutzung nicht die Bevölkerungszahl veränderte, sondern umgekehrt. Ausgeschlossen bleibt aber nicht, daß ein dritter Faktor sowohl Bevölkerungszahl als auch die Luftverschmutzung beeinflußt, so daß man eine Kovariation der beiden letzteren Variablen findet. In diesem Fall wäre folgender Satz falsch: »Eine steigende Bevölkerungszahl ist notwendige Bedingung für die Umweltverschmutzung«.
Einem Zusammenhang bzw. einer Korrelation zwischen zwei Variablen X und Y können also mindestens vier verschiedene Ursachenkonstellationen entsprechen.

$$X \xrightarrow{+} Y$$

X beeinflußt Y: je größer (stärker etc.) X, desto größer Y

$$Y \xrightarrow{+} X$$
Y beeinflußt X

$$Y \xleftrightarrow[+]{+} X \quad \text{X und Y beeinflussen sich gegenseitig}$$

Eine dritte Variable Z beeinflußt
X und Y

Die Komplexität der Analyse nimmt noch um ein Vielfaches zu, wenn man die »interaktiven Beziehungen«, die von der reinen naturwissenschaftlichen Ökologie als Normalfall in Ökosystemen betrachtet werden, noch hinzunimmt.
Nun inhaltlich zu einigen Ursachendarstellungen. Wir müssen dabei berücksichtigen, daß nur wenige der unten zitierten Autoren im eigentlichen Sinne Sozialwissenschaftler (Soziologen, Ökonomen) sind. Dies trifft nur für Scheuch und Kade zu. Neuerdings hat auch Simons eine kleinere Soziologie der Umwelt vorgelegt (Simons, 1981). Es haben sich eben bisher kaum sozialwissenschaftliche Fachleute mit der »Umwelt« befaßt, so daß Biologen oder Philosophen die sozialwissenschaftliche Diskussion – nicht immer sehr differenziert – führen mußten.
Als letzte Ursache der Umweltprobleme sehen in ihrem einflußreichen Buch Ehrlich & Ehrlich mit White die »Destruktive Haltung des abendländischen Menschen gegenüber der Natur«, die von der jüdisch-christlichen Tradition herrührt. »Den Menschen der vorchristlichen Aera erschienen Bäume, Quellen, Hügel, Flüsse und andere Naturobjekte als von Geistern behütet, und man mußte diese Geister befragen und besänftigen, bevor man es wagte, in ihre Territorien einzudringen« (1972, 256). »Das Christentum machte es durch die Zerstörung des heidnischen Animismus dem Menschen möglich, die Natur ohne innere Anteilnahme an den Empfindungen ihrer Geschöpfe auszubeuten« (White zit. in Ehrlich/Ehrlich, 1972, 256). Ehrlich teilt den Skeptizismus White's, demnach man von Wissenschaft und Technik nicht erwarten könnte, »als Retter aus der gegenwärtigen ökologischen Krise aufzutreten, denn die eigentliche Ursache liegt in der natürlichen Theologie« bzw. dem »christlichen Dogma«, dem natürlich auch Wissenschaft und Technik unterworfen sind. In irgendeiner (bei Ehrlich nicht klaren) Weise führte diese Haltung zu dem industriellen Aufschwung und den Fortschritten in Landwirtschaft und Medizin. Diese reduzierten die Sterblichkeitsziffern erheblich, und eine Bevölkerungsexplosion bei gleichbleibenden Geburtenziffern war die Folge. Der Geburtenrückgang ist der verzögerte Effekt der Industrialisierung. In nichtindustrialisierten Gesellschaften mit hoher Nahrungsknappheit bleibt nach Ehrlich der Geburtenüberschuß hoch, da Kinder als »wirtschaftlicher Gewinn« bzw. als Arbeitskräfte und einzige Sicherung im Alter betrachtet werden.

Alle Umweltproblemkomplexe werden von Ehrlich nun vermittelnd kausal der Bevölkerungszunahme zugeschrieben. Zunächst ist die Luftverschmutzung Folge der Bevölkerungszunahme. Obwohl die Menge der Verschmutzungselemente pro Kopf der Bevölkerung abgenommen hat, so ist doch die Anzahl der Menschen gestiegen. Mehr Menschen bedeutet auch wiederum »mehr Industrie und Verstädterung«.

Die Wasserverschmutzung »liefert eines der klassischen Beispiele für steigende Lebenshaltungskosten bei wachsender Bevölkerung«. (1972, 168). Wohnen nur wenige Leute an einem Fluß, so argumentiert Ehrlich, braucht der Fluß nicht gereinigt zu werden. Immer mehr Menschen verunreinigen die Flüsse übermäßig, so daß entweder das Abwasser oder das dem Fluß entnommene Wasser mit teuren Verfahren gereinigt werden müssen. Pro Kopf der Bevölkerung ergeben sich bei zunehmender Bevölkerung damit ständige Kostensteigerungen (1972, 168 f.).

Eine andere Ursache der Wasserverschmutzung stellt das Industriewachstum bei steigender Bevölkerung dar. Die Industrie läßt einen zunehmenden Strom von Abfallstoffen in die Flüsse ab. Um die vermehrte Bevölkerung ernähren zu können, ist die Erhöhung der landwirtschaftlichen Produktion die Folge, welche die Gewässer mit anderen Abfallstoffen belastet.

Als dritten Komplex behandelt Ehrlich kurz das Müllproblem. Auch der Müll wächst mit steigender Bevölkerungszahl (1972, 170) und hat erhöhte Pro-Kopf-Kosten zur Folge.

Als wichtigstes Hilfsmittel empfiehlt Ehrlich die gezielte Eindämmung der Bevölkerungsexplosion (s. unten).

Commoner widerspricht Ehrlichs These von der Rolle des Bevölkerungswachstums entschieden.

Für ihn besteht die allgemeinste Ursache der Umweltzerstörung darin, daß der Mensch sich aus dem natürlichen Zirkulationssystem herausbegeben hat und die Natur »linear verformt« hat. So sind die Ausscheidungen von Tieren und Pflanzen »input« in andere Verwertungskreisläufe, die Abfallprodukte des Menschen aber nicht.

»Der Fehler muß beim Menschen, er kann nicht in der Natur gesucht werden«, belehrt Commoner uns tiefsinnig. »Hat der Mensch sich einmal aus diesem Zyklus zurückgezogen – beispielsweise in eine Stadt, wodurch seine Exkremente nicht mehr in den Erdboden zurück, sondern in das Oberflächenwasser hineingelangen – dann bleibt er fortan getrennt von dem ökologischen System, dessen Bestandteil er ursprünglich war. Statt in dieses System integriert zu sein, wirken seine organischen Abfallprodukte nur von außen auf ein anderes, auf das Ökosystem des Wassers ein, überwältigen dessen Selbstregulierungskräfte und verseuchen es« (1971, 119). Ein Umweltproblem gab es also schon immer, wichtig wird aber erst dessen auffallende Beschleunigung nach dem Zweiten Weltkrieg. Zu Recht weist Commoner darauf hin, daß das Bevölkerungswachstum in den Gebieten der größten Beschleunigung der Umweltzerstörung weitge-

hend stagnierte. Als speziellere Ursachenstränge dieser Beschleunigung sieht Commoner folgende:
Zwischen den beiden Weltkriegen gab es eine explosionsartige Vermehrung physikalischer und chemischer Erkenntnisse. Der Druck des Zweiten Weltkrieges bewirkte eine intensive Umsetzung dieser Erkenntnisse in technologische Möglichkeiten. Die wissenschaftliche Revolution bedingte eine technologische Revolution. »Diese Technologien waren wohlfundiert durch Physik und Chemie, ermangelten aber der unbedingt notwendigen dritten Stütze, der Biologie der Umwelt« (1971, 125).
Nach dem Zweiten Weltkrieg begann man also in der industriellen und landwirtschaftlichen Produktion mit ganz neuen, und in der Regel ungeheuer schädlichen Verfahrensweisen, zu arbeiten, obwohl mit der herkömmlichen Produktionsweise die Bedürfnisse erfüllt worden waren. Commoner führt einen ausführlichen Katalog neuer Produktionsverfahren vor, – von der Entwicklung des Kunststoffs bis zur Verpackungsindustrie – der belegt, daß die neuen Technologien die allgemein bekannten Probleme verursacht haben. In einer vorsichtigen quantitativen Analyse der Gesamt*zunahme* der Verunreinigungen von Wasser, Luft und Boden seit 1964 kommt er zu folgendem Ergebnis: »Auf den Bevölkerungszuwachs entfallen 12-20 % des seit 1946 erhöhten Ausstoßes an verschiedenen Schmutzstoffen. Der Faktor Wohlstand... ist für 1-5 % der Gesamtzunahme... verantwortlich... Auf den Faktor Technologie ... kommen ungefähr 80-85 % des Gesamtausstoßes an Verunreinigungen« (1971, 164).
Mit Technologie (oder Produktion) seit 1946 meint Commoner nicht schlechthin Technologie, die auf den physikalisch-chemischen Erkenntnissen gründet, sondern die Produktionstechnologie der Nachkriegszeit, die zuviel in zu aufwendiger und überflüssiger Weise produzierte. Warum dies geschah, wird bei ihm nicht klar. Es wird lediglich gesagt, die Erkenntnisse der Wissenschaft führten zu dieser Produktionstechnologie. Wäre die »Biologie der Umwelt« im Spiel gewesen, dann, so muß man folgern, wäre die Entwicklung anders verlaufen.
Kapp kommt zu ähnlichen Schlüssen »Wer... an der Klärung der Kausalzusammenhänge interessiert ist, die zu der Intensivierung der Umweltkrise geführt haben, sollte sich weniger mit durchschnittlichen Wachstumsraten befassen, als mit der radikalen Transformation der Technik und der Art und Weise, wie neue Produktionsfaktoren und Produkte ohne Berücksichtigung ihrer zerstörenden Wirkung auf ökologische Kreisläufe zur Anwendung gebracht werden« (1972, 16). Zum Beispiel liege der Konsum von Bier nur knapp über dem vergangener Jahre, trotzdem sei die Produktion von Einwegflaschen (in den USA) seit 1946 bis zu 53 000 % (!) gestiegen.
Auch für Kade steht am Anfang »der christliche Auftrag zur Ausbeutung der Natur«. Dies erscheint quasi als notwendige, aber noch nicht hinreichende Bedingung der zerstörenden Produktionssteigerung. Die zweite

notwendige Bedingung war die Entstehung des Kaufmannskapitals. Das Kaufmannskapital entwickelte sich durch die plötzliche Ausdehnung des Weltmarkts, die Vervielfältigung der umlaufenden Waren, den Wetteifer der europäischen Nationen, sich der asiatischen und amerikanischen Produkte zu bemächtigen und des Kolonialsystems.
Aber auch Handelskapital schafft noch kein Kapital. Dazu bedarf es noch der Verfügbarkeit von Besitzern von Arbeitskraft, d. h. freie Arbeiter. Treten die Besitzer von Handelskapital und Arbeitskräfte in Kontakt, entsteht das Kapitalverhältnis. Damit ist der Bogen für die Produktion der Manufaktur bereitet. Die weitere Entwicklung folgt einer der kapitalistischen Produktionsweise innewohnenden Gesetzmäßigkeit. »Mit der Entwicklung der kapitalistischen Produktionsweise treten nun jene wirtschaftlich technischen Prozesse ins Bild, die heute, meist losgelöst von der Klasse, die an ihrer Beschleunigung interessiert ist, also anonym, als Ursachen für die Umweltkatastrophe ausgegeben werden« (1972, 130).
»Der technisch industrielle Fortschritt, so heißt es dann, hat eben auch Nachteile, auf die man zu spät aufmerksam geworden ist, die es jetzt zu korrigieren gilt«.
Die Korrektur bestände darin, so Kade, daß man jetzt Verursacher der Umweltkrise aufzähle: Industrie, Hausbrand, Automobile, Konsumenten. Dies geschehe deswegen, »um besser gerüstet zu sein für die zu erwartende Debatte über die Kostenzuweisung«. Dieser Trick einer Schuldzuteilung ist zu durchsichtig, als daß man ihm große Aufmerksamkeit widmen müßte. »Wer den Entstehungsort mit der Ursache verwechselt, hat nicht nur miserables Sprachgefühl, sondern muß sich den Vorwurf der... Interessenverschleierung gefallen lassen« (1972, 136).
Kade sieht also die Ursachen der Umweltzerstörung nicht in Technologisierung oder moderner Produktion, sondern in der Ausgestaltung der Technologie und Produktion in einer privatkapitalistischen Wirtschaft. Zwar konzediert er die Existenz von Umweltproblemen auch in den nichtkapitalistischen Ländern, weigert sich aber, aus ähnlichen Symptomen auf gleiche Ursachen schließen zu müssen.
Goldmann widerspricht dem größtenteils. Er teilt die Ursachen ein in solche, die allen modernen Staaten gemeinsam sind und solche, die einem bestimmten Gesellschaftssystem zu eigen sind. Zu den ersteren gehören die Industrialisierung und der technische Fortschritt. Zum zweiten Komplex zählt er einige Ursachenstränge auf, die in sozialistischen Staaten die Umweltzerstörung besonders begünstigen:

– spätes Einsetzen der Industrialisierung führte zu verstärktem Nachholbedarf,
– der Staat ist Partei und kann nicht gegen die Industrie arbeiten,
– die zentrale Planung führt häufig zu plötzlichen und einschneidenden Produktionsverlagerungen, deren ökologische Auswirkungen nicht vorhersehbar sind,
– die zentrale Lenkung führt zu verbindlichen, überall anzuwendenden, normierten Verfahrensweisen, die im Falle ökologischer Schädlichkeit nicht, wie im Kapitalismus, nur auf wenige Betriebe beschränkt bleiben,

- da Grund und Böden und Rohstoffe als frei verfügbare Güter im Sozialismus keinen Wert darstellen, kann überall geschürft werden und können bei mangelnder Rentabilität neue Vorkommen erschlossen werden, ohne die alten erschöpft zu haben.

Zu dem Vorteil in einem sozialistischen gegenüber einem privatkapitalistischen System zählt Goldmann folgende auf:

- geringe Konsumgüterproduktion, dadurch auch weniger Müll,
- geringer Arbeitslohn führt zur privaten Einbehaltung noch brauchbarer Abfälle,
- zentralisierte staatliche Preisgestaltung kann umweltgefährdende Güter verteuern,
- da die meisten Häuser etc. in Staatsbesitz sind, sind zentrale umweltfreundliche Fernheizungen etc. möglich,
- zentrale Planwirtschaft kann ökologische Auflagen schnell und wirksam durchsetzen.

(1972, 83-93).

Scheuch behauptet, »die schlimmsten Vergiftungen von Natur finden sich heute in unterentwickelten Ländern«. Als eine Ursache sieht Scheuch zwar die steigende Industrialisierung und die zunehmende Konsumkraft. Aber »Umweltverunreinigung ist kein besonderes Problem von Industriegesellschaften, sondern meist, und auch in seinem letzten Grunde, eine Folge des verdichteten Wohnens von Menschen« (1970, 13).

In seinem einflußreichen Buch »Grenzen des Wachstums« spaltet Meadows die Ursache für die Umweltzerstörung in zwei Komponenten auf: Bevölkerungswachstum und landwirtschaftliches Wachstum einerseits, und industrielles Wachstum und technischer Fortschritt andererseits.

Die marxistische Position wurde schon (Engels, Kade) angedeutet. Engels und Marx haben sich offenbar als erste mit der Umweltproblematik befaßt, d. h. sowohl mit den Symptomen als auch der Ursache.

Bei der Beschreibung der Beziehung zum Menschen und zur Umwelt bedient sich Marx des biologischen Konzepts des Stoffwechsels. Hier handelt es sich nicht nur um eine Metapher. Es wird nun quasi ein natürlicher Stoffwechsel und ein deformierter Stoffwechsel unterschieden. Der erste liegt vor, wenn und solange die Produktion Gebrauchsgüter hervorbringt. Die Entstehung der Arbeitsteilung und Kapitalverhältnisse hat jedoch zur Produktion von Tauschwerten, d. h. zur Warenproduktion geführt. Die Warenproduktion, die nicht mehr den gesellschaftlichen Bedürfnissen, sondern dem Tausch dient, ist auch der Schlüssel zum Verständnis der Umweltzerstörung. Marx konzentriert sich besonders auf die Arbeitsteilung von Stadt und Land und die Konzentration der Warenproduktion in der Stadt.

»Mit dem stets wachsenden Übergewicht der städtischen Bevölkerung, die sich in großen Zentren zusammenhäuft, häuft die kapitalistische Produktion einerseits die geschichtliche Bewegungskraft der Gesellschaft, stört sie andererseits den Stoffwechsel zwischen Mensch und Erde, d. h. die Rückkehr der vom Menschen in der

Form von Nahrung und Kleidungsmittel vernutzten Bodenbestandteile zum Boden, also die ewige Naturbedingung dauernder Bodenfruchtbarkeit. Sie zerstört damit zugleich die physische Gesundheit der Stadtarbeiter und das geistige Leben der Landarbeiter«.

Und weiter

»Jeder Fortschritt der kapitalistischen Agrikultur ist nicht nur ein Fortschritt in der Kunst, den Arbeiter, sondern zugleich in der Kunst, den Boden zu berauben, jeder Fortschritt in Steigerung seiner Fruchtbarkeit für eine gegebene Zeitfrist zugleich ein Fortschritt im Ruin der dauernden Quellen dieser Fruchtbarkeit. Je mehr ein Land, wie die Vereinigten Staaten von Nordamerika, zum Beispiel von der großen Industrie als dem Hintergrund seiner Entwicklung ausgeht, desto rascher dieser Zerstörungsprozeß. Die kapitalistische Produktion entwickelt daher nur die Technik und Kombination des gesellschaftlichen Produktionsprozesses, indem sie zugleich die Springquellen allen Reichtums untergräbt: Die Erde und die Arbeiter« (zit. in Romören/Romören, 1971, 179 f.).

Wir hatten schon angedeutet, daß die ökologischen Probleme nicht gerade neuen Datums sind. »Der Prozeß der Industrialisierung hat schon vor 150 Jahren ganze Städte und Landschaften unbewohnbar gemacht. Die Umweltbedingungen am Arbeitsplatz, d. h. in den englischen Fabriken und Bergwerken, waren, wie zahlreiche Dokumente zeigen, lebensgefährlich. Es herrschte ein infernalischer Lärm, die Atemluft war mit explosiven und giftigen Gasen sowie krebserregenden und bakteriell hochverseuchten Partikeln verunreinigt, der Geruch war unbeschreiblich, im Arbeitsprozeß wurden Kontaktgifte aller Art verwendet, die Nahrung war schlecht, die Lebensmittel verfälscht, Sicherheitsbestimmungen waren nicht vorhanden oder wurden ignoriert, die Überbevölkerung in proletarischen Vierteln war notorisch. Die Trink- und Abwässersituation war verheerend, eine organisierte Müllabfuhr meist nicht vorhanden« (Enzensberger, 1973, 8 f.).
Aus zahlreichen anderen Veröffentlichungen geht hervor, daß im Frühkapitalismus die großen englischen Städte mit Tausenden englischer Fabrikarbeiter in einem elenden Zustand waren: Müll lagerte auf den Straßen, die Häuser waren rußbedeckt, das Wasser kaum genießbar, die Luft stank nach Verfaultem und nach giftigen Gasen, Ungeziefer und Ratten gab es überall. Das heißt, daß die englischen Lohnarbeiter zumindest in den großen Städten, nicht nur bei der 12- bis 16stündigen Arbeit, sondern auch in ihrer Privatsphäre in kaum vorstellbaren ökologischen Verhältnissen leben mußten (abgesehen von geringstem Lohn, engen und schmutzigen Wohnungen etc.). Andere Bevölkerungsgruppen (z. B. Landbewohner, Unternehmer) scheinen, abgesehen von ihrer zunehmenden Proletarisierung, von der Umweltveränderung nicht betroffen gewesen zu sein. Commoner sieht Parallelen zum damaligen England; er schreibt für die USA: »In vieler Hinsicht sind vornehmlich die Schwarzen Opfer der Umweltverschmutzung. Ein weißer Vorstädter entkommt dem Schmutz,

dem Smog, dem Kohlenmonoxyd, dem Blei und Lärm der Stadt, wenn er nach Hause fährt; der Ghettobewohner aber arbeitet dagegen nicht nur in einem verseuchten Milieu, er muß auch darin leben... die Umweltkrise ist eine Angelegenheit, mit der der Amerikaner der Mittelschicht nicht gerade vertraut ist« (1971, 193).
Doran scheint als bekannt vorauszusetzen, wer die Umwelt zerstört und warum; er sieht als »Ursachen der weltweiten Umweltzerstörung« das Versagen der Politik. Die Vorstellung, daß Meer, Luft und Wasser und viele Rohstoffe bisher freie Güter wären, und die gigantische Ausdehnung der Luftsphäre, des Wassers etc., hätten Politiker bisher nicht auf die Idee kommen lassen, hier einzugreifen. Der schleichende und nicht sprunghafte Charakter der Entwicklung wird als zweite Ursache gesehen. Regierungen handeln immer erst dann, wenn die Gefährdung für Menschen akut wird. Die Dezentralisierung der politischen Verantwortlichkeit ist ein dritter Faktor, die Obstruktionspolitik konkurrierender Interessenverbände die vierte Ursache.
Am Ende seien ausführlich die bekannten Passagen bei Commoner zitiert, in der er in feiner Ironie die verschiedenen Stimmen zusammenfaßt: »Einige machten die Bevölkerungszunahme für die Umweltverschmutzung verantwortlich:

»Das Umweltproblem ist eine Folge des Bevölkerungsproblems. Es spielte praktisch keine Rolle, was ein einsamer amerikanischer Pionier mit seinen Abfällen tat... Als die Bevölkerungsdichte jedoch zunahm, wurden die natürlichen chemischen und biologischen Kreisläufe übermäßig beansprucht... Die Zeugungsfreiheit wird einmal alles zugrunde richten«. – »Die Kausalkette, an deren Ende der Verfall der Umwelt steht, läßt sich leicht zurückverfolgen. Zu viele Autos, zu viele Fabriken, zuviel Reinigungsmittel, zuviel Schädlingsbekämpfungsmittel, immer mehr Kondensstreifen, immer unzulänglichere Kläranlagen, zuwenig Wasser, zuviel Kohlendioxyd — all das kann mühelos auf *zu viele Menschen* zurückgeführt werden«.

Andere beschuldigten den Wohlstand:

»Die Überflußgesellschaft ist zu einer Ausflußgesellschaft geworden. Amerika mit 6 % der Weltbevölkerung produziert allein 70 oder noch mehr Prozent des auf der ganzen Welt anfallenden festen Mülls«.

Und sie priesen die Armut:

»Selig sind die hungernden Schwarzen in Mississippi mit ihren Außenaborten, denn sie sind ökologisch vernünftig, und sie sollen das Erdreich der Nation besitzen«.

Freilich nicht ohne Zurechtweisung durch die Armen:

»Man darf sich nicht auf Programme einlassen, die das Wirtschaftswachstum bremsen, ohne die Sicherung eines Mindesteinkommens als vordringlich zu behandeln, damit die Lage der Armen nicht noch armseliger wird, sondern sie vielmehr auch in den Genuß eines menschenwürdigen Daseins kommen«.

Und Ermutigung von seiten der Industrie:

»Nicht die Industrie *an sich,* sondern die öffentliche Nachfrage ist schuld daran. Und die öffentliche Nachfrage nimmt aufgrund des steigenden Bevölkerungswachstums geometrisch zu ... Wenn wir die nationalen und lokalen Führer des Umweltkreuzzugs von der Richtigkeit dieser grundlegenden und logischen Erwägung überzeugen können, daß nämlich Vermehrung Verschmutzung bewirkt, dann können wir ihnen auch dazu verhelfen, ihre Aufmerksamkeit auf den Kern des Problems zu richten«.

Wieder andere machten die angeborene Aggressivität des Menschen verantwortlich:

»Die erste Schwierigkeit liegt daher in der Masse der Menschen ... Die zweite und ganz grundsätzliche Schwierigkeit liegt in uns selbst – in unseren ursprünglichen Aggressionen ... Wie Anthony Starr einmal gesagt hat: ›Traurige Tatsache ist, daß wir die grausamste und rücksichtsloseste Art sind, die jemals die Erde bewohnt hat‹«.

Andere jedoch sahen das Übel gerade in dem, was der Mensch erst gelernt habe:

»Die Menschen fürchten ihr Menschsein, weil sie systematisch gelehrt worden sind, unmenschlich zu sein... Sie verstehen nicht, was Liebe zur Natur bedeutet. Und so wird unsere Luft verpestet, unser Wasser vergiftet und unser Boden verseucht«.

Ein Pfarrer beschuldigte den Profit:

»Der Raubbau an unserer Umwelt ist nur deshalb ein Tatbestand unseres öffentlichen Lebens, weil er mehr einbringt als die gewissenhafte Verwaltung der beschränkten Reichtümer dieses Erdballs«.

Ein Historiker griff die Religion an:

»Die Christenheit hat ungeheure Schuld auf sich geladen ... Wir werden so lange eine Umweltkrise – und zwar eine sich immer mehr zuspitzende – haben, solange wir nicht das christliche Axiom zurückweisen, wonach der Sinn der Natur allein darin liegt, dem Menschen zu dienen«.

Ein Politiker beschuldigte die Technik:

»Eine unaufhaltsame Technik, deren einziges Gesetz der Gewinn ist, verpestet seit Jahren unsere Luft, verwüstet unser Land, plündert unsere Wälder und verdirbt unser Wasser«.

Ein Umweltschützer dagegen rügte die Politiker:

»Die politischen Organe unseres Staatsapparates, denen in erster Linie die gesetzliche Verankerung und die Verwirklichung der von den Umweltschützern geforderten Maßnahmen obliegen würden, sind von einer eigentümlichen Lähmung befallen ... Die Industrie, die vom Raubbau an unserer Umwelt profitiert, sorgt dafür, daß nur diejenigen in unsere Gesetzgebungsorgane gewählt werden, die ihr freundlich gesinnt sind, und daß nur solche Verwaltungsleute eingestellt werden, die eine ähnliche Haltung einnehmen«.

Manch einer beschuldigte den Kapitalismus:

»So, nun ist sie amtlich bestätigt – die Verschwörung gegen die Umweltverschmutzung. Unser Programm lautet schlicht: Verhaftet Agnew und zerschlagt den Kapitalismus! Wir machen nur eine Ausnahme: Jeder soll sich einen Joint drehen und high werden dürfen. Wir verkünden dem Volke Agnews, daß der ›Tag der Erde‹ der Tag der Söhne und Töchter der Amerikanischen Revolution ist, die dieses kapitalistische System niederreißen und uns befreien werden«.

Die Kapitalisten starteten natürlich einen Gegenangriff:

»Ich will damit sagen, daß wir die meisten unserer Probleme bereits lösen ... daß die amerikanische Industrie jährlich mehr als drei Milliarden Dollar für die Reinigung der Umwelt ausgibt und weitere Milliarden zur Entwicklung von Produkten aufwendet, die die Umwelt rein*halten* sollen ... und daß in Wahrheit Gefahr nicht von der freien Unternehmerschaft droht, die unser Volk zum wohlhabendsten, mächtigsten und wohltätigsten Volk der ganzen Welt gemacht hat. Nein, heute droht Gefahr von der Katastrophen-Lobby, von jenen zwielichtigen Gestalten, die – um des persönlichen Vorteils willen oder aufgrund schierer Ignoranz – unser System untergraben und Wohlstand und Existenz des amerikanischen Volkes aufs Spiel setzen. Manche Leute haben sich durch solche Trübsalbläser und ihr Gerede über die atomare Vernichtung so in Angst und Schrecken versetzen lassen, daß sie rationalen Argumenten gar nicht mehr zugänglich sind ... Seit dem Zweiten Weltkrieg sind über eine Milliarde Menschen, die sich um Atom- und Wasserstoffbomben sorgten, auf andere Weise ums Leben gekommen. Sie haben sich, wie man sieht, umsonst Sorgen gemacht«.

Und ein ganz schlauer Kopf – Comic Held Pogo – schließlich beschuldigte jedermann:

»Wir sind auf den Feind gestoßen und der Feind, das sind wir« (1971).

Wir haben wahrscheinlich die meisten sozialen Ursachendeutungen zusammengefaßt, die die Literatur beherrschen. Es sind dies jeweils einzeln oder kombiniert: Die christliche Tradition, die Entwicklung der Wissenschaft, der industrielle Fortschritt, die Technik, die besondere Organisation der Technik und Produktion, die Bevölkerungsexplosion, die privatkapitalistisch organisierte Wirtschaft, Konsum- und Wohlstandsorientierung, die Unfähigkeit der politischen Instanzen, die Nichtberücksichtigung der Biologie der Umwelt, Verstädterung und verdichtetes Wachstum von Menschen, unsere Aggressionen, die Katastrophen-Lobby, wir alle.

1.2.5. Ökonomische Ansätze

Die im folgenden vorgelegte Analyse des marktwirtschaftlichen Systems unter der Fragestellung, ob Umweltschutz sytemimmanent, systemtolerant oder systemwidrig ist, ist nicht als Beschreibung der Umweltschutzaktivitäten in der Bundesrepublik Deutschland konzipiert. Es geht auch nicht darum, einen Vergleich zwischen westlichen und östlichen Industriestaaten durchzuführen, der zur Erkenntnis führen müßte, daß Umweltprobleme überall mit wirtschaftlichem Handeln gekoppelt sind, und daß Umweltschutz weder in Planwirtschaften noch in Marktwirtschaften zur Zeit Vorrang vor ökonomischen Erfordernissen hat. Es geht nicht einmal darum, die westlichen Industriestaaten als reale Gebilde mit ihren Problemen und Möglichkeiten zu untersuchen.

Analysiert wird vielmehr die »freie Marktwirtschaft«, ein *Modell*, das in reiner Form nicht real existiert. Denn die westlichen Industriestaaten greifen ja mit ihren Steuerungsinstrumenten parlamentarischer (Gesetzgebung), juristischer, verwaltungsmäßiger und ökonomischer Art ein (z. B. Produktionsverbot von DDT; richterlicher Baustop; Durchführung einer Bauleitplanung; Enteignung von Privatbesitz; Mineralölsteuer; Subventionierung der Landwirtschaft, staatliche Steuerung der Geldwirtschaft etc.). Damit konstituieren sie »Störgrößen« des Modells, so daß in der Realität Mischformen zwischen markt- und planwirtschaftlichen Systemen existieren. Dies gilt entsprechend auch für die sozialistischen Staaten (z. B. Zulassung von privater Produktion, Vermarktung und Preisgestaltung in Teilbereichen; Privatbesitz an Grund und Boden).

Ziel der Analyse ist, die kritischen Überlegungen vorzustellen, die einerseits aus marktwirtschaftlich-»kapitalistischer«, andererseits aus »marxistischer« Sicht zu den Möglichkeiten der Durchsetzung von Umweltschutz in den »westlichen Industriestaaten« angestellt werden. Dies sowohl als die zugehörige Terminologie soll der Verbesserung der Möglichkeiten dienen, sich mit den Argumenten von Systemkritikern auseinanderzusetzen. Das ist besonders im Umfeld Schule wichtig, um bei der Behandlung von Umweltfragen nicht im Vorfeld der politisch motivierten Emotionen stecken zu bleiben.

Umwelt und wirtschaftliches Handeln – Ein Thesenvergleich[*]

Die natürliche Umwelt ist Gegenstand wirtschaftswissenschaftlicher bzw. -politischer Überlegungen überhaupt erst geworden, nachdem sich Warnungen vor der Zerstörung der Lebensgrundlagen nicht mehr als des Romantikers Sehnsucht nach dem verklungenen Gesang der Nachtigall abtun ließen; schlichter: nachdem die Rohstoffe knapp – und teuer – (gemacht) wurden. Das bereits erreichte Ausmaß der Zerstörung ist an vielen Stellen belegt; die Bilanz braucht hier nicht noch einmal vorgeführt zu werden (zum jüngsten Stand sei verwiesen auf den im Oktober 1980 vorgelegten Bericht des »Council on Environmental Quality«: »The Global 2000 Report to the President«). Zu beantworten ist die Frage, inwieweit die Zerstörung der natürlichen Lebensumwelt durch die in »westlichen Industriegesellschaften« institutionalisierten Regeln wirtschaftlichen Handelns verursacht, und inwieweit sie im Rahmen eben

---

[*]Autor dieses Teils ist K.-R. Höhn

dieser Regeln aufzuhalten oder gar rückgängig zu machen ist. Zugespitzt formuliert: *sind Marktwirtschaft und Umweltschutz miteinander vereinbar?* oder umgekehrt: *schließen sich Kapitalismus und Umweltschutz gegenseitig aus?* Zu dieser Frage wird sowohl von Befürwortern als auch von Gegnern des auf dem Privateigentum an Produktionsmitteln basierenden (kurz: »privatkapitalistischen«) Marktwirtschaftssystem Stellung bezogen. Beide Argumentationsstränge sind im folgenden in ihren Grundzügen zu referieren, wobei zum Zwecke vergleichender Darstellung jeweils im selben Dreischritt vorgegangen werden soll: zunächst werden die Modellannahmen zusammengestellt, die das Verhalten des individuellen Produzenten bzw. Kapitaleigners zu erklären beanspruchen; daran anschließend ist zu fragen, wie aufgrund der jeweiligen Modellprämissen die interdependenten Effekte des Handelns der Individualproduzenten und -konsumenten mit dem »Faktor Umwelt« in Beziehung gesetzt werden; es ist also von der einzel- zur gesamtwirtschaftlichen Betrachtungsweise überzugehen und dabei zusätzlich das ökonomische Interventionspotential des Staates in Rechnung zu stellen; im dritten Schritt schließlich wird zusammenfassend erörtert, wie nach Maßgabe des jeweiligen Beschreibungsmodells die Ausgangsfrage nach den umweltrelevanten Effekten privatkapitalistisch organisierter Marktwirtschaftssysteme zu beantworten ist (der Hinweis auf analoge Umweltprobleme in planwirtschaftlich strukturierten ökonomischen Systemen ist dabei grundsätzlich angezeigt, hier jedoch nicht gesondert zu behandeln). Aus Gründen der Übersichtlichkeit wird hier zunächst das marktwirtschaftlich orientierte Analysemodell dargestellt, bevor die wichtigsten Aussagen seiner Kritiker angeführt werden können.

1.2.5.1. Die marktwirtschaftsorientierte Analyse

1.2.5.1.1. Unternehmensplanung und Umweltschutz

Das marktwirtschaftsorientierte Modell zur Beschreibung von Entscheidungsprozessen auf der Ebene der Einzelunternehmung geht aus von den Prämissen der *Konkurrenz* und der planerischen *Rationalität*. Grundsätzlich handelt es sich dabei um ein ›Gleichgewichtsmodell‹: durch das ständige Zusammentreffen der unterschiedlichen, manchmal gegenläufigen Interessen der Wirtschaftssubjekte, ergibt sich ein ›Auspendeln‹ der Preise und der Verteilung der mehr oder weniger begrenzt verfügbaren Güter. Staatliche Steuerungsaktivitäten müssen ebenso wie Kartell- oder Monopolbildungen auf der Grundlage dieses Modells als ›Störgrößen‹ betrachtet werden.

Die reale Existenz solcher Störfaktoren bedeutet für die grundsätzliche Gültigkeit des Modells dann keine Gefahr, wenn sich ihre Einflüsse isolieren lassen. Der bekannteste derartige Versuch, die ›reine‹ Marktwirtschaftslehre mit der Realität staatlicher Wirtschaftsmacht zu ›versöhnen‹, ist Keynes' Theorie der Konjunkturzyklen und ihrer Steuerbarkeit durch staatliche Eingriffe.

Ähnlich läßt sich die Frage nach marktwirtschaftskonformen Umweltschutzmaßnahmen ohne Berücksichtigung staatlicher Interventionsmöglichkeiten nicht beantworten.

Die »Rationalitäts«-Prämisse besagt, daß die unternehmerische Entscheidung grundsätzlich vom obersten Ziel der *Maximierung des Nutzens* geleitet werde (und geht in gleicher Weise auch von »rationalem Konsumentenverhalten« aus); kalkulierbarer Nutzen kann nur zählbarer Nutzen sein, läßt sich mithin in *Geldeinheiten* ausdrücken. Ein Höchstmaß unternehmerischer Rationalität ist demnach dann zu bescheinigen, wenn unter den verfügbaren Handlungsalternativen diejenige ausgewählt wurde, die auf das eingesetzte Kapital die relativ höchste Rendite erbringt.

Die »Konkurrenz«-Prämisse trifft eine grundsätzliche Aussage über die Randbedingungen des gewinnorientierten Entscheidungsverhaltens. Der Einzelunternehmer tritt als ein Bieter unter mehreren auf und kann Rendite nur erzielen, indem er eine bestimmte Menge produzierter Güter zu einem bestimmten Preis absetzt. Da die Mitbieter vor der nämlichen Situation stehen und ihre Entscheidungen ebenso rational treffen, hängt die Gewinnchance des idealtypisierten Einzelunternehmers davon ab, inwieweit es ihm gelingt, potentielle Abnehmer seiner Produktion von der überlegenen Qualität speziell seines Angebotes zu überzeugen und/ oder Bedingungen zu schaffen, die ihm gestatten, die jeweiligen Preisforderungen seiner Konkurrenten erkennbar zu unterbieten.

Der Abnehmer seinerseits kann seinen individuellen Nutzen maximieren, indem er, rational wägend, die konkurrierenden Anbieter quasi »gegeneinander ausspielt«.

Angesichts dieser permanenten Risikolage mag es dem individuellen Kapitaleigner ein Anliegen sein, vermittels technologischer Innovationen, langfristiger Kontrakte mit kaufkräftigen Abnehmergruppen, Beteiligungsdiversifizierung usw. potentielle Mitbieter »auszuschalten« und marktbeherrschende Positionen zu erlangen. Hat er es auf diese Weise zum Monopolisten gebracht, so ist das zugrundeliegende Analysenmodell fraglos nicht mehr unumschränkt tauglich; auf die daraus resultierenden Folgen notwendiger Modellveränderungen soll jedoch im weiteren nicht näher eingegangen werden.

Unter Bezugnahme auf die eingangs skizzierten Prämissen des marktwirtschaftsbefürwortenden Grundmodells führt die oben formulierte Leitfrage nunmehr auf die Suche nach Faktoren, die den individuellen Produzenten veranlassen könnten, umweltrelevante Effekte seiner Wirtschaftstätigkeit in sein Kalkül einzubeziehen. Ein entsprechender Anlaß wäre zweifellos gegeben, wenn die Konsumenten aufgrund ihrer subjektiven Einstellung – d. h. aufgrund eines entsprechenden »Umweltbewußtseins« – jeweils demjenigen Anbieter den Zuschlag geben würden, der glaubhaft

versichern kann, daß sein Verfahren zur Herstellung der offerierten Güter die relativ geringste Umweltverschmutzung zur Folge habe (dem Monopolisten würde ein solches Nachfrageverhalten selbstredend keine Sorgen bereiten).
Sofern der potentielle Abnehmer anderer Nutzenkriterien, namentlich geldliche, in den Vordergrund stellt bzw. stellen muß, ist der konkurrierende Anbieter vordergründig zunächst einmal wieder jeglicher Umweltschutzbedenken enthoben. Auf dem Umweg über die Produktionskosten könnten sie jedoch sehr rasch – und in unerwünschter Weise – abermals in sein Kalkül eintreten: Der Anbieter muß davon ausgehen, daß er die angestrebte Kapitalrendite über einen Preis zu erzielen hat, der von den Nachfragern »akzeptiert« wird. Da der Nachfrager verschiedene Angebote vergleichen kann, wird er seine Kaufentscheidung – unter sonst gleichen Bedingungen – an der jeweils niedrigsten Preisforderung orientieren. Der konkurrierende Anbieter wiederum kann seine Preisforderung ohne Verringerung der angezielten Gewinnmarge in dem Maße reduzieren, wie es ihm gelingt, die Kosten der Produktion zu senken. Kostenwirksam sind alle im Produktionsprozeß eingesetzten *knappen Güter:* Arbeit, Rohstoffe, Energie, Grund und Boden, Betriebsmittel aller Art, usw. Prinzipiell sind in allen genannten Bereichen kostensenkende Maßnahmen möglich, jedoch dürfen diese nicht zu Lasten der Produktivität gehen, da andernfalls der beabsichtigte Rentabilitätseffekt in sein Gegenteil verkehrt würde. »Kostensenkende Maßnahmen« lassen sich daher keineswegs, wie der Begriff vielleicht nahelegt, in allen Fällen im Wege unmittelbarer »Einsparungen« realisieren. Letztere sind noch am ehesten im Bereich der Senkung der Lohnstückkosten durch »Freisetzung« von Arbeitskräften möglich; der dabei im Interesse der Aufrechterhaltung des erreichten *Produktivitätsniveaus* gegebenenfalls erforderliche Mehreinsatz von Energie und Betriebsmitteln wird in Kauf genommen, sofern die daraus wiederum entstehenden Zusatzkosten die Lohn-Mehrkosten unterschreiten, die innerhalb des Planungszeitraumes bei Unterlassung der Maßnahme zu erwarten wären. Ein vergleichsweise hoher Energiepreis wäre mithin, umgekehrt, für den Unternehmer ein wichtiger Anlaß zur Überprüfung geplanter »Rationalisierungsmaßnahmen«. Dabei ist zusätzlich in Rechnung zu stellen, daß die mit dem Ziel der Kostensenkung erwogene Maßnahme, sofern sie mit einer Erhöhung des Energieeinsatzes pro Produktionseinheit verbunden wäre, einen nachträglichen Anstieg des Energiepreises zur Folge haben und somit letztlich »dysfunktional« wirken könnte. Bevor der Unternehmer eine »Rationalisierungs-Energieverbrauchs-Spirale« in Gang setzt, könnte er sich demnach gezwungen sehen, für Arbeitsplatzerhaltung und Nullwachstum seines Energiebedarfs zu votieren.
Da der Kapitaleigner aber offensichtlich nicht nur als Anbieter, sondern gleichzeitig auch als Nachfrager, als Käufer von Produktionsmitteln, auf dem Markt auftritt, kann er dem geschilderten Dilemma auch dann

entgehen, wenn seine Kaufkraft ihm ermöglicht, gegenüber Anbietern von Produktionsmitteln eine überlegene Verhandlungspostition einzunehmen; die »kostensenkenden Maßnahmen« bestünden dann darin, z. B. den Lieferanten von Rohstoffen und Energie möglichst große Preisabschläge abzunötigen. Gelingt dies, so ist ein »umweltfreundlicher« Effekt der unternehmerischen Entscheidung kaum zu erwarten.

Das Bemühen um Maßnahmen zur Senkung von Produktionskosten wird allerdings in dem Maße überflüssig, wie der Unternehmer davon ausgehen kann, daß Preissenkungen seitens seiner Mitbieter in absehbarer Zeit nicht zu »befürchten« sind, und/oder daß eventuell anfallende Produktionskostensteigerungen uneingeschränkt, d. h. ohne Beeinträchtigung der Kaufbereitschaft der Nachfrager, auf die Marktpreise der produzierten Güter »abgewälzt« werden können. Umgekehrt: bei konstanter Gewinnerwartung werden Maßnahmen zur effektiven Senkung der Produktionskosten erst dann notwendig, wenn der Versuch, entstehende Mehrkosten dem Marktpreis der produzierten Güter zuzuschlagen, das Nachfrageverhalten potentieller Käufer in einer aus der Sicht des Unternehmers ungünstigen Weise beeinflußt (für den Monopolisten sind solche Überlegungen natürlich nur insofern von Bedeutung, als sich der Nachfrager, der sich der Möglichkeit zur Wahl zwischen mehreren Geboten beraubt sieht, zum »Konsumverzicht« entschließen könnte).

Unter Zugrundelegung des Ziels der Gewinnmaximierung ergibt sich freilich allemal, daß sich Versuche zur Senkung der Produktionskosten und zur vollen Ausschöpfung des am Markt durchsetzbaren Preisniveaus nicht etwa ausschließen, sondern im Gegenteil als einander ergänzende Maßnahme beständige Leitmotive der Unternehmenspolitik darstellen müssen. Die Berücksichtigung der natürlichen Lebensgrundlagen geht in dieses Entscheidungsmodell über die produktionskostenrelevanten Energie- und Rohstoffpreise ein; gleichzeitig wird aus der idealtypisierenden Konstruktion aber auch deutlich, daß der Unternehmer entsprechende Kostensteigerungen durch Vermeidung von Einsparungsmaßnahmen »auffangen« kann. Steigende Energie- und Rohstoffpreise müssen mithin den individuellen Kapitaleigner keineswegs automatisch zu Entscheidungen veranlassen, die letztlich, ganz unabhängig von der unternehmerischen Absicht, mit umwelterhaltenden Effekten verbunden wären.

Bislang war im Zusammenhang mit umweltbelastenden Effekten industrieller Produktion lediglich der Energie- und Rohstoffumsatz angesprochen: in diesem Bereich fallen dem Unternehmer unmittelbar Kosten an. Anders verhält es sich demgegenüber mit produktionsprozeßbedingten Belastungseffekten wie z. B. Luft- und Grundwasserverschmutzung; sie spielen in der unternehmerischen Bilanz nicht die geringste Rolle. Nutzung der Luft, z. B. Abtransport von Abgasen, bedeutet nichts anderes als Inanspruchnahme eines *»freien«*, d. h. als unbegrenzt verfügbar geltenden *Gutes*. Was als unbegrenzt verfügbar, d. h. als nicht »knapp«, angesehen wird, hat keinen Preis, da niemand bereit ist, einen solchen zu zahlen. Folglich steht Luft einem chemischen Betrieb ebenso kostenlos zur Verfügung wie einem tief einatmenden Spaziergänger. Der hier entscheidende Unterschied zwischen dem chemischen Betrieb und dem Spaziergänger besteht natürlich darin, daß durch bestimmte Arten der Nutzung von Luft *Folgekosten* entstehen, die man nicht mehr vernachlässigen kann, da z. B. medizinische Maßnahmen erforderlich werden oder längere Transportwege für giftfreie Nahrungsmittel in Kauf genommen werden müssen. Solche Folgekosten lassen sich jedoch nicht ohne weiteres gegenüber dem Verursacher geltendmachen, da eben das genutzte »freie Gut« keinen Preis hat, dem sie zuzuschlagen wären. Belastungskosten werden damit quasi automatisch zu »Gemeinkosten«, die sich erst über den Umweg bestimmter staatlicher Maßnahmen »reprivatisieren« lassen, wie z. B. durch Anordnung von Auflagen, Festsetzung von Belastungsgrenzen, fiskalische Maßnahmen (vgl. dazu unten 1.2.5.1.2). Freilich bleibt dem auf diese Weise für die kostenträchtige Nutzung kostenloser Güter zur Haftung herangezogenen Unternehmer abermals die Möglichkeit, die Schadenersatzforderung im Wege der Verteuerung seiner Produkte an den Nachfrager weiterzureichen, oder, falls ihm dies mißlingt, der drohenden Gewinnverminderung durch anderweitige kostensenkende Maßnahmen bzw. durch Investitionsaufschub, Kapitalexport usw. entgegenzuwirken. Nicht zuletzt mag er auch damit rechnen, daß ein eventueller Hinweis, er könne sich zur Schließung seines unter veränderten Bedingungen nicht mehr rentabel produzierenden Betriebes gezwungen sehen, die damit arbeitsplatzvernichtende Verhängung kostenträchtiger Auflagen verhindern würde.

Mit diesen Überlegungen nähert sich die – nach wie vor das marktwirtschaftsorientierte Modell nachzeichnende – Analyse jedoch bereits der Notwendigkeit, die Perspektive des Einzelunternehmens aufzugeben und den Gesamtzusammenhang der Wirtschaftstätigkeiten im Rahmen »westlicher Industriegesellschaften« ausschnittsweise in den Blick zu nehmen.

Als bisheriges Fazit bleibt zunächst jedoch festzuhalten, daß die Unterlassung umweltgefährdender bzw. der Vollzug umweltfreundlicher Maßnahmen vom Unternehmer nur bei mindestens kostendeckender Honorierung erwartet werden kann; grundsätzlich besteht für ihn jedenfalls kein Anlaß, die Rolle eines vorbildlichen Umweltschützers zu übernehmen – und solange das Honorar für den destruktiven Part höher auszufallen verspricht, wird er diesen selbstverständlich anzielen.

1.2.5.1.2. Marktsystem und Umweltschutz

Gemäß den Prämissen des Modells der Befürwortung marktwirtschaftlicher Regelung, dem zunächst weiterhin gefolgt wird, sollen nun Möglichkeiten und Grenzen umwelterhaltender Maßnahmen im Gesamtzusammenhang marktwirtschaftlich organisierter ökonomischer Systeme untersucht werden. Dazu ist zunächst zu fragen, inwieweit sich aus der Verflechtung von Anbieter- und Nachfrageinteressen (dem »freien Spiel der Kräfte« also) umweltfreundliche Effekte ergeben können; darüber hinaus ist die Rolle der öffentlichen Administration (»des Staates«) als einer marktregulierenden Instanz zu berücksichtigen, d. h. der Bedingungsrahmen einer marktkonformen und zugleich umweltschutzorientierten Wirtschaftspolitik zu skizzieren.

Sofern man regulierende staatliche Eingriffe außer acht läßt und zunächst weder Anbietern noch Anfragern ein spezifisches Umweltschutzinteresse unterstellt, ergibt sich einerseits, daß »umweltfreundlichere« Produktionsweisen vom Unternehmer nur dann »freiwillig« eingeführt werden, wenn sie sein Produktionskostenniveau senken und damit bei gegebenen Güterpreisen eine höhere Rendite einzutragen versprechen, bzw. wenn davon ausgegangen werden kann, daß der Nachfrager bereit sein wird, die Mehrkosten in voller Höhe zu übernehmen; dem Nachfrager wiederum kann die Bereitschaft zur Übernahme der Mehrkosten nur unterstellt werden, wenn für ihn damit insofern subjektiver Nutzen verbunden ist, als er andernfalls ihm entstehende, zumindest gleichhohe, *Schadensabwendungskosten* vermeidet. Für den Unternehmer kann sich somit z. B. die Einführung von Recycling-Verfahren dann als angezeigt darstellen, wenn der dafür erforderliche Kostenaufwand von den Kosten der andernfalls zusätzlich benötigten Rohstoffe noch übertroffen würde; die Nutzung von »Abwärme« wird vorteilhaft erscheinen, wenn die aufzuwendenden Installationskosten durch entsprechende Preisnachlässe bzw. Übernahmeangebot des Energielieferanten mindestens kompensiert werden, usw. Umgekehrt wird der Nachfrager z. B. bereit sein, die Mehrkosten für »wärmedämmende« bauliche Maßnahmen zu tragen, falls sich für ihn daraus innerhalb eines ihm vertretbar erscheinenden Zeitraums eine den Investitionsaufwand übersteigende Verringerung der Beheizungskosten ergibt; der Mehrpreis für chemisch unbehandelte Nahrungsmittel wird »freiwillig« entrichtet in der Annahme, dadurch gravierende eingeschätzte »Kosten« von andernfalls zu befürchtenden Krankheitsfolgen abwenden zu können. Zu berücksichtigen ist dabei, daß »Kosten« im Rahmen dieses Modells stets in Geldeinheiten darstellbare Größen sind. Krankheitsbedingte Arbeitslosigkeit ist ein Kostenfaktor im Sinne »entgangenen Einkommens«; Depression infolge von Arbeitslosigkeit ist kein Kostenfaktor – es sei denn, der Betroffene begibt sich in psychiatrische Behandlung, so daß entweder für seinen Privathaushalt oder bei seiner Krankenkasse finanzielle Aufwendungen anfallen. Freilich setzten Überlegungen dieser Art immer schon voraus, daß der Nachfrager über einen ausreichenden budgetären Dispositionsspielraum verfügt, der ihm tatsächlich gestattet, gegebenenfalls zugunsten der langfristig kostengünstigeren Alternative einen kurzfristigen Mehraufwand zu tragen. Weiterhin vorausgesetzt sind ein entsprechender Informationsstand und häufig auch Einstellungsveränderungen im Hinblick auf äußerliche, z. B. ästhetische, Kaufentscheidungskriterien (im Falle der Automobilkarosserien scheint sich der Nachfrage»geschmack« den Erfordernissen aerodynamisch günstigen Stylings bereits angepaßt zu haben, während andererseits die Beliebtheit chemisch behandelter Hochglanz-Früchte immer noch einen soliden Absatzvorteil gegenüber »naturnah« angebautem Obst einbringt; die Umstellung auf »Umweltschutzpapier« würde gesellschaftliche Umgangssymbole tangieren: ein »hochachtungsvoll« unterzeichnetes Schreiben zumal gebietet blütenweißen Untergrund – solange Altpapiergrau noch nicht als modisch-progressiver Chic salonfähig geworden ist). Insofern die letztgenannten Voraussetzungen fehlen, können Anbieter »umweltfreundlicher« Produkte vermittels gezielter Marketing-Aktivitäten nachzuhelfen versuchen – wobei allerdings der zusätzlich erforderliche Werbeaufwand als ein weiterer Kostenfaktor zu Buche schlägt. Sofern andererseits auf seiten der Konsumenten ein ausgeprägtes »Umweltbewußtsein« entwickelt ist, steht beim »freien Spiel der Kräfte« zu erwarten, daß entsprechende Produkte aufgrund erheblich steigender Nachfrage knapp und damit teuer werden (bzw. daß monopolistisch oder kartellmäßig organisierte Produzenten die Möglichkeit zusätzlicher Gewinnschöpfung wahrnehmen und überhöhte Preisforderungen stellen); eine mehr oder weniger große Käuferschicht wird sich unter diesen Bedingungen sehr bald gezwungen sehen, ihr »Umweltbewußtsein« bei der Sichtung des Warenangebotes zurückzuhalten und z. B. die ausschließliche Verwendung giftfreier Gartenpflegemittel unter der Rubrik »Luxus« einzuordnen (es sei denn, man entscheidet sich alternativ für die Selbstzubereitung einer Kräuterjauche und stellt den dazu erforderlichen Arbeitsaufwand nicht in Rechnung; es mag einen gesonderten Streit wert sein, ob damit der Boden des marktanalytischen Rationalitätsmodells nicht bereits verlassen wäre. – Ähnlich wäre durchaus denkbar, daß der Anschaffungspreis für einen »kraftstoffsparenden« und abgasentgifteten Pkw in absehbarer Zeit den Anschaffungspreis für schwere Limousinen mit PS-starken Motoren um einen Differenzbetrag übersteigen könnte, der auf Jahre hinaus den Mehrverbrauch an Benzin vergleichsweise rentabel erscheinen lassen würde!).

Im freien Spiel der Kräfte werden somit die Mehrkosten für die Realisierung umweltschützender Handlungsalternativen zwischen Produzenten und Konsumenten quasi wie Bälle hin- und hergeworfen; erst die »aktuelle Marktlage« entscheidet darüber, wer jeweils für diese Mehrkosten aufkommt, bzw. ob sie überhaupt aufgebracht werden und nicht statt dessen alle Beteiligten anderweitige subjektive Nutzeffekte ihres Kapitaleinsatzes vorziehen.

Damit umweltfreundliche Kriterien für das Handeln der Wirtschaftssubjekte relevant werden, bedarf es demgemäß *regulierender staatlicher Eingriffe*. Eine »Durchsetzbarkeitsgarantie« ist jedoch nicht gegeben, denn staatliche Interventionen dürfen zum einen nicht den konstitutiven Faktoren des Marktwirtschaftssystems zuwiderlaufen – private Verfügbarkeit von Produktionsmitteln, freie Preisbildung über Angebot und Nachfrage, prinzipielle Gleichheit der Wettbewerbschancen, usw.; zum

anderen müssen solche Eingriffe gleichgewichtig prinzipiellen ökonomischen Zielorientierungen Rechnung tragen. Doch es soll nicht vorgegriffen, sondern das Beschreibungsmodell in seinen Grundzügen schrittweise weiterentwickelt werden.
Hierzu muß zunächst der Begriff der *»externen Effekte«* eingeführt werden. Ein Produzent oder Konsument verursacht »externe Effekte«, wenn durch sein Verhalten Dritten Vor- und Nachteile entstehen, für die er nicht entlohnt wird bzw. nicht aufzukommen braucht. In diesem Sprachgebrauch sind z. B. auch umweltstörende Wirkungen industrieller Güterproduktion für die Betriebsbilanz »externe Effekte« – Kosten, die zwar als Produktionskonsequenzen anfallen, jedoch nicht vom produzierenden Betrieb übernommen werden müssen. Die regulierende staatliche Instanz steht damit vor der Alternative, diese Kosten entweder zu reprivatisieren, d. h. durch geeignete Maßnahmen beim Verursacher einzufordern, oder aber als sozialisierte Kosten aus dem Steueraufkommen zu finanzieren. Reprivatisierungsstrategien können darin bestehen, dem Unternehmer die Übernahme von *»Schadensvermeidungskosten«* abzuverlangen, die er dann z. B. zur Erfüllung bestimmter technischer Auflagen aufzubringen hätte, und/oder im Wege z. B. der Sonderbesteuerung die anfallenden *»Schadensbehebungskosten«* beim Produzenten geltend zu machen. In beiden Fällen setzt die Realisierung des *»Verursacherprinzips« jedoch die Lösung des Schadenszurechnungsproblems* voraus. Diese kann sich ziemlich schwierig gestalten: Zum einen ist durchaus nicht immer auszumachen, wer für welchen Anteil der dunkelgelben Flecken am Himmel über der Emscher verantwortlich ist; zum zweiten ist jeweils zu fragen, ob der entstandene Schaden unter den gegebenen – z. B. technischen – Bedingungen überhaupt vermeidbar gewesen wäre, ob also tatsächlich »schuldhaftes Verhalten« vorliegt; drittens schließlich können auch in diesem Fall modellfremde »Störfaktoren« auftreten – bestimmte Interessengruppen haben größere Einflußchancen als andere und sind deshalb eher in der Lage, eine zu ihren Ungunsten ausfallende Lösung des Schadenszurechnungsproblems zu verhindern.
Die so zustandekommende Schadenszurechnung kann dann mehr oder weniger fiktiv, d. h. unabhängig von der tatsächlichen Ursachenkonstellation, ausfallen; vielleicht müssen die Betreiber von Kohlekraftwerken neue Auflagen hinnehmen, während die Chemiebranche unbehelligt bleibt, usw.
Wenn die Schadenszurechnungsfrage, aus welchen Gründen auch immer, ungeklärt bleibt, könnte als eleganteste Lösung versucht werden, das Produkt selbst (also z. B. das Auto oder das Waschmittel) zum »Schädling« zu erklären. Das Produkt hätte die Kosten zu tragen, indem es mit einem Mehrpreis belastet würde. Eine dementsprechende staatliche Maßnahme wäre z. B. der Verkauf oder die Versteigerung von *»Verschmutzungslizenzen«* bzw. -zertifikaten: Das verbriefte Recht, umweltverschmutzend zu produzieren, wäre käuflich zu erwerben. Mit der Verein-

nahmung des Kaufpreises deckt die öffentliche Hand die entstehenden Schadensbehebungskosten ab. Der Käufer des Verschmutzungsrechts schlägt dessen Kosten dem Produktpreis zu. Wer gewillt ist, das Produkt auch zu einem höheren Preis zu erwerben und zu konsumieren, kommt somit für die Folgekosten der Verschmutzung auf. Voraussetzung dieses Verfahrens ist allerdings die Festlegung der gerade noch tolerierbaren Belastungsschwelle.

Das Lizenzierungsprinzip läuft darauf hinaus, bestimmte Umweltressourcen nicht mehr als »freie Güter« zu betrachten, sondern in den Markt zu integrieren, wo dann das »freie Spiel der Kräfte« die Verteilung der real entstehenden Kosten regelt.

Als alternative oder ergänzende Maßnahme bietet sich die Sozialisierung von Verschmutzungskosten an, die zusätzlich zu rechtfertigen wäre mit dem Argument, der in Rede stehende Schaden werde letztlich durch die Güternachfrage der Gesamtbevölkerung verursacht. Schadensbehebungskosten können dann z. B. im Wege indirekter Besteuerung eingetrieben, in Form öffentlicher Finanzierung bestimmter technischer Maßnahmen aufgebracht und/oder über eine Umverteilung des Gesundheitsrisikos (wie z. B. über eine Erhöhung von Krankenkassenbeiträgen) bestritten werden. Inwieweit der effektiven Durchsetzung des Verursacherprinzips seitens des betroffenen Unternehmers durch Kostenüberwälzungsstrategien begegnet werden kann, ist eine allemal erst »am Markt« entscheidbare Frage.

Die Zurechnungsfrage ist freilich nicht das einzige und in der Regel auch nicht das ausschlaggebende Kriterium der Wahl zwischen administrativen Handlungsalternativen. Eine von staatlicher Seite möglicherweise durchführbare umweltschützende Maßnahme ist vielmehr im Sinne einer ökonomischen *Nutzen-Kosten-Analyse* »auszublancieren«. Dies bedeutet, daß im Einzelfall zunächst zu entscheiden ist, ob für die Sozialisierung der Kosten votiert wird, wenn dies der Fall ist, geht es für die öffentliche Hand darum, welcher Weg teurer wird: die Erstattung der Schadensvermeidungskosten in Form direkter oder indirekter Subventionierung des Produzenten, oder die Übernahme der Schadensbehebungskosten (wie etwa Einrichtung von Krebsstationen oder von Sanatorien zur Heilung von Krankheiten der Atemwege).

Aus diesem einfachen Bilanzierungsproblem erwächst jedoch sogleich eine außerordentlich komplexe Entscheidungsstruktur, wenn die weiterreichenden wirtschaftlichen Konsequenzen der zur Wahl stehenden Alternativen entsprechende Berücksichtigung finden. Als Orientierungsrahmen gilt dabei das »magische Quadrat« der wirtschaftspolitischen Zielsetzungen *Wachstum, Vollbeschäftigung, Preisstabilität und Zahlungsbilanzausgleich*. Die aus der Modellstruktur resultierenden und in der Öffentlichkeit diskutierten Alternativen der Schadenskostenverteilung sehen folgendermaßen aus:

Alternative 1: Einem Unternehmen werden Schadensvermeidungskosten auferlegt, indem es zur Errichtung emissionsverringernder Anlagen gezwungen wird, da anders die Einhaltung der festgesetzten Belastungshöchstgrenzen nicht gewährleistet wäre. Dies führt zunächst zu einer Erhöhung des Kapitaleinsatzes pro Produktionseinheit. Sofern diese Mehrkosten weder über Produktivitätssteigerungen noch über Marktpreiserhöhungen aufzufangen sind, ergibt sich unter sonst gleichen Bedingungen, zwangsläufig eine Rentabilitätseinbuße. Dadurch vermindert sich das für Produktivinvestitionen verfügbare Kapital, und es entstehen negative volkswirtschaftliche Konsequenzen im Hinblick auf die Ziele »Wachstum« und »Vollbeschäftigung« (aufgrund der Verteuerung der Exporte kann weiterhin auch die Zahlungsbilanz in Mitleidenschaft gezogen werden); arbeitsmarktpolitisch noch brisanter wird die umweltschützende Auflage, wenn sich die betroffenen Unternehmenseigner infolge der Höhe der entstandenen Mehrkosten zur Betriebsschließung gezwungen sehen müßten.

Andererseits ist zumindest das Argument des »Investitionsstaus« auch umkehrbar, da sich umweltschützende Auflagen zwar nicht im betroffenen Betrieb selbst, wohl aber bei den mit der Errichtung der entsprechenden Umweltschutzanlagen beauftragten Unternehmen wachstumsfördernd und arbeitsplatzschaffend auswirken. Es wäre mithin jeweils im Einzelfall zu prüfen, inwieweit die auferlegten Schadensvermeidungskosten bei gegebenem technischen Entwicklungsstand als dem betroffenen Unternehmen zumutbar angesehen werden können, und ob die in der Art einer »Kettenreaktion« resultierende zusätzliche Nachfrage nach Investitionsgütern letztlich den aus Ausgleichsmaßnahmen des betroffenen Betriebes entstehenden volkswirtschaftlichen Schaden zumindest abdeckt. Bedenken dieser Art sind gegenstandslos, wenn sich die Überwälzung der Mehrkosten auf die Endpreise als »am Markt durchsetzbar« erweist. Der positive Wachstums- und Beschäftigungseffekt der zusätzlichen Investitionsgüternachfrage kann dann voll durchschlagen, wobei indes andererseits unerwünschte Folgen für die Preisstabilität nicht mehr auszuschließen sind.

Alternative 2: Die Schadensvermeidungskosten werden ganz oder teilweise durch Subventionierung umweltschützender Investitionen sozialisiert. Hieraus ergibt sich die Möglichkeit eines Investitionsschubs (mit positiven Wachstums- und Beschäftigungseffekten), ohne daß sich die Unternehmen zu preissteigernden Kostenüberwälzungsversuchen gezwungen sehen müßten (der Mehrpreis wird ja vom Käufer bereits durch seinen Anteil an der Subvention entrichtet; – fiskalische Maßnahmen zur Abschöpfung von Sondergewinnen bei einzelnen, insbesondere bei monopolistischen Unternehmen können sich allerdings als erforderlich erweisen). Eine Gefährdung der Preisstabilität ist gleichwohl aus anderen Gründen erneut nicht auszuschließen: sie könnte einerseits nicht nur als Folge allgemein steigender Nachfrage eintreten, sondern vor allem

auch aus dem mit der Finanzierung des Subventionsprogramms verbundenen zusätzlichen Kapitalbedarf der »öffentlichen Hand« resultieren (eine steigende Investitionsgüternachfrage würde überdies zu einer Erhöhung des Rohstoff- und Energieumsatzes führen). Die Kapitalfinanzierung des Programms ließe sich jedoch nur um den Preis der Stornierung anderer öffentlicher Ausgaben vermeiden – was wiederum die erwünschten wirtschaftlichen Effekte unterlaufen würde. Ein ähnliches Problem stellt sich schließlich auch dann, wenn die zur mittelfristigen Etatausgleichung erforderlichen und als Folge des Programms erwarteten Steuermehreinnahmen ganz oder teilweise ausbleiben.
Gegen das Subventionskonzept ist darüber hinaus der grundsätzliche Einwand vorzubringen, daß es einen *Ungleichgewichtseffekt* erzeugt, der mit marktwirtschaftlichen Prinzipien kaum zu vereinbaren ist: Da ein Teil der Produktionskosten als Schadensvermeidungskosten anfällt und von der Gesellschaft getragen wird, liegt der Marktpreis des Produkts unterhalb der tatsächlichen Gesamt-Produktionskosten. Sofern also die Subvention nicht vom Unternehmer als Sondergewinn verbucht wird, kommt sie denjenigen Nachfragern zugute, die überdurchschnittlich große Mengen des betreffenden Produktes konsumieren (und damit überdurchschnittlich zum Erfordernis der Schadensvermeidung beitragen). Als Konsequenz des *Auseinanderfallens von Preis und realen Produktionskosten* eines Gutes kann sich die umweltfreundliche Intention der Subventionierungsmaßnahme geradewegs in ihr Gegenteil verkehren. So entsteht z. B. durch die Subventionierung der Kernenergieforschung und -entwicklung ein »politischer Preis« für »Atomstrom«, der den Einsatz alternativer Technologien »unrentabel« werden läßt (die öffentliche Hand übernimmt Investitionskosten, die, so wird argumentiert, niedriger liegen als die im Prognosezeitraum andernfalls aufzubringenden zusätzlichen Kosten für andere Energieträger); die Subvention produziert auf diese Weise eine erhöhte Nachfrage und damit erhöhte Umweltrisiken. Zugespitzt formuliert: der Verschwendung fossiler Energieressourcen und steigender Belastung der Atmosphäre durch Kohlendioxid wird mit Bedrohung der Lebensgrundlagen durch Radioaktivität und politische Pression begegnet – wodurch wiederum Schadensvermeidungs- bzw. -behebungskosten anfallen, die ihrerseits, im Interesse der Aufrechterhaltung des wohlerwogenen politischen Preises, durch Subventionen abgedeckt werden müssen, usw.
Einer gesonderten Betrachtung bedürfen die ökonomischen Aspekte umweltschützender Maßnahmen im *»Entsorgungssektor«*. Die noch vor zehn Jahren vorgetragene Argumentation, jeder Mehreinsatz von Produktionsfaktoren im Entsorgungsbereich führe zu einer entsprechenden Verringerung des Faktoreinsatzes im Produktionsbereich und damit zu einer Verschlechterung der Güter- und Dienstleistungsversorgung, muß inzwischen angesichts der bedarfsübersteigenden Verfügbarkeit zumindest des »Faktors« Arbeit relativiert werden. Statt dessen wird überwie-

gend davon ausgegangen, daß Entsorgungsinvestitionen, ähnlich wie Schadensvermeidungsinvestitionen, im Wege der Vermehrung der Nachfrage nach Investitionsgütern wachstumsfördernde und arbeitsplatzschaffende Konsequenzen zeitigen, wobei zudem der »Entsorgungsbranche« bereits mittelfristig enorme Expansionschancen vorausgesagt werden. Allerdings treiben auch Entsorgungsmaßnahmen die realen Produktionskosten der Güter, deren Herstellung und Konsum den Entsorgungsbedarf auslöst, in die Höhe. Falls die Kosten der Entsorgung, marktgemäß, in vollem Umfang den Produktpreisen zugeschlagen würden, müßten wiederum mit steigender »Inflationsrate« und Gefährdung des Zahlungsbilanzausgleichs gerechnet werden, da infolge des günstigen Beschäftigungseffekts eine Kaufkraftbelebung die Folge wäre. Umgekehrt mag die Nutzen-Kosten-Bilanz gezielter »Investitionsanreize« auf den ersten Blick verlockend aussehen, sie führt aber allemal zum Auseinanderfallen von Produktionskosten und Produktpreis mit den schon skizzierten, nicht unbedingt erwünschten Konsequenzen. Hinzu kommt, daß mit der Subventionierung von Entsorgungsaktivitäten bei den begünstigten Betrieben ein vitales Interesse an der Aufrechterhaltung eines entsorgungsbedürftigen Belastungsniveaus geweckt wird; sofern gar derselbe Betrieb zugleich als Verschmutzer und Entsorger auftritt – wenn z. B. ein Papierproduzent einen Betrieb aufkauft, der Wasseraufbereitungsfilter herstellt –, muß der umweltschützende Effekt der Entsorgungssubvention als denkbar gering veranschlagt werden: das Unternehmen kommt in den Genuß einer Nettogewinnsteigerung als Entlohnung für die Beseitigung des selbst angerichteten Schadens – Verschmutzungsvermeidung wäre gleichbedeutend mit Gewinnverzicht. Aus der befürwortenden Analyse des marktwirtschaftlichen Systems ergibt sich mithin, daß notwendigerweise auch das Umweltschutzziel zu relativieren und in den Rahmen der wirtschaftspolitischen Orientierungsfaktoren hineinzustellen ist. Umweltschutzrücksichten können nicht zur alleinigen wirtschaftspolitischen Leitlinie erhoben werden, sie sind aber gegebenenfalls, umgekehrt, konjunktursteuernden Maßnahmen dienstbar zu machen: Umweltschützende Investitionen erscheinen – als ein Mittel unter vielen – angezeigt, wenn ein »Aufschwung« erwünscht ist, und weniger förderungswürdig, wenn es gilt, eine »überhitzte« Konjunktur zu »dämpfen«. M.A.W.: unter den genannten Bedingungen ist auch Umweltschutz grundsätzlich ein *Optimierungsproblem*.

1.2.5.2. Die kapitalismuskritische Analyse

Im zweiten Teil dieses Beitrags soll versucht werden, die Ausgangsfrage nach den Möglichkeiten und Grenzen effektiven Umweltschutzes im Rahmen marktwirtschaftlich organisierter »westlicher Industriegesellschaften« aus der Sicht marxistisch-kapitalismuskritischer Wirtschaftstheorie zu beantworten. Die bisherigen Schlußfolgerungen werden dabei sowohl auf der Ebene der phänomenologischen Systembeschreibung als auch in ihren Resultaten wesentlich erhalten bleiben – die nachstehenden Überlegungen vertragen deshalb auch beträchtliche Abkürzungen –, jedoch insofern eine grundsätzlich andere Akzentuierung erfahren, als die marxistische Theorie nicht den »Gesetzen des Marktes«, sondern den »kapitalistischen Produktionsverhältnissen« ursächliche Bedeutung zuschreibt.

1.2.5.2.1. Profitinteresse und Umweltschutz

Die »marxistische« Analyse geht gleich der »bürgerlichen« davon aus, daß der Kapitalist »rational« handelt, indem er des Profites wegen, dessen Maximierung er anstrebt, produzieren läßt. Sollte sich ein »umweltschädliches« Produkt z. B. infolge eingeschränkter Absatzchance als besonders ungeeignetes Mittel zum Zweck erweisen, wird sich der Kapitalist selbstverständlich »umweltbewußt« verhalten, indem er nach Möglichkeit seine Investitionstätigkeit verlagert; solches Umweltbewußtsein wird seine Handlungsrelevanz ebenso selbstverständlich in dem Maße verlieren, wie sich Umweltschutz und Profitmaximierung dem Kapitalisten als unvereinbarte Ziele darstellen.

Die marxistische Auffassung stimmt mit der vorher beschriebenen auch dahingehend überein, daß der Kapitalist seinen Profit am Markt realisiert; der marxistische Kritiker hat von daher keine Veranlassung, die oben skizzierte Analyse des »freien Spiels der Kräfte« und seiner Konsequenzen als verfehlt abzutun. Er wird ihr aber andererseits auch nicht jene zentrale Bedeutung zuerkennen können, die sie im Rahmen des befürworteten Modells einnimmt, denn nach seiner Theorie wird der Profit keineswegs auch am Markt – als Entlohnung für die eingesetzten Produktionsfaktoren zuzüglich Kalkulationsgewinn – erzielt, sondern vielmehr im Produktionsprozeß selbst aus der Schöpfung von Mehrwert (ausbeuterisch) »erwirtschaftet«. Für die kapitalismuskritische Analyse ist der Markt, wo in der Art eines Nullsummenspiels Gewinner und Verlierer ermittelt werden, ein Nebenschauplatz. Sie interessiert sich vielmehr für die Regeln, die den Prozeß der Produktion bestimmen und fragt, inwieweit sie dem »Kapitalisten« gestatten, umweltfreundlicher Betriebstechnik Priorität einzuräumen.

Der Kapitalist kauft die Arbeitskraft des Lohnarbeiters zu einem – auszuhandelnden – Preis, der sich im Prinzip an den durchschnittlichen Kosten zur Erhaltung der Arbeitskraft des Lohnabhängigen (s. g. *Reproduktionskosten)* bemißt. Die Arbeitskraft stellt nach Planung des Kapitalisten Waren her und dies in der Regel in einem Umfang, der den Gegenwert der als Entlohnung ausgezahlten Reproduktionskosten mehr oder weniger deutlich übersteigt. Die Differenz zwischen den Reproduktionskosten der Arbeitskraft (dem vom Kapitalisten vorgeschossenen *»variablen Kapital«*) und der vom Lohnabhängigen insgesamt erwirtschafteten Wertschöpfung entspricht dem *»Mehrwert«*. DerWert der produzierten

Waren ergibt sich mithin aus der Summe der eingegangenen Anteile »konstanten« (Roh- und Hilfsstoffe, Betriebsmittel) und variablen Kapitals sowie dem Mehrwert. In diesem Kontext erscheinen Analysesysteme, die den Verdienst des Unternehmers pauschal als »Kapitalverzinsung« beschreiben, nicht mehr angemessen. Denn die auf die Ware übertragenen Anteile konstanten und variablen Kapitals verändern ihre Größen nicht, d. h., es findet lediglich – vermittelt durch den Arbeitsprozeß – ein »Kapitaltransfer« statt; des Kapitalisten Erwerbsquelle ist einzig der Wert der Arbeit, die über die Erwirtschaftung der Reproduktionskosten des Lohnabhängigen hinaus von diesem zusätzlich geleistet wird, der Mehrwert eben. Unabhängig von der Erwirtschaftung des Mehrwerts im Produktionsprozeß ist der *Profit* freilich erst im Wirtschaftsprozeß zu realisieren, und auch dies nur in dem Maße, wie der Warenwert – inklusive Mehrwertanteil – tatsächlich als Marktpreis durchgesetzt werden kann; in bezug auf die Realisation des Profits greift mithin das oben dargelegte marktwirtschaftsbefürwortende Analysemodell adäquat ein.

Auch im marxistischen Beschreibungsmodell konkurrieren die Kapitalisten miteinander (wobei gleichwohl eine Tendenz zur Monopolbildung angenommen wird) und müssen von daher an einer *permanenten Steigerung des Mehrwerts* interessiert sein. Das einfachste Mittel einer solchen Mehrwertsteigerung, nämlich die Verlängerung des Arbeitstages, stößt jedoch naturgemäß sehr bald an biologische Grenzen. Der offenbleibende Anteil am angestrebten Mehrwert ist mithin über produktivitätsfördernde technische Innovationen anzustreben.

Nach diesem Analyseschritt, d. i. nach der Konstruktion des Übergangs von der Produktion des »absoluten« zur Produktion des »relativen« Mehrwerts bzw. von der formellen zur reellen Subsumtion der Arbeitskraft unter das Kapital, treffen sich das »bürgerliche« und das »marxistische« Modell wiederum in der Betonung des unternehmerischen Interesses an kontinuierlicher Steigerung der Arbeitsproduktivität. Naheliegenderweise kann der Kapitalist seine Entscheidung für oder gegen die Einführung bestimmter neuer Produktionstechniken nicht von vornherein an möglicherweise umweltfreundlichen oder -schädlichen Effekten der zur Wahl stehenden Alternativlösungen orientieren; sein primäres Kriterium ist die *Rate des Mehrwerts*, d. h. die Erhöhung des *Ausbeutungsgrades* der Arbeitskraft. Arbeitsintensive, »energiesparende« Alternativtechnologien können z. B. dem Kapitalisten unter dieser Perspektive nur dann als »sinnvoll« erscheinen, wenn nach dem Ankauf zusätzlicher Arbeitskraft im Vergleich zur vorherigen Produktionsorganisation relativ mehr Mehrarbeit geleistet würde, d. h., wenn sich nach Einführung der Maßnahme ein Zuwachs im erzielten Mehrwert (= m) pro Arbeitskraft (=v=Einheit variablen Kapitals) ergäbe, oder kurz: wenn die Innovation mit einem Anstieg der Rate des Mehrwertes (m/v) verbunden wäre. Schadensvermeidungsinvestitionen, wie etwa die Installation von Emissionsfiltern u. dergl., haben demgemäß weder unmittelbar (die Installation selbst erfolgt auf Rechnung eines anderen Produzenten) noch mittelbar (über Veränderungen des Produktionsablaufs) mehrwertschaffenden Effekt, sondern sind als unproduktive Kosten dem *konstanten Kapital* zuzuschlagen; d. h. Investitionen dieser Art erhöhen den Wert der produzierten Ware lediglich (durch »Übertragung« des entsprechenden Anteils konstanten Kapitals) im Maß des vom Kapitalisten ohnehin »vorgeschossenen« Kapitals – der Preis der Ware steigt, ohne daß der Kapitalist davon profitieren würde (im Gegenteil müßte er, wie oben schon analog beschrieben, Gewinneinbußen hinnehmen, falls die Preiserhöhung nicht durchsetzbar wäre und ihm der zusätzliche Kapitalaufwand nicht anderweitig erstattet würde).

Der Mehrwert ist selbstverständlich nicht dem Nettoprofit gleichzusetzen (auch dann nicht, wenn von Schwankungen der Marktlage abgesehen wird); bemißt sich die Rate des Mehrwerts als Verhältnis des Mehrwerts zum eingesetzten variablen Kapitals (m/v), so ist bei der Ermittlung des Profits zusätzlich das verauslagte konstante Kapital in Rechnung zu stellen $(m/c+v)$. *Die Profitrate* verringert sich mithin bei gegebenem Einsatz variablen Kapitals (Anzahl der Arbeitskräfte) im Maße jeder zusätzlich aufgewendeten Einheit konstanten Kapitals, d. h. im Maße der Steigerung des Verhältnisses von konstantem Kapital zum Gesamtkapitalaufwand (d. i. mit steigender sog. »organischer Zusammensetzung« ($c/c + v$ des Kapitals – daher die Notwendigkeit der Überwälzung der Kosten z. B. des Emissionsfilters). Diesem *tendenziellen Fall der Profitrate* kann, unabhängig von der je aktuellen Marktsituation, im Prinzip nur durch Senkung des Arbeitslohns unter das Reproduktionskostenniveau (was gleichzeitig den bei gegebener Technik erforderlichen Einsatz konstanten Kapitals vermindern würde), durch Erhöhung des durchschnittlichen Grades der Ausbeutung der Arbeitskraft und/oder durch Ausweitung der Produktion begegnet werden, so daß der Schwund der Profitrate durch eine entsprechende Steigerung der Mehrwert- bzw. der Profitmasse kompensiert würde. Von daher ist dem marxistischen Analytiker eine expansive Unternehmenspolitik, die auf Verschwendung natürlicher Ressourcen nur mit Blick auf deren möglicherweise steigende Preise Rücksicht nehmen kann, vollkommen verständlich.

1.2.5.2.2. Umweltschutz im kapitalistischen Wirtschaftssystem

Auch aus der marxistischen Analyse ergibt sich, daß die »freie« Konkurrenz der Einzelkapitale umweltschützende Effekte lediglich dann (gewissermaßen zufällig) ermöglicht, wenn sie in Verfolgung der Notwendigkeit optimaler Kapitalverwertung ohne weiteres Zutun anfallen.

Der regulierende administrative Eingriff ist mithin abermals auf den Plan gerufen. Die Rolle des kapitalistischen Staates wird allerdings nicht im Sinne von »Verantwortlichkeit für das Gemeinwohl« verstanden, sondern »im Prinzip« als die eines »*ideellen Gesamtkapitalisten*«. Bezogen auf die hier in Rede stehende Fragestellung kann der befürwortende Theoretiker der sozialen Marktwirtschaft den staatlichen Instanzen die Möglichkeit der prinzipiellen Gleichgewichtung von umeltfreundlichen und gesamtwirtschaftlichen Zielsetzungen zugestehen, während der marxistische Analytiker von vornherein die nachgeordnete Relevanz der Umweltrücksicht annimmt. Diese vorweggenommene Schlußfolgerung bedarf einiger erläuternder Stichworte.

Dem Staat als einem »ideellen Gesamtkapitalisten« obliegt vorrangig die Aufgabe, für die Erhaltung günstiger Kapitalverwertungsbedingungen Sorge zu tragen. Die Palette der dazu erforderlichen und einsetzbaren Maßnahmen reicht von der Instandhaltung bzw. Verbesserung infrastruktureller Produktions- und Zirkulationsvoraussetzungen über die Erhaltung des »sozialen Friedens« bis hin zu angemessener Absicherung der Außenhandelsprofite.

Dem Staat kann somit z. B. nur bedingt an eine Eindämmung der Rohstoffverschwendung gelegen sein, da entsprechende Maßnahmen kurzfristig die Wachstumschancen aller betroffenen Kapitalverwertungsbranchen gefährden würden. Dies kurzfristige Unterlassungsziel steht allerding durchaus im Widerspruch zur längerfristigen Sicherung der Produktions- bzw. Kapitalverwertungsbedingungen; ersteres ist primäres Anliegen der Kapitalisten, letzteres darf vom Staat nicht aus dem Blick verloren werden. Die Lösung dieses »Optimierungsproblems« muß den je gegebenen ökonomischen und politischen Machtkonstellationen folgen.

Dagegen muß der Staat sehr wohl auf die Stabilität der Rohstoffpreise bedacht sein, da sich andernfalls im Wege der Erhöhung des konstanten Kapitalfaktors der tendenzielle Fall der Profitraten beschleunigen würde. Hieraus folgt, daß das Bekenntnis zum marktwirtschaftlichen »freien Spiel der Kräfte« in der wirtschaftspolitischen Praxis nicht unbeschränkt eingelöst werden kann: Der infolge Knappheit marktwirtschaftlich »natürliche« Anstieg der Rohstoffpreise darf nicht hingenommen, sondern muß durch Kartellbildungen, handelsprotektionistische Maßnahmen, »Entwicklungshilfe« mit Kapitalrückfluß (eine Art »ökonomische Kolonialisierung«) oder – im Extremfall – durch militärische Gewalt verhindert werden. Dem kapitalistischen Staat erwachsen hieraus natürlich ideologische Legitimationsprobleme. Der so verstandene Staat hat, m. a. W., nicht den Zielen bestimmter Einzelkapitalisten dienlich zu sein, sondern die Interessen der fiktiven Gesamtheit aller Kapitalisten zu vertreten; dies impliziert auch, daß staatliche Instanzen im konkreten Fall durchaus gegen die Interessen einzelner Kapitalisten bzw. Kapitlverwertungszweige tätig werden können (wobei die Interessen von Monopolen selbstverständlich weniger gefährdet sind) – der kapitalistische Staat muß sozusagen für »ausgleichende Gerechtigkeit« zwischen den konkurrierenden Einzelkapitalen sorgen, wobei »Gerechtigkeit« primär bedeutet, daß sich die Einzelrenditen weder im positiven noch im negativen Sinne allzu weit von der jeweiligen *»Durchschnittsprofitrate«* entfernen sollten. Diese permanente Besorgnis gebietet, im Hinblick auf die hier zu behandelnde Fragestellung, unter anderem einerseits, daß besonders belastungsintensiven Industriezweigen allein aus dem von ihnen verursachten Verschmutzungsgrad keine ökonomischen Nachteile entstehen dürfen, andererseits aber auch, zu verhindern, daß der Belastungs-Output eines bestimmten Kapitalverwertungszweiges die Verwertungsbedingungen eines anderen gefährdet. Damit ist das oben skizzierte Optimierungsproblem – allerdings aus völlig anderer Perspektive – erneut eingeführt, erscheint aber im Sinne effektiven Umweltschutzes erst recht unlösbar, da nicht die (profitable) Belastung selbst, sondern vielmehr ausschließlich die »gerechte Verteilung« der Schadensvermeidungs- bzw. -behebungskosten wirtschaftspolitisch relevant wird. Systemadäquate staatliche Maßnahmen müssen mithin durchaus nicht zu einer tatsächlichen Reduktion des Belastungs-Output führen. Entscheidend ist vielmehr, daß der Extraprofit des »Verschmutzers«, der belastungsvermindernden Investitionen entsteht, im Wege der Umverteilung (Sonderbesteuerung, Zertifizierung, Abschreibungserschwernisse bzw. -begünstigungen, usw.) den belastungsgeschädigten Kapitalverwertern als Ausgleich für entstandene oder zu befürchtende Profiteinbußen zugeführt wird. Das »Gemeinkostenprinzip«, d. i. die Sozialisierung der kostenträchtigen Schadenskonsequenzen, ist dabei als zusätzliches bzw. alternatives Regulationsinstrument nach Maßgabe der »konjunkturellen Lage« variabel einzusetzen. Die Durchsetzung des Gemeinkostenprinzips liegt »naturgemäß« im kurzfristigen privatkapitalistischen Interesse; als »ideeller Gesamtkapitalist« hat der Staat jedoch auch in diesem Fall die Orientierung am kurzfristigen Profit gegen das übergeordnete Interesse an der Vermeidung von »Systemkrisen« – wie sie etwa als »Unterkonsumtion« infolge überhöhter Sozialkostenbelastung auftreten können – auszubalancieren.

Die Frage nach den Möglichkeiten und Grenzen des Umweltschutzes in Kapitalismus wird auch aus marxistischer Sicht im Sinne eines »Optimierungsproblems« dargestellt, wobei jedoch aus der Analyse der Systemprämissen selbst auf die prinzipielle Nachrangigkeit umweltschützender Rücksichten geschlossen wird. Die kapitalismuskritische Analyse liefert mithin insgesamt eine gegenüber dem befürwortenden Modell deutlich skeptischere Prognose.

Während das befürwortende Modell die Systembedingungen als unveränderliche Voraussetzungen sieht und die »systemimmanente« Ausbalancierung der Optimierungsproblematik für einen ausreichenden Lösungsansatz hält, erscheint aus marxistischer Sicht effektiver Umweltschutz erst unter Preisgabe konstitutiver Merkmale der kapitalistischen Wirtschaftsstruktur möglich; der für erforderlich gehaltene Übergang zu wachstumsbeschränkten, kreislauforientierten Formen der Organisation gesellschaftlichen Wirtschaftens verlangt notwendigerweise, daß der Produktivkrafteinsatz nicht mehr der freien Verfügung »anarchisch« konkurrierender Kapitalisten überlassen bleiben darf, sondern vielmehr nach Maß-

gabe von Planungs- und Entscheidungsprozessen zu erfolgen hat, die von der Basis mitbestimmt werden.
Allein durch die Abschaffung des privaten Produktionsmitteleigentums ist diese Zielsetzung freilich nicht zu realisieren; entscheidend ist vielmehr die Abkehr von der – auch »staatskapitalistische« Formen der »Planwirtschaft« kennzeichnenden – tauschwertorientierten Warenproduktion, der letztlich die »Entfremdung« des Menschen von seiner natürlichen Umwelt und Lebensgrundlage entspringt.
»Läßt sich im Rahmen der kapitalistischen Marktwirtschaftsordnung effektiver Umweltschutz realisieren?« – Dies war die Ausgangsfrage. Das »systemkonforme« Analysemodell führte zu einer »bedingt positiven« Antwort: Umweltschutzmaßnahmen sind im Rahmen marktwirtschaftlicher Regeln durchsetzbar, müssen jedoch stets auf die Optimierung ökonomischer Stabilitätsfaktoren abgestimmt und von daher gegebenenfalls eingeschränkt werden. Aus dem »systemkritischen« Analysemodell resultierte eine Präzisierung dieser Aussage mit eher »negativer« Tendenz: Infolge der Dominanz der Profitprämisse und der an der Sicherung der Kapitalverwertungsbedingungen orientierten Funktion administrativer Maßnahmen kann Umweltschutz im Kapitalismus über den Stellenwert eines Randkriteriums nicht hinauskommen.
Vielleicht läßt sich die aktuelle Diskussion emotional entlasten, wenn man feststellt, daß sich beide Analysemodelle trotz ihrer unterschiedlichen Schlußfolgerungen nicht grundsätzlich ausschließen. Sie kommen zu abweichenden Ergebnissen, weil sie an jeweils anderen Faktoren des Wirtschaftsprozesses ansetzen.
Das marktwirtschaftsbefürwortende Modell stellt die Frage nach der Durchsetzbarkeit umweltschützender Maßnahmen als *Kostenfrage* und läßt schließen, daß Umweltschutz im Rahmen des marktwirtschaftlichen Systems sehr wohl realisierbar ist, wenn nur ein geeignetes Instrumentarium zur *marktkonformen Verteilung* dieser Kosten gefunden wird, das mit anderen wirtschaftspolitischen Zielsetzungen verträglich ist.
Das kapitalismuskritische Modell geht aus von einem »Systemzwang« zur Mehrwertschöpfung im *Produktionsprozeß* und läßt schließen, daß umweltfreundliche *Produktionsverfahren* im Rahmen dieses Systems durchaus eingeführt werden, sofern sie sich nur gleichzeitig als optimale Strategien zur Sicherung bzw. Steigerung der Durchschnittsprofitrate erweisen.
Wenn beide Modelle jeweils andere Aspekte des Wirtschaftshandelns zutreffend beschreiben, bleibt zu fragen, welches für die Realisierung umweltschützender Maßnahmen die härteren Bedingungen stellt.

1.3. Ökologie und Umwelterziehung im Schulunterricht

1.3.1. Begriffliche Abgrenzung

Ökologie als Wissenschaftsbereich mit biologischen, medizinischen, psychologischen, geographischen, physikalischen, chemischen, technischen, soziologischen, ökonomischen und politischen Anteilen entwickelt wissenschaftliche Aussagen, die Voraussetzung sind für das Verständnis der Geschichte, der Gegenwart und der möglichen Zukunft ökologischer Systeme, in die der Mensch mit seinem universellen Nutzungsanspruch an die Biosphäre eingebunden ist.

Die Praxis, die verschiedenen Wissenschaftsbereiche im Hinblick auf ökologische Fragestellungen nicht zu integrieren, führt zu verschiedenen Interpretationen derselben ökologischen Situation. So werden z. B. bei der Untersuchung, wie hoch die Belastbarkeit eines Raumes ist, die Voraussagen von Biologen, Landschaftsökologen, Ökonomen und Politikern in der Regel nicht integriert sondern getrennt erarbeitet und nach dem jeweiligen Interesse interpretiert.

Ein Abbild dieser Situation ist im Unterricht über ökologische Inhalte in den Sekundarstufen der Schulen gegeben, in denen dieselben Probleme in verschiedenen Unterrichtsfächern unabhängig voneinander bearbeitet und mit unterschiedlichen Mustern erklärt und bewertet werden. Ökologieunterricht sollte vielmehr anstreben, neben der fachlich vertieften Problem- und Situationsanalyse auch die Integration der Wissensbestände zu ermöglichen (vgl. Eulefeld/Puls, 1978).

Darüber hinaus spielen im Ökologieunterricht neben den wissenschaftlichen auch die lebensweltlichen Fakten und die primären Erfahrungen der Schüler in ländlichen und städtischen Räumen eine zentrale Rolle.

Ökologieunterricht untersucht und beschreibt die Existenzbedingungen der Lebewesen (einschließlich des Menschen) in einer zunehmend vom Menschen veränderten Welt, wobei die Schüler zugleich größere Zusammenhänge verstehen lernen und Handlungsorientierungen erwerben, die eine Tendenz zur eigenen Aktion fördern.

Ökologieunterricht, der von Situationen und Problemen ausgeht, kann nicht allein in einem einzelnen Fach und nur mit dessen Methoden und Kenntnissen sinnvoll durchgeführt werden. Gerade im Bereich Ökologie kann sich der Unterricht nicht auf eine wissenschaftspropädeutische Vermittlung von Fachwissen aus einem Teilgebiet (z. B. Botanik) beschränken. Vielmehr geht es hier gleichzeitig um eine wertorientierte Erziehung, die dem einzelnen seine Einbindung in die Umwelt bewußt und die Rolle individuellen und gesellschaftlichen Handelns für die Nutzung, Gestaltung oder Zerstörung der Natur einsichtig machen sowie seine Orientierung auf verantwortbares Handeln hin günstig beeinflussen soll. Ein solcher Unterricht, der nicht primär auf die Erklärungsmuster

einer einzelnen akademischen Disziplin beschränkt, sondern auf Handlungsziele und Wertorientierung ausgerichtet ist, wird zur Umwelterziehung:
»Umwelterziehung (environmental education) ist der Prozeß des Erkennens von Werten und klärenden Vorstellungen (concepts) im Hinblick auf die Entwicklung der Fähigkeiten und Einstellungen, die notwendig sind, um die Beziehungen zwischen dem Menschen, seiner Kultur und seiner natürlichen Umwelt (biophysical surroundings) zu verstehen und zu würdigen.«
Diese Definition der International Union for the Conservation of Nature and Natural Resources (IUCN, 1970) zeigt die ganze Breite des Verständnisses dieser neuen Aufgabe, die sowohl die kognitive Seite der Ausbildung von Kenntnissen und Fähigkeiten als auch die affektive der Entwicklung von Einstellungen umfaßt.
Die UNESCO hat auf ihrer Weltkonferenz zur Umwelterziehung 1977 ein stärker problemorientiertes Konzept vertreten. Danach sind die 5 Kategorien für umweltbezogene Lernziele in der Umwelterziehung:
1. Bewußtsein: dazu beitragen, daß Personen und gesellschaftliche Gruppen ein Umweltbewußtsein entwickeln und für die damit zusammenhängenden Probleme sensibilisiert werden;
2. Kenntnisse: dazu beitragen, daß Personen und gesellschaftliche Gruppen eine breitgefächerte Umwelterfahrung und ein Grundverständnis für die Probleme der Umwelt gewinnen;
3. Einstellungen: dazu beitragen, daß Personen und gesellschaftliche Gruppen umweltbezogene Wertvorstellungen und Verantwortungsgefühl entwickeln und motiviert werden, sich aktiv am Schutz und an der Verbesserung der Umwelt zu beteiligen;
4. Fertigkeiten: dazu beitragen, daß Personen oder gesellschaftliche Gruppen die für das Erkennen und Lösen von Umweltproblemen benötigten praktischen Fertigkeiten erwerben;
5. Mitwirkung: Personen und gesellschaftlichen Gruppen die Möglichkeit bieten, auf allen Ebenen aktiv in die Arbeit zur Lösung von Umweltproblemen einbezogen zu werden.
Für die Bundesrepublik sind die Empfehlungen der Tiflis-Konferenz in einer nationalen Auswertungskonferenz in München 1978 adaptiert worden. Im Bericht über diese Tagung wird Umwelterziehung so gekennzeichnet:
»Umwelterziehung... ist eine Erziehung in der Auseinandersetzung mit der natürlichen, sozialen und gebauten Umwelt mit dem Ziel, die Bereitschaft und die Kompetenz zum Handeln unter Berücksichtigung ökologischer Gesetzmäßigkeiten zu entwickeln« (Eulefeld, 1978, 36).
In der Empfehlung 15 wird dies unter anderem mit folgenden Aussagen präzisiert:
– Umwelterziehung soll ausgewogen der Verwirklichung der individuellen Freiheit und den Ansprüchen der sozialen Gemeinschaft dienen. Die Verbindung mit

dem Elternhaus, anderen Kontaktpersonen in der Gemeinde und mit der natürlichen und gebauten Umwelt ist für Umwelterziehung konstitutiv.
- Umwelterziehung soll Kindern und Jugendlichen die Auseinandersetzung mit den verschiedenen Erscheinungsformen der Umwelt erschließen.
- Umwelterziehung in der Schule schließt lokale, regionale, überregionale und globale Umweltdimensionen ein. Die lokalen haben aufgrund ihrer unmittelbaren Erfahrungsqualität mindestens gleiche Bedeutung wie die überregionalen. Sie erlauben in besonderem Maße das Einüben in eigenes Erleben und Handeln. Auch die überlokalen Aspekte sollten jedoch in das aktive Erfahrungs- und Handlungsgefüge der Schüler eingebaut werden.
- Umwelterziehung in der Schule sollte sich grundsätzlich auf die verschiedenen Aspekte von Umwelt beziehen und Erfahrungs- und Wissensbereiche aus verschiedenen Disziplinen berücksichtigen. Sie ist damit transdisziplinär und an fächerübergreifenden Unterricht gebunden.
- Umwelterziehung in der Schule kann didaktisch durch drei Komponenten strukturiert werden:
  1. Umwelterziehung in der Schule geht von real erfahrbarer Umwelt aus.
  2. Diese real erfahrbare Umwelt sollte mit Erfahrungen und Wissen aus verschiedenen Wissensbereichen der Geschichte, des Alltags und der Wissenschaften erläutert und erklärt werden.
  3. Erfahrungen und Wissen sollten jedoch nicht bloß aneinandergereiht, sondern zu ökologischen Erkenntniszusammenhängen vernetzt werden. Dies kann beispielsweise durch die Strukturierung mit ökologischen Schlüsselbegriffen wie Kreislauf, Regelkreis, multiples Wirkungsgefüge erreicht werden.
- In der Umwelterziehung sollten Methoden den Vorrang haben, die Schüleraktivitäten im Lernen selbst unterstützen, da Umwelterziehung auf Erleben von und Umgang mit Umwelt abzielt.

Neben dem üblichen Klassenunterricht sollte deshalb vor allem Kleingruppenarbeit bei Durchführung von Fallstudien, projektartigem Unterricht und außerschulischen Erkundungen gefördert werden. (Eulefeld/Kapune, 1979, 272 f).

Auch die Ständige Konferenz der Kultusminister der Länder in der Bundesrepublik Deutschland (KMK) hat am 17. 10. 1980 in einem Beschluß zu »Umwelt und Unterricht« Stellung genommen. Zielstellung ist darin, »Bewußtsein für Umweltfragen zu erzeugen, die Bereitschaft für den verantwortlichen Umgang mit der Umwelt zu fördern und zu einem umweltbewußten Verhalten zu erziehen, das über die Schulzeit hinaus wirksam bleibt«. In den Angaben zur Verwirklichung heißt es, der Schüler solle insbesondere

- die durch Verfassung und Gesetz gegebenen Rechte und Pflichten des Bürgers kennenlernen und dadurch bereit werden, an den Aufgaben der Sorge für die Umwelt und des Umweltschutzes mitzuwirken;
- zu einer gezielten Beobachtung und Untersuchung seiner Umwelt bewegt werden;
- Einblick in ökologische Zusammenhänge gewinnen und die Wirkung von Störungen kennenlernen;
- Ursachen von Umweltbelastungen und teilweise nicht wieder rückgängig zu machenden Umweltveränderungen kennenlernen;

- die Verflechtung ökologischer, ökonomischer und gesellschaftlicher Einflüsse erkennen, die zum gegenwärtigen Zustand unserer Umwelt geführt haben;
- erkennen, daß die Erhaltung der Vielgestaltigkeit von Lebewesen und Landschaft nicht nur zur Sicherung der natürlichen Lebensgrundlagen für die gegenwärtige, sondern auch für die zukünftigen Generationen erforderlich ist;
- erkennen, daß Umweltbelastung ein internationales Problem und eine Existenzfrage für die gesamte Menschheit ist und daß Sorge für die Umwelt somit eine internationale Aufgabe darstellt, bei der den hochentwickelten Industriestaaten eine besondere Verantwortung zukommt;
- zur Einsicht gelangen, daß verantwortungsbewußtes Handeln des einzelnen und der Gesellschaft notwendig ist, um dem Menschen die Umwelt zu sichern, die er für ein gesundes und menschenwürdiges Dasein braucht;
- erkennen, daß Sorge für die Umwelt die Auseinandersetzung mit Interessengegensätzen einschließt und deshalb eine sorgfältige Abwägung von ökonomischen und ökologischen Gesichtspunkten notwendig ist.

1.3.2. Verwirklichung von Ökologie und Umwelterziehung im Schulsystem

1.3.2.1. Zur gegenwärtigen Situation

Realisierung einer Umwelterziehung, die, wie in 1.3.1. beschrieben, ökologisch bestimmte Verhaltensdispositionen anstrebt und zu diesem Zweck interdisziplinär und problembezogen vorgehen soll, ist sehr schwierig in einem gefächerten Schulsystem, das sich inhaltlich an Systemen universitärer Disziplinen orientiert und das Organisationsstrukturen aufweist, die der praktischen Einbeziehung außerschulischer Umwelten in den Unterricht große Hindernisse entgegensetzen. So ist das gefächerte Schulsystem gekennzeichnet z. B. durch Unterricht in Einzelstunden und durch stündlichen Lehrerwechsel; juristische (Aufsichtspflicht) und finanzielle Probleme erschweren außerschulische Lehrveranstaltungen.

Unabhängig von diesen Schwierigkeiten sind in den letzten Jahren Ansatzpunkte für die Umwelterziehung geschaffen worden, indem für eine verstärkte Berücksichtigung ökologischer Aspekte und von Umweltproblemen im Unterricht gesorgt wurde. Diese Initiativen gehen auf eine Ministerpräsidentenkonferenz von 1972 zurück, in der beschlossen wurde, verstärkt Aktionsprogramme in den Ländern auszuarbeiten, um das Umweltbewußtsein der Bevölkerung zu schärfen, private Initiativen zur Intensivierung des Umweltschutzes zu wecken und vor allem die Umwelterziehung und Umweltbildung zu vertiefen.

In der Folgezeit wurden einerseits die Lehrpläne der betroffenen Schulfächer (vor allem Biologie und Geographie, aber auch Sozialkunde, Chemie, Physik, Arbeitslehre, Technik, Hauswirtschaft) im Hinblick auf ein »Unterrichtsprinzip Umwelterziehung« überarbeitet und entsprechende Inhalte hinzugefügt oder betont (vgl. z. B. Staatsinstitut, 1979). Andererseits erfolgte die Planung und z. T. die Erprobung neuer Unterrichtsfor-

men, Inhalte und Methoden, um den ausgewiesenen Zielen näherzukommen.
Übereinstimmend in allen Bundesländern ist heute die deutlich stärkere Repräsentanz von Inhalten zu Ökologie und Umweltproblemen in Lehrplänen, Schulbüchern und im Unterricht (vgl. Eulefeld u. a., 1980). Doch ist Interdisziplinarität nur über die Jahre hinweg aus der Addition fachlicher Anteile garantiert, da die Einzelbereiche der verschiedenen Themen in den verschiedenen Fächern unabhängig voneinander bearbeitet werden.

1.3.2.2. *Möglichkeiten der Verwirklichung des didaktischen Konzeptes Ökologie und Umwelterziehung*

1.3.2.2.1. Ein eigenes Fach Ökologie und Umwelterziehung

Die Verwirklichung des didaktischen Konzeptes Ökologie und Umwelterziehung könnte möglicherweise am ehesten in einem eigenen Fach erfolgen. Ein neues Fach wäre noch nicht durch gängige fachdidaktische Vorstellungen belastet. Doch einer solchen Entscheidung stehen einerseits inhaltliche Bedenken, vor allem aber traditionelle und organisatorische Schwierigkeiten entgegen. »Gegenüber allen möglichen Ansprüchen ist der Lehrplan ein relativ träges System. Seine Trägheit gegenüber Neuerungen verdankt er einem Verbund von sich wechselseitig stützenden und stabilisierenden Faktoren. Es sind dies besonders die Tradition der Stundentafeln und Lehrfächer, die Ausbildung der Lehrer, die Zusammensetzung der Lehrplankommissionen, die Inhalte der Schulfächer und der Standardliteratur in einzelnen Gebieten und die Prüfungsanforderungen« (Künzli, 1980, S. 24).
Bedingungen für die Institutionalisierung eines Schulfaches Umweltschutz-Ökologie sind in einem vom BMBW mitfinanzierten Modellversuch der Gesamtschule Baunatal untersucht worden. Die Autoren wehren sich allerdings gegen die Bezeichnung »Schulfach«: »Unsere Absicht ist ja gerade, das überkommene Fach- und ›Kästchen‹ – Denken zu überwinden« (Theodor-Heuss-Schule, 1971, S. 3). Doch ist die organisatorische Ansiedlung unverzichtbar. Sie erfolgt in der Gesamtschule Baunatal im Wahlpflichtbereich der Klassenstufe 7 bis 10 und wird als »Lernbereich Umweltschutz« ausgewiesen. In der Kurzfassung des Schlußberichtes (Engelhardt/Herrmann/Hölzel, 1979) nennen die Autoren als weitere organisatorische Voraussetzungen die Einsetzung eines Teams: es sollen »immer zwei Lehrer – ein Naturwissenschaftler und ein Lehrer mit Fächern aus dem Bereich der Gesellschaftswissenschaften – in einer Lerngruppe eingesetzt sein« (a. a. O. S. 7). Dennoch hat es sich offenbar als notwendig herausgestellt, die natur- und gesellschaftswissenschaftlichen Bereiche in getrennten »Spiralen« zu entwickeln (a. a. O. S. 32 und 34) und getrennte Unterrichtszeit auszuweisen (S. 6). Dieser Tendenz zur Trennung wird in Baunatal durch die Einrichtung von Lehrerteams in den

Lerngruppen und durch Projekte entgegengewirkt, die z. T. lehrzielorientiert, z. T. gegenstandsorientiert sind.
Ein solches Fach muß im Sekundarbereich notwendigerweise Inhalte aus verschiedenen Schulfächern (Naturwissenschaften, Geographie, Geschichte, sozialwissenschaftliche Fächer) aufnehmen. Es geriete sonst in Gefahr, zu einem am Handeln orientierten Überfach zu werden. Ohne Nutzung der anderen Fächer könnte das jeweils nötige komplementäre Bezugswissen nicht eingebracht werden. Wenn also Lehrer mit einer entsprechenden Vielfachqualifikation fehlen, wäre ein kooperierendes Team erforderlich.

1.3.2.2.2. Ökologie und Umwelterziehung in Biologie und Geographie

Als Teil der Schulfächer Biologie oder Geographie ergeben sich andere Probleme. So hatte der Versuch, das Fach Biologie nach ökologischen Konzepten zu strukturieren (vgl. Eulefeld, 1975; Rodi, 1975; Schulte, 1975), die Schwierigkeit, den gesamten Kanon biologischer Wissensbestände zu vertreten, die für den Schulunterricht als notwendig begründet werden.
Für die ökologischen Inhalte andererseits gewinnen im Fach Biologie biologische Zusammenhänge größere Bedeutung, andere werden zurückgedrängt. Dies könnte zu einer Überbewertung biologisch- naturwissenschaftlicher Zusammenhänge führen, wenn es nicht gelingt, die spezifisch biologischen Interpretationen bei der Entwicklung eines umweltbezogenen Denkstils deutlich zu machen sowie durch Hinzuziehung nichtbiologischer Aussagesysteme und übergreifender Thematisierungsgesichtspunkte in fachtranszendierender Weise zu erweitern.
Am ehesten wäre noch das Schulfach Erdkunde als Ort für Ökologie und Umwelterziehung geeignet, da die »Geoökologie als Geographie für den Menschen« (Habrich/Köhler, 1979, S. 681) naturwissenschaftliche und sozialwissenschaftliche Bereiche vereinigt. Die Geographie berücksichtigt »allein unter allen angesprochenen Fächern beide Aspekte, den Naturraum und den in ihm agierenden Menschen (Hausmann, 1979, S. 81).
Daraus ergeben sich jedoch dieselben Probleme, die bereits für ein Fach Ökologie und Umwelterziehung genannt wurden: »Selbst ein durch ein breites Fachwissen qualifizierter Geographielehrer wäre überfordert, müßte er selbst die natur- und sozialwissenschaftlichen Grundkenntnisse den Schülern vermitteln« (Habrich/Köhler, ebd.).

1.3.2.2.3 Koordinierung von Unterrichtsfächern

Aus den vorstehenden Überlegungen ergibt sich als Konsequenz, daß im heutigen Schulsystem im Bereich Ökologie und Umwelterziehung eine personelle, inhaltliche und zeitliche Kooperation in den betroffenen Schulfächern anzustreben wäre. Dies betrifft vor allem die Biologie, die Geographie und Sozialkunde (die in verschiedenen Ländern unter verschiedenen Bezeichnungen eingeführt ist: z. B. Gemeinschaftskunde,

Politische Bildung, Sozialkunde, Gesellschaftskunde, Welt- und Umweltkunde, Arbeitslehre, Wirtschaftslehre).

Ein erster Vorschlag hierzu wurde 1978 von einer Arbeitsgruppe von Biologie- und Geographiedidaktikern aus allen Ländern in der Bundesrepublik Deutschland entwickelt. Im Anschluß an eine länderübergreifende Lehrplananalyse wurde versucht, die fachbezogenen biologischen und geographischen Umweltthemen zu identifizieren sowie diejenigen, die in einem Überschneidungsbereich beider Fächer liegen und somit koordiniert unterrichtet werden sollten. Auf diese Weise entstand ein thematischer Kurzlehrplan zur Umwelterziehung für eine Kooperation der Fächer Biologie und Geographie:

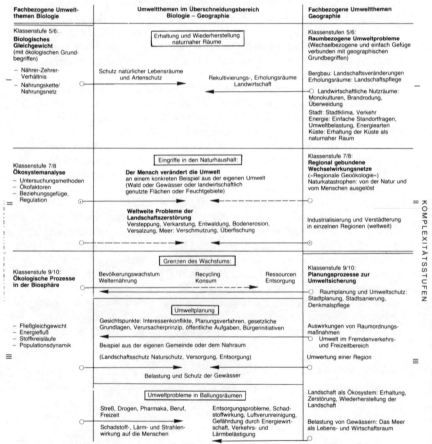

Ein Vorschlag zur Kooperation von Biologie und Geographie im Bereich Ökologie und Umwelterziehung in der Sekundarstufe I (aus EULEFELD/PULS, 1978).

Eine Ausweitung der betroffenen Inhaltsbereiche (vgl. Habrich, 1979) ist von verschiedenen Seiten versucht worden. So hat eine interdisziplinäre Arbeitsgruppe im Staatsinstitut für Schulpädagogik (ISP) München eine »Handreichung zur Umwelterziehung an den Bayerischen Schulen« (1979) herausgegeben, in der unter anderem Lernziele und Lerninhalte der Unterrichtsfächer aufgeführt werden. Ähnliche Handreichungen sind in Hessen veröffentlicht worden und werden auch in anderen Bundesländern vorbereitet.

Zur Verwirklichung interdisziplinärer Umwelterziehung, zu deren Planung auch die Strukturierungshilfen dieses didaktischen Konzeptes herangezogen werden könnten (z. T. auch verwendet wurden), bedarf es jedoch nicht notwendigerweise einer Lehrplanreform. So zeigen die Erprobungen mehrerer Unterrichtsvorhaben (vgl. z B. Eulefeld u. a., 1979; Kyburz-Graber, 1981; Mikelskis, 1980; Mikelskis/Lauterbach, 1980; Münzinger, 1977), daß die gegenwärtigen Lehrpläne genügend Spielraum lassen, um fächerübergreifende Themen für Unterricht planen und bearbeiten zu können. Wesentlich ist dabei die Koordinierung der Lehrinhalte und die gemeinsame Planung des fächerübergreifenden Unterrichts durch mindestens zwei Lehrer sowie seine zeitliche, räumliche und materielle Organisation.

Ein umfangreicher Schulversuch ist von 1977 bis 1981 von der Kommission der Europäischen Gemeinschaften durchgeführt worden. In einem Verbundnetz waren bis zu zwanzig Schulen aus den neun Ländern der EG zusammengefaßt, planten jährlich in einwöchigen Seminaren die neuen Arbeiten und tauschten ihre Erfahrungen über den Unterricht im abgelaufenen Jahr aus (vgl. Milieu, 1/1981). Die Schüler der beteiligten Schulen untersuchten in verschiedenen Fächern Situationen in ihrer eigenen Umwelt und im europäischen Rahmen. Aus der Bundesrepublik Deutschland waren je eine Haupt-, Real-, Gesamtschule und ein Gymnasium beteiligt.

Insgesamt ist die Situation in der Bundesrepublik Deutschland durch Versuche gekennzeichnet, unter Beibehaltung existierender Strukturen dem innovatorischen Charakter einer Umwelterziehung gerecht zu werden, die tendenziell den traditionellen schulischen Rahmen sprengt.

Teil 2: Das didaktische Konzept zur Strukturierung von Lehr-/Lernsituationen im Bereich Ökologie und Umwelterziehung.

2.1. Zum Interdisziplinären Anspruch des didaktischen Konzepts

Ökologie wird heute in der Schule meistens als biologische Teildisziplin behandelt, die den Menschen nur am Rande in ihre Überlegungen einbezieht. Humanökologie wird als Umweltschutz isoliert in verschiedenen Unterrichtsfächern unterrichtet; man überläßt es der Initiative des Schülers und seiner Fähigkeit, selbständig die Integration der nicht aufeinander bezogenen Informationen aus verschiedenen Teilbereichen zu leisten.

Im erstgenannten Fall handelt es sich um die Übertragung der bisherigen biologischen Ökologie als wissenschaftliche Disziplin in den Unterricht. Im zweiten Fall zeigt sich die noch immer nicht angemessene Reaktion auf die objektiven Bedingungen der Umweltgefährdung.

Die tatsächlich vorhandene Verschränkung natürlicher und sozialer Gegebenheiten zeigt dagegen in aller Deutlichkeit die folgende Aussage:

»Die natürliche Umwelt ist einem rapid zunehmenden Belastungs-, Ausbeutungs- und Zerstörungsprozeß ausgesetzt, der den Naturhaushalt in qualitativ neuer Weise verändert, wenn nicht gar seinen Bestand selbst gefährdet. Damit sind unmittelbare psychische und physische Auswirkungen auf den Menschen als Teil der Natur verbunden« (Glagow, 1972, 9).

Die Behandlung dieses Themenkreises innerhalb der einzelnen Schulfächer ist in der Bundesrepublik bisher nur unbefriedigend gelöst. Das liegt im wesentlichen daran, daß eine personelle oder sachliche Integration der verschiedenen beteiligten naturwissenschaftlichen und gesellschaftspolitischen Bereiche nicht erfolgte. Der Schüler ist überfordert, wenn er diese Leistung selbständig vollbringen soll.

Weiterhin ist die Frage zu stellen, ob für ein so komplexes Feld wie die Humanökologie überhaupt unverbundene Schulfächer in Betracht kommen können, da in die Forschungstätigkeit in diesem Bereich eine Fülle verschiedener herkömmlicher Disziplinen einbezogen ist:

»In einem der bekanntesten ökologischen Handbücher, Bevölkerungswachstum und Umweltkrise von Paul und Anna Ehrlich, werden Aussagen der folgenden Teilwissenschaften explizit oder implizit bearbeitet: Statistik, Systemtheorie, Kybernetik, Theorie der Spiele und der Prognosen; Thermodynamik, Nuklearphysik, Biochemie, Biologie, Ozeanographie, Mineralogie, Meteorologie, Genetik, Physiologie, Medizin, Epidemiologie, Toxikologie, Agrikulturwissenschaften, Urbanistik, Demographie, Technologien aller Art, Gesellschaftstheorie, Soziologie und Ökonomie... Die Aufzählung ist nicht vollständig« (Enzensberger, 1973, S. 2).

Weiterhin läßt das heutige Schulsystem Unterrichtsmethoden, wie z. B. fachunabhängige Projekte (vgl. S. 108 ff.), die für solche komplexen Bereiche optimal sein können, entweder weitgehend außer acht oder durch gegebene starre Organisationsformen gar nicht zu.
Aber auch die Möglichkeiten innerhalb eines Faches, wesentliche Aspekte anderer Fachbereiche systematisch einzubeziehen, sind bisher kaum konsequent aufgegriffen worden.
Daraus ergibt sich die Notwendigkeit, die Inhalte potentiell beteiligter Fächer daraufhin zu untersuchen, welche Aufgabe und welchen Stellenwert sie für die Analyse, die Gewinnung von Erkenntnissen und die Entwicklung von Handlungsorientierungen im ökologischen Problemfeld haben. Eine solche Analyse (vgl. Teil 3) liefert eine wesentliche Voraussetzung für die didaktische Bearbeitung der Beiträge der einzelnen Disziplinen im Rahmen einer fächerübergreifenden Behandlung.
Im »didaktischen Konzept« wird daher folgende Grundposition vertreten: Der Unterricht soll die Erkenntnis ermöglichen, daß naturwissenschaftliche Gesetzmäßigkeiten notwendige Elemente der Systembeschreibung sind. Das ökologische System ermöglicht der Spezies Mensch die Existenz. Dieses Wissen ist eine Voraussetzung für das Verhältnis der Abhängigkeit des Menschen von Umweltfaktoren. Damit ist auch die Einsicht vorbereitet, daß die Art Homo sapiens, die als einzige planend in die Struktur der Ökosysteme eingreifen kann, durch das eigene Entscheiden und Handeln über die Veränderung der Umwelt auf ihre eigene Existenz zurückwirkt. Die Stellung des Menschen ist einerseits Teil des Systems, andererseits dessen Veränderer, der allerdings seine eigenen Handlungen nachdenkend steuern kann.
Menschen – unterschieden nach verschiedenen Gruppierungen und Interessen – gehen gleichzeitig als Handelnde und Betroffene in die Systembeschreibung ein. Danach bestimmen sich die Auswahlkriterien für die Curriculumelemente auch nach gesellschaftstheoretischen Vorstellungen und Zielen.

2.2. Übersicht über das »didaktische Konzept Ökologie und Umwelterziehung«

Die folgenden Kapitel im Teil 2 stellen das didaktische Konzept zur Analyse und Konstruktion von Lehr-/Lernplanungen im Bereich Ökologie und Umwelterziehung dar.
Der erste Schritt ist die Identifizierung der zu bearbeitenden Systeme. In der Komponente I werden »gegenständliche Teilsysteme« gekennzeichnet und einige Beispiele aufgeführt. In diesen Beispielen sind fachliche Inhalte angedeutet, die zum zweiten Schritt überleiten.

Die zweite Komponente des »didaktischen Konzeptes« sind die »Aussagesysteme aus unterschiedlichen Wissensbereichen«. Sie dienen der Erarbeitung der erklärungsmächtigen Wissensbestände für die Ausarbeitung des jeweils gewählten gegenständlichen Teilsystems. Art und Verwendung wissenschaftlicher und außerwissenschaftlicher Aussagen werden erläutert.
Die dritte Komponente sind die »ökologischen Thematisierungsgesichtspunkte«. Sie dienen der Auswahl, Integration und Strukturierung der Kenntnisbestände, sie ordnen das Wissen unter zusammenfassenden Aspekten und ermöglichen die konkrete Planung von Lehr-/Lernsituationen.
Zur Planung des unterrichtlichen Handelns ist die Auswahl der angemessenen Unterrichtsmethoden erforderlich. Sie hängen eng mit den angestrebten Zielen und mit den gewählten drei Komponenten zusammen, dem Teilsystem, den Aussagesystemen und den Thematisierungsgesichtspunkten. Hierzu gibt das Kapitel über »Unterrichtsmethoden im Bereich Ökologie und Umwelterziehung« Reflexions- und Entscheidungshilfen.

2.3. Drei Komponenten für die Analyse und Entwicklung von Lehr-/Lernsituationen

2.3.1. Komponente I: Gegenständliche Teilsysteme

Leben auf der Erde ist an seine Umwelten gebunden. Jeder Organismus ist Teil von Systemen aus Tieren, Pflanzen, Mikroorganismen und abiotischen Faktoren. Die Einpassung in solche Ökosysteme erlaubt ihm die individuelle Entwicklung, eine zeitlich begrenzte individuelle Existenz und die Reproduktion.
Das Gesamtökosystem, die Biosphäre, weist Teilbereiche auf, die voneinander verschieden sind. Sie unterscheiden sich durch die abiotischen Faktoren, wie z. B. Klima, Licht, Exposition, Landschaftsgestalt, Bodenart, Luft- und Gewässerzusammensetzung sowie durch die biotischen Faktoren, also Art, Menge und Verhalten der beteiligten Lebewesen und die besondere Einflußnahme der Menschen.
Gegenständliche Teilsysteme sind mehr oder weniger gut abgrenzbare Bereiche der Biosphäre, die jedoch nicht mit Ökosystemen identisch sind, wie sie in den biologischen Wissenschaften identifiziert werden. Sie sind vielmehr durch die besondere Beeinflussung durch den Menschen gekennzeichnet.
Je geringer die Anzahl der gleichzeitig in einem solchen Teilsystem beteiligten Elemente und Beziehungen ist, umso überschaubarer und verstehbarer kann es sein. Ebenso wichtig ist aber bei der Auswahl der zu behandelnden Teilsysteme die Möglichkeit aufzuweisen, daß auch sie

wiederum Elemente größerer Systeme sind, daß sie nicht isoliert und unabhängig existieren.
Ein weiteres Auswahlkriterium kommt hinzu, das ein wichtiges Filter bei der Identifizierung gegenständlicher Teilsysteme ist. Der Mensch greift in das Leben in der Biosphäre ein und ändert das Gefüge der abiotischen Faktoren, indem er Lebensräume für seine jeweiligen Zwecke nutzt und diese dadurch belastet. Das geschieht über Entscheidungen und Wirkungen von einzelnen Menschen und Menschengruppen unter Verwendung technischer Hilfsmittel zunehmend in einem solchen Maße, daß viele Lebensbereiche für die Mehrzahl der darin ansässigen Organismen und zum Teil auch für den Menschen selbst stark gefährdet sind, weil z. B. das Gleichgewicht in den Nahrungsketten gestört wurde oder die abiotischen Faktoren lebensfeindlich umgestaltet wurden.

So führte z. B. der extensive Ackerbau in den ursprünglichen Grasweidelandschaften des amerikanischen Mittelwestens zu erheblichen Erosionsschäden, so daß der in Jahrhunderten natürlich gewachsene Boden fortwehte und für Pflanzen, Tiere und Mensch verlorenging.
Auch am Beispiel zahlreicher Gewässer sind Störungen des Gleichgewichts zu beobachten. Wenn bei uns Phosphate aus Industrie, Haushalten und Landwirtschaft in die Gewässer gelangen, ohne etwa durch Schutzstreifen entlang der Ufer aufgehalten und im Boden festgelegt zu werden, kommt es zur Gewässereutrophierung, die bei Stillgewässern erheblich schneller zur Verlandung führt, als dies unter natürlichen Bedingungen der Fall ist. Die Anreicherung mit Mineralsalzen führt stets zur Vermehrung der Algen und deren Konsumenten, zur Verdickung der Schlammschicht am Boden und in ruhigen Gewässern zu Sauerstoffarmut, Schwefelwasserstoffanreicherung und Vergiftung der Wasserorganismen.
Die Verwendung phosphatarmer Waschmittel, die Einrichtung einer dritten Klärstufe zur Ausfällung der Phosphate würde die Verschmutzung der Gewässer vermeiden und sie als Lebensraum für Pflanzen, Tiere und Menschen erhalten.

An diesen Beispielen soll der Unterschied zwischen einem Ökosystem im biologischen Verständnis und gegenständlichen Teilsystemen im Rahmen dieses didaktischen Konzeptes deutlich werden: es ist nicht dasselbe, ob die heutigen Landschaften in Mittelamerika behandelt oder der See X als Biozönose bearbeitet oder ob diese Untersuchungen in einen größeren Systemzusammenhang gestellt werden, in dem neben dem gegenwärtigen Zustand auch der historische Wandel, seine Ursachen und seine Zukunft von gleicher Bedeutung sind. Die gegenständlichen Teilsysteme sind dann z. B.: Eigenart, Nutzung und Veränderung der mittelamerikanischen Grasweidelandschaften, oder: Probleme der Gewässerverschmutzung.
Die biologischen, die geographischen, die ökonomischen und die politischen Erkenntnisse spielen in diesen Teilsystemen eine ebenso große Rolle wie im bisherigen Unterricht. Aber sie werden miteinander verbunden und erhalten dadurch eine tiefere Bedeutung für den Schüler.
Ein Teilsystem, das für den Unterricht ausgewählt wird, soll gesellschaftliche Bedeutung besitzen. Damit meinen wir, daß in ihm Zustände

herrschen, andauern oder bevorstehen, die für eine größere Anzahl von Menschen nach medizinischen, sozialen oder anderen Gesichtspunkten in besonderem Maße zuträglich oder abträglich sind und daß es Menschen sind, die diese Zustände und ihre Veränderung zu verantworten haben.

Hierzu gehören z. B. solche Teilsysteme wie Stadtkerne und ihre Sanierung, die »Verbesserung« der Verkehrssituation in einem Wohngebiet, die Arbeits- und Wohnsituation in Industriebereichen, die Nahrungsproduktion und die Gesundheit der Bevölkerung, die Rolle von Grünbereichen in Ballungsgebieten, die Erhaltung von Restbeständen unverplanter Natur und Landschaft.

Ein wichtiges Auswahlkriterium ist die Konflikträchtigkeit, die bei politischen Entscheidungen über die Nutzung von Naturräumen stets gegeben ist. Bestimmte Werte liegen im Widerstreit von Interessen. Verschiedene Gruppen haben einander widersprechende Präferenzen und versuchen, diese durchzusetzen. Diese Gruppen können verschieden groß sein. Sie setzen sich möglicherweise für andere Maßnahmen ein, als es aus der Sicht des »Allgemeinwohls« und der späteren Generationen geboten erscheint.

So kann z. B. der Bau einer Autobahn Ausfallstraßen zur Hauptverkehrszeit entlasten, sie belastet aber neu entstandene Wohngebiete, Landschaftsschutzgebiete und Erholungsräume.

Ein weiteres Kriterium ist die Nähe zu Fragen des Natur- und Umweltschutzes. Alle naturnahen Teilsysteme der Biosphäre bedürfen heute des Schutzes. Große Naturlandschaften (z. B.: »neue Flächen für die Landwirtschaft durch Urwaldrodung«), Naturschutzgebiete (z. B.: »Für und Wider die Einrichtung von Naturschutzgebieten«), Landschaftsschutzgebiete, Erholungs- (z. B.: »Belastung und Balastbarkeit von Erholungslandschaften«) und Wohnlandschaften (z. B.: »Probleme des Wohnens in der Stadt«) sollten vordringlich behandelt werden. An solchen Teilsystemen läßt sich die Gesamtproblematik exemplarisch verdeutlichen.

Ein gegenständliches Teilsystem ist nur aus der Sicht miteinander verbundener, ganz verschiedener Lebensbereiche zu verstehen. Ökologische Systeme unterscheiden sich von anderen, z. B. physikalischen, durch die weit höhere Anzahl von Variablen, die daran beteiligt sind.

So macht die Analyse eines problematischen Falls aus dem Bereich Gewässerverschmutzung die Einbeziehung und Gewichtung von Variablen aus der Waschmittelindustrie, Klärwerktechnologie, Gemeindefinanzsituation, Psychologie, Pädagogik, Jurisprudenz, Biologie, Chemie, Physik, Wetterkunde usw. zwingend notwendig.

Ein gegenständliches Teilsystem soll für die Schüler als Phänomen zugänglich sein. Zugleich soll es den Schülern grundsätzlich bekannt sein. Das heißt nicht, daß nur am Schulort sichtbare Teilsysteme behandelt werden sollen. Es muß aber möglich sein, solche Phänomene zumindest zum Vergleich heranzuziehen, sie sollen das Interesse anregen und zum

Handeln auffordern. Hierzu kann die Untersuchung lokaler Subsysteme dienen.

Gegenständliche Teilsysteme sind also nach diesem Konzept niemals nur aus der Sicht einer einzelnen Disziplin zu verstehen. Ihre Analyse, Vorschläge zur Verbesserung, Vergleiche mit Teilsystemen in Entwicklungsländern sind nur möglich, wenn die verschiedenen Aspekte miteinander in Verbindung gebracht werden. Die Teilsysteme sind gleichzeitig konkret und von allgemeiner Bedeutung, ihre Bearbeitung erlaubt lokale und globale Einblicknahme in die Gestaltung der Biosphäre durch den Menschen.

Um deutlich zu machen, in welcher Weise die Kriterien in ihrer Gesamtheit für die Auswahl gegenständlicher Teilsysteme Bedeutung haben, wird im folgenden ein Beispiel kurz skizziert:

Der Wald wäre kein »gegenständliches Teilsystem« im hier vorgeschlagenen Sinne, wenn nur eine Untersuchung des Waldes y im Hinblick auf seinen Artenbestand und seine Bodenbeschaffenheit erfolgen würde. Er könnte hingegen ausgewählt werden, wenn außerdem danach gefragt würde, welche Geschichte er hat, ob er ein dort natürlich wachsender oder ein standortfremder Wald ist, wer ihn pflegt, zu welchem Ziel, mit welchen Methoden und welchem Erfolg, welchem ökonomischen Nutzen und was für Schwierigkeiten mit dem Waldbesitz verbunden sind, welche Waldgesetze es gibt, wie deren Einhaltung durchgesetzt wird, welche Wohlfahrtswirkungen der Wald hat, welches Interesse die hiesige Bevölkerung sowie diejenige in Entwicklungsländern an ihm hat, welche Bedeutung Wälder für Klima und Boden haben, wie sie auf Luftverschmutzung reagieren etc.

Nach dieser Bestimmung des gegenständlichen Teilsystems folgt die Identifizierung der fachlichen Inhalte und eines konkreten Subsystems, das z. B. im Unterricht von den Schülern bearbeitet wird. Das konkrete System soll Aspekte des gegenständlichen Teilsystems in der lokalen Umwelt der Schule verdeutlichen. Ein Vorschlag für die Konkretisierung des Teilsystems »Schutz des Waldes« ist in Teil 3 ausgeführt.

Aus der Fülle weiterer denkbarer Teilsysteme werden im folgenden einige wenige zur Veranschaulichung des didaktischen Ansatzes skizziert. Dazu dienen hier knappe Andeutungen der Aussagenbereiche, die zur Analyse und Beschreibung der jeweiligen Teilsysteme herangezogen werden können.

Gegenständliches Teilsystem: Probleme der Wassernutzung

(Wasserbedarf, Abwasseranfall, Grund- und Oberflächenwasserverschmutzung mit Hygieneproblemen).

Fachliche Inhalte:

Natürlicher Wasserkreislauf; Wassergewinnung und Wasserversorgung mit Problemen der Erbohrung von Grundwasser, Absenkung des Grundwasserspiegels (Vertrocknen von Bäumen), Filterung von Oberflächenwasser; Verwertung des Wassers durch Haushalte und Industrie; Bela-

stung des Wassers während der Nutzung, Eutrophierung, Krankheitsverbreitung; Erkennung, qualitative und quantitative Analyse der Belastung und Kontrollprobleme; gesetzliche Vorschriften (Wasserhaushaltsgesetz, Landeswassergesetze); Probleme der Reinigung von Abwässern – natürliche Selbstreinigung und technische Verfahren; Probleme der Verwertung von Abwärme; Interessengegensätze bei Verursachern und Betroffenen – ökonomische Argumente gegen Einschränkung des Lebensstandards, Erhöhung der Lebensqualität im weiteren Sinn; finanzielle Möglichkeiten von Ländern und Gemeinden.
Konkretes Subsystem:
Gewässersituation in der eigenen Gemeinde.

Gegenständliches Teilsystem: Luftverschmutzung und ihre Folgen
Fachliche Inhalte:
Normale Zusammensetzung der Luft; natürliche Kreisläufe (O_2, CO_2, N_2, H_2O): natürliche Luftverschmutzung (z. B. Vulkane); anthropogene Luftverschmutzung (schädliche Gase, Flüssigkeiten und Staubteilchen aus Industrie, Energiewirtschaft, Landwirtschaft, Straßen- und Luftverkehr, Haushalten, Rauchen, Sprays für den privaten Gebrauch), Nichteinhaltung von Vorschriften (Profitinteresse, Konkurrenzdruck), Fehlen von Vorschriften (neue Technik, Trägheit der Legislative, Durchsetzung ökonomischer Interessen), Preise (billigeres, schwefelreicheres Heizöl); Smogentstehung; Schädigung von Pflanzen, Tieren und Mikroorganismen; Krankheiten der Menschen durch Luftverschmutzung; soziale Kosten (Gesundheitssystem, Krankengelder, Frührentner); Klimaänderung durch Staub und CO_2-Anreicherung der Atmosphäre.
Subsystem:
Immissionssituation in der eigenen Gemeinde und Auswirkungen auf Pflanzen, Tiere und Menschen.

Gegenständliches Teilsystem: Abfälle und Wiederverwendung
(Natürliche und technische Reproduktionskreisläufe)
Fachliche Inhalte:
Natürliche Abfälle als unbrauchbare Reste individuellen Stoffwechsels (O_2, CO_2, organische Reste, anorganische Reste); Anpassung von Arten an die Verwendung von Resten anderer Arten (Produzenten-Konsumenten-Destruenten-Kreisläufe); Nahrungsnetz, Ökosystem, ökologische Gleichgewichte; Gleichgewichtsstörung durch anthropogene Maximierung des Biomasse-Zuwachses und Abschöpfung von Biomasse aus dem Ökosystem, Änderung des Kreislaufs: Dünger, weniger organische Abfälle; »biologisch-dynamischer« Landbau. Abfälle menschlicher Siedlungen; Belastung von Ökosystemen (in Luft, Wasser, Boden) durch massierten Eintrag von Abfällen; Aufbereitung durch lokale Intensivierung natürlicher Recyclingmethoden (Klärwerk, Kompostierung), ökonomische Probleme durch Kostensteigerung, Interessenkollision, langfri-

stige Schäden an Großökosystemen (Meer, Tannenwälder, etc.); gefährliche Abfälle aus der Industrie (Papier/Zellulose, Metallverarbeitung, etc.), Vergiftung, Erkrankung von Lebewesen; Abwärme und Energiemangel, Kosten für Abwärmebeseitigung und Wärmeproduktion, Energiewirtschaft und Wärmerecycling (Fernwärme, Verbundsysteme zur Energienutzung individueller Produzenten, etc.), gefährliche Abfälle bei der Nutzenergieproduktion (radioaktiver Abfall, CO_2, SO_2,) und Folgeprobleme (hohe Forschungs-, Produktions-, Beseitigungs-, Aufsichtskosten, Krankheiten, Klimaveränderung; Standortfragen, Planfeststellungsverfahren, politische Durchsetzungsprobleme; etc.); Optimierung des technischen Produktions-Konsumtions-Kreislaufs im Sinne biologischer Prozesse: minimale Ausbeutung nichterneuerbarer Rohstoffe, Gleichgewicht bei der Nutzung und Wiedergewinnung erneuerbarer Rohstoffe, vollständiges Recycling entstehender Abfälle, Vermeidung der Entstehung giftiger Abfälle oder deren Beseitigung ohne Belastung von Lebewesen; juristische, politisch-organisatorische und ethische Fragen (internationale Vereinbarungen, Verteilungsfragen, Nord-Südgefälle).
Subsystem:
die eigene Gemeinde mit ihren Problemen der Abfallbeseitigung und der Abgasbelastung.

Gegenständliches Teilsystem: Hunger in Entwicklungsländern

Fachliche Inhalte:
(Häufig historisch bedingte) Massenproduktion exportierbarer Waren durch Monokultur einzelner oder weniger (z. T. Luxus-) Arten (z. B. Zuckerrohr, Zitrusfrüchte, Bananen, Erdnüsse, Baumwolle), Mangel an Anbaufläche für den Eigenbedarf, vermehrte Rodungen von Bäumen und Büschen, intensivierte Landnutzung; Verwendung von neugezüchteten Sorten, die ertragreicher, aber auch anfälliger für Krankheiten und Schädlinge sind, Katastrophen bei Ernteausfall, Technisierung der Landwirtschaft auf großen Farmen bei gleichzeitigem Arbeitskräfteüberschuß in der Landbevölkerung; Überstockung des Landes mit Vieh durch tiermedizinischen Fortschritt, Tradition und Bevölkerungsvermehrung, Überweidung des Landes, Erosion und Bodenvernichtung durch Abtragung und Austrocknung; Versalzung durch hohe Verdunstung bei hohem Grundwasserspiegel und unsachgemäße Bewässerungsmaßnahmen. Mangel an Investitionsmitteln zum Einsatz von Schädlingsbekämpfungsmitteln, Dünger und Konservierungsmitteln. Aufgrund dieser Faktoren Hungersnöte, Nahrungsmangel und einseitige (eiweißarme) Ernährung, Entwicklungsschäden bei Kindern.
Landwirtschaftliche Methoden in verschiedenen Klimazonen; überlieferte Arbeitsformen; Ernährungsgewohnheiten und Probleme bei der Einführung unbekannter Eiweißquellen; mangelhaftes Ausbildungssystem; Analphabetentum; Bevölkerungszunahme durch sinkende Sterberaten und gleichbleibend traditionell hohe Kinderzahlen (Arbeitskräfte, Sozial-

prestige). Politische und wirtschaftliche Abhängigkeit von Industrieländern, billige Produktion und Ausfuhr von Rohstoffen, teure Einfuhr von Fertigprodukten (z. B. Maschinen) und Primärenergie (Öl), Abhängigkeit von Weltmarktpreisen, die sich am Lohnniveau der Industrienationen orientieren; Unmöglichkeit, teure Nahrungsmittel aus Überproduktion in Industrienationen einzukaufen. Zollschranken der Industrienationen für industrielle Halbfertig- und Fertigwaren aus Entwicklungsländern.
Häufig besitzen wenige das beste Land, verdienen oft ihr Geld mit Exportgüteranbau und investieren es im Ausland. Umweltbelastung wird importiert, da fehlende Auflagen zur Industrieansiedlung mit billiger Produktion anreizen. Belastungen durch z. B. DDT-Verwendung gegen Malaria, Schlafkrankheit und Viehseuchen.
Industrialisierung mit Orientierung an Industriestaaten: Automation trotz riesigen Arbeitskräfteüberschusses.
Subsystem:
Landwirtschaft und Ernährungsprobleme in einem Entwicklungsland und Vergleich mit der Landwirtschaft und der Ernährungssituation (Probleme der Fehlernährung) in der Bundesrepublik Deutschland.

2.3.2. Komponente II: Aussagesysteme aus unterschiedlichen Wissensbereichen

Die gegenständlichen Teilsysteme sind reale Situationen oder Verhältnisse. Sie können sowohl natürliche wie technisch-zivilisatorische Bereiche umfassen. Gegenständliche Teilsysteme sind direkt oder indirekt mit dem Handeln der Menschen verknüpft. Einige von ihnen stellen bei näherer Betrachtung eine tatsächliche oder mögliche Bedrohung menschlichen Lebens aufgrund anthropogener Einflüsse dar. Einige entsprechen idealen Vorstellungen von Ökosystemen, wie sie von den Menschen herzustellen oder zu erhalten gesucht werden. Auf jeden Fall sind die gegenständlichen Teilsysteme Realsituationen mit hohem Erfahrungsgehalt. Sie sind nicht im voraus intensiv theoretisch abstrahiert oder experimentell vereinfacht.
Nun zielt Unterricht über ökologische Systeme und in ökologischen Situationen immer gleichzeitig auf Interpretieren, Verstehen, Erleben und Handeln. Natürlich sollen Ökokrisen auch in ihrer Bedrohung erlebt werden. Doch können unreflektiertes Erleben oder naive Aktionsbereitschaft (die leicht entstehen, wenn man einfach die Versteppung, den sauerstoffarmen Dorfbach oder die Bedrohung der letzten Exemplare einer Tierart vorführt) nicht als Hauptziele des Ökologieunterrichts Bestand haben. *Nur* ›Verstehen‹ kann Erleben und Handeln blockieren. Nur ›Erleben‹ und ›Tätigsein‹ können naive Aktionsbereitschaft ohne Selbstreflexion und Durchsetzungsfähigkeit erzeugen.

Zur Bildung differenzierter Zielsetzungen müssen beim Schüler auch Verständnis und Kenntnisse über die Zusammenhänge im jeweiligen Teilsystem vermittelt werden. Welche Kenntnisse das im einzelnen sind, wird im folgenden erläutert. Ob in bezug auf alle möglichen unserer potentiellen gegenständlichen Teilsysteme ausreichend gründliche oder belegte Kenntnisse vorliegen, ist prinzipiell kaum abzuschätzen, da man immer Kenntnisdefizite oder ungelöste Fragen nachweisen kann.
Deshalb sind für die Herstellung ökologischer Lernbereiche solche gegenständlichen Teilsysteme auszusuchen, denen Wissensbereiche entsprechen.[1]
Im folgenden wird die didaktische Aufbereitung solcher ›Wissensbereiche‹ oder Aussagesysteme näher beschrieben.

2.3.2.1. Drei Wissensbereiche mit Aussagen für Ökologie und Umwelterziehung

1. Aussagen aus Einzeldisziplinen

Das sind zum Beispiel Meßergebnisse, erklärende und normative Theorien oder begründete Fragestellungen aus Einzeldisziplinen, die zur Problematisierung und zum Verständnis von Entstehung, Verlauf, Entwicklung und voraussichtlichen Folgen gegenständlicher Teilsysteme Beiträge leisten. Während das Teilsystem mehr gegenständlichen Charakter hat, ist das Aussagesystem ein symbolisches System, also ein System von Zeichen und Begriffen, mit dessen Hilfe u. a. Hypothesen und Gesetze über Zusammenhänge in Teilsystemen dargestellt werden. Häufig bieten Einzelwissenschaften solche Aussagen an. Die Meeresbiologie weist bestimmte Organismen als Glieder von Nahrungsketten aus und erklärt dadurch, wie es dazu kommt, daß Quecksilber oder DDT aus dem Seewasser in die Nahrung des Menschen gelangen können. Zusätzlich liefert die Physiologie Informationen darüber, warum diese Giftstoffe in Lebewesen nicht abgebaut, sondern sogar angereichert werden können. Oder: Die Pflanzenökologie erklärt, warum einzelne Pflanzenarten vorwiegend mit bestimmten anderen erscheinen. So kommen zum Beispiel in den Spülsaumgesellschaften der Meeresküsten, aber auch an salz- und stickstoffreichen Flußmündungen und an Binnen- und Salzseen kurzlebige Pflanzengesellschaften typischer Zusammensetzung vor (Meersenf, Salzmiere, Salzkraut, Standmelde). Diese Standorte werden immer wieder zerstört und aufgebaut. Oder: Die Entwicklungspsychologie zeigt den negativen Einfluß reizarmer Umgebung und Enge des Lebensraums auf die Ausdifferenzierung von Intelligenz und Verhaltensrepertoire. Oder: Die Ökonomie zeigt die Zwangsläufigkeit der Umweltgefährdung durch Produktionsausweitung. Oder: Die Soziologie belegt oder widerlegt den Zusammenhang zwischen Nahrungsknappheit und umweltbedrohendem Bevölkerungwachstum.

Dieser Typ von Hypothesen und erklärenden Aussagen der Einzelwissenschaften ist im Unterricht über Ökologie und Umwelterziehung zu nutzen[2]. Er verbessert die Möglichkeit, ökologische Situationen zu beurteilen. Doch genügen Aussagen oder Untersuchungsverfahren einer Einzelwissenschaft nicht, um komplexe ökologische Situationen zu verstehen.

2. Aussagen aus mehreren Disziplinen und Interdisziplinen

Die gegenwärtigen Disziplinen wie Physik oder Chemie schränken ihren Aussagebereich vielfältig ein. So beziehen sich zum Beispiel die physikalischen Aussagen z. T. eher auf den (allerdings kosmischen) Bereich »Massen und Energie«, die biologischen Aussagen eher auf den Bereich ›lebendige Natur‹. Deshalb stellen in der Regel mehrere Disziplinen Deutungsbeiträge zum komplexen Teilsystem bereit. Das sind unter anderen Biologie, Physik, Chemie, Sozialwissenschaften einschließlich Ökonomie, Geographie, Architektur, Geschichte. Das schließt nicht aus, daß einzelne Disziplinen für ein bestimmtes Teilsystem eine größere Menge an Aussagen bereitstellen als andere.

Wichtig ist noch zu bemerken, daß unterschiedliche Auffassungen innerhalb einer Wissenschaft, die in den Sozialwissenschaften besonders offen zutage treten, durch die jeweiligen Aussagesysteme repräsentiert sein sollen. Der Umgang mit gegenständlichen Teilsystemen verlangt oft mehr als die additive Verwendung von Aussagen aus mehreren Disziplinen. Und der Wissenschaftsbetrieb hat in einzelnen Gebieten dieses ›Mehr‹ auch zur Verfügung. Es sind dies Erkenntnisse und Methoden, wie sie von den neuen ›Interdisziplinen‹ Systemtheorie, Organisationstheorie, Ökosystemtheorie oder Planungstheorie entwickelt werden und andere.[3] Diese Interdisziplinen versammeln Verfahren und Ergebnisse von Einzeldisziplinen und vereinen sie zum Teil zu neuen Deutungsmustern. Gerade großräumige gegenständliche Teilsysteme oder solche, die mehrere Lebensbereiche berühren (wie Staat, Verbreitung einer Tierart, anorganische Lebensbedingungen) lassen sich oft nur durch solche Interdisziplinen in einen Deutungszusammenhang bringen.

3. Außerwissenschaftliche Aussagen

Doch nicht nur wissenschaftliche Disziplinen können über ökologische Situationen Aussagen liefern. Verbalisiertes Bewußtsein aus dem Alltag, historische Traditionen, Diskussionswissen einzelner Bevölkerungsgruppen, Erfahrungen aus Freizeit- und Berufsbereichen können Wissen liefern, das zu gegenständlichen Teilsystemen paßt und für Lernzwecke verwendet werden sollte.

Dieses außerwissenschaftliche Bewußtsein kann in vielen Fällen aussagekräftiger sein als die einzeldisziplinären Befunde- und dies in mehrfacher Hinsicht: Die Entscheidungen einzelner Bevölkerungsgruppen über die

Verlegung eines Industriebetriebes, über eine Gewässerregulation oder eine Überbauung können kaum je durch disziplinäres Wissen eindeutig in eine einzige Richtung beraten werden. Wissenschaftlich nicht direkt faßbare Entscheidungsmomente spielen mit. Bewahrung und Veränderung von Grünzonen, Tier- und Pflanzenarten, speziellen Biotopen oder menschlichen Lebensformen lassen sich letztlich nur unter Mitverwendung von Werthaltungen und -vorstellungen verantworten. Die einzelwissenschaftliche Aussage der Physiologie, Pflanzensoziologie, usw. nimmt diese Elemente nicht voll auf, da sie systematisierende Tendenzen hat.

Häufig hat sich aus der Überlieferung bei den Bewohnern ein Wissen über ökologische Verhältnisse (z. B. Abhängigkeit vom Klima) herausgebildet, das mit den vorhandenen Wissenschaftsmethoden nicht erworben werden könnte und dennoch einen Deutungswert für das Verständnis des jeweiligen gegenständlichen Teilsystems besitzt. Allerdings müssen diese Aussagesysteme in unmittelbarer Nähe zu gegenständlichen Teilsystemen stehen. Die hinzugezogenen Interpretationsmuster dürfen nicht erst über vielfältige Vermittlungsschritte in Beziehung zu gegenständlichen Teilsystemen zu bringen sein. Vielmehr muß ihr Verhältnis zueinander deutlich sein.

Wenn Aussagesysteme zu allgemein gehalten sind, vermitteln sie den Schülern zu wenig Handlungskompetenz (wiewohl derartige Verknüpfungsversuche Einsicht in die Deutung ökologischer Systeme vermitteln). So haben sich u. a. allgemeine Gesellschaftstheorien und Einzelhypothesen der Naturwissenschaften als relativ informationsarm für den Umgang mit gegenständlichen Teilsystemen erwiesen.

Die folgenden Beispiele können andeuten, in welcher Richtung allgemeine gesellschaftliche Begriffe oder Ziele und detaillierte naturwissenschaftliche Gesetze und Experimente ihre Grenzen beim Umgang mit gegenständlichen Teilsystemen finden: Weder die liberale These von der Notwendigkeit der gesellschaftlichen Entwicklung als permanent-offener Konflikt noch der Marxsche Begriff des Mehrwerts und der damit zusammenhängende Grundwiderspruch in kapitalistischen Gesellschaften sind hilfreich, wenn es in den gegenständlichen Teilsystemen »Nationalparks der Schweiz und Rumäniens« um die Frage geht, ob zur natürlichen Regulierung der Hirschbestände Luchse oder Wölfe eingeführt werden sollen. Die Ohmsche Regel, die Maxwellschen Gleichungen und auch der zweite Hauptsatz der Thermodynamik sind nicht als solche informationsreich, wenn im gegenständlichen Teilsystem ›Energiegewinnung und -umsetzung in der Bundesrepublik Deutschland‹ abgeklärt werden muß, welche Energieform den ökologischen Haushalt in den nächsten fünfzig Jahren am wenigsten belastet.[4]

Nach dem hier vorgelegten didaktischen Konzept kann sich Ökologieunterricht und Umwelterziehung nicht nur auf ein disziplinäres Aussagesystem beschränken. Es bedarf der Klärungsversuche aus verschiedenen wissenschaftlichen Disziplinen einerseits und verschiedenen außerwissenschaftlichen Interpretationen andererseits.

2.3.2.2. Verwendung von Aussagen aus den wissenschaftlichen Disziplinen

Wir gehen im folgenden näher auf dieses Thema ein, weil die einzelwissenschaftlichen Disziplinen über die umfangreichsten Angebote für den Unterricht in Ökologie und Umwelterziehung verfügen. Zudem lieferten schon bisher diese Wissensbereiche die meisten, oft einzigen Grundlagen für den Ökologieunterricht. Dieser Sachverhalt hängt natürlich auch mit dem Faktum zusammen, daß die meisten oder sogar alle Lehrer in Einzelwissenschaften, nicht aber im interdisziplinären oder außerwissenschaftlichen Wissen unterrichtet worden sind.

2.3.2.2.1. Unterschiedliche Formen der wissenschaftlichen Aussagesysteme

Nach den bisherigen Ausführungen stammen die Aussagesysteme aus den verschiedenen Bereichen der Wissenschaft und übrigen Kultur. Damit nehmen sie differierende Formen an. »Aussagesysteme« erscheinen nicht allein als Gefüge von Sätzen, von denen einige die Annahmen oder Prämissen, einige die Ableitungsregeln und wieder einige andere die Ableitungsprodukte darstellen.

Dieses Schema von Aussagesystemen kommt ebenso selten vor wie dasjenige von ›Hypothesenbegründung – Hypothesenprüfung – Gesetz/Theorie‹ oder ›Axiom – Transformationsregeln – Ableitung‹. Natürlich kann man die Boolesche Algebra oder den Satz von Pythagoras nach einem solchen Schema ›anschreiben‹. Auch das Lavoisiersche Gesetz von der Erhaltung der Massen ist darstellbar, wenn zu Beginn die Loschmidtsche Zahl als Stoffportion, dann die Molmasse und daraus folgend die möglichen Größengleichungen definitorisch festgelegt werden.[5]) Doch solche Muster von Aussagesystemen bilden die Ausnahme. Was der (Natur-) Wissenschaftsbetrieb als ganzer anbietet, ist ein Gemisch aus:

a) *Methoden* zur Bestimmung von chemischen Elementen, Konzentrationen, Molmassen, phylogenetischen Vorgängen, taxonomischen Beziehungen, Reaktionstypen, Wechselwirkungen usw.;
b) daraus abgeleiteten *Instrumenten* und *Geräten* (von Lackmuspapier bis zum Meßgerät für den pH-Wert oder zum Elektron/Positron-Beschleuniger, in denen sich die Aussagesysteme materialisiert haben;
c) relativ willkürliche *Anfangssetzungen* (wie der genannten Loschmidtschen Zahl), Forschungspräferenzen und Konstrukte (wie Raum und Zeit in der Newtonschen Physik im Gegensatz zum Raum-Zeit-Kontinuum in der Relativitätstheorie);
d) *Such-* und *Arbeitsschemata* (z. B. Kompartimentierung oder Bildung allgemeiner Systeme im Sinne von Bertalanffy);

e) abgeleiteten oder verschränkt entwickelten *Technologien* (wie elektronischen Regelungssystemen oder chemischen Fabriken für Großsynthesen).

Diese Reihe der Aussage*formen* (Methoden, Instrumente, Anfangssetzungen, Suchschemata, Technologien) kann erweitert werden.
Der Ökologieunterricht ist angesichts dieser Vielfalt wissenschaftlicher Aussageformen in einer schwierigen Situation: Welche Aussageformen soll er berücksichtigen oder gar bevorzugen? Orientierungsmarken für die mögliche Antwort können nur die allgemeinen Zwecke der Bildungseinrichtung und die allgemeinen Zwecke des Ökologieunterrichts vermitteln.
Sie müssen so ausgewählt sein, daß die Schüler gleichermaßen verstehen/interpretieren und selber handelnd aktiv werden können.
Es wäre also wichtig, bei der Strukturierung von Ökologieunterricht ein Suchschema für *mögliche Formen oder Gebiete* wissenschaftlicher Aussagesysteme zur Verfügung zu haben. Vielleicht illustrieren die fünf genannten Gebiete (a-e), wie so ein Schema aussehen könnte.
Eine solche analytische Gliederung zum Auffinden unterschiedlicher Aussagesysteme/-gebiete ist erforderlich, weil die naturwissenschaftlichen Disziplinen eine zweifache konzentrierte Art der Selbstdarstellung für Lernzwecke pflegen. Sie konzentrieren die Ergebnisse der eigenen Aktivitäten erstens auf anerkannte möglichst stringent abgeschlossene Wissensbestände, zu deren Beleg ein minimales Beweisverfahren nötig ist, und zweitens auf Verfahren bzw. Technologien mit Servicekraft für Anwendungsfelder. Hier fehlen also gerade die oben aufgezählten ›Muster‹ oder werden zumindest nicht jeweils nacheinander behandelt.
Die Hochschullehrbücher, die die Hauptinformationsquelle für den allgemeinbildenden Unterricht abgeben, enthalten vorwiegend Informationen der ersten Art und damit nur einen Ausschnitt aus dem Gesamtangebot der Wissenschaften. Diese einseitige Informationsweitergabe der Naturwissenschaften kann durchbrochen werden, wenn man in der Befragung der Disziplinen und Interdisziplinen auf die mögliche Vielfalt der Aussagesystemformen achtet.
Daraus erwachsen für die Gestaltung des Ökologieunterrichts zwei Konsequenzen: Die Informationsstruktur fällt nicht einheitlich aus. Der Ökologieunterricht beinhaltet nicht nur die Wissenschafts(end)ergebnisse im Sinne der anerkannten Wissensbestände auf der Basis wohldefinierter Begriffe, Methoden und Objekte. Vielmehr geht das ganze Spektrum wissenschaftlicher Aussagebereiche in den Ökologieunterricht ein. Seine Informationsstruktur wird dadurch heterogener, aber auch reicher als jene des fachdisziplinären Hochschullehrbuches, das primär anerkannte(End)Resultate des Wissenschaftsbetriebes kodifiziert.
Die zweite Konsequenz – zugleich eine Aufgabe für den Lehrer und Curriculumkonstruktor: Wenn sich die erläuternden und deutenden Aussagesysteme ökologischer Situationen (gegenständlicher Teilsysteme)

aus differierenden Typen zusammensetzen, muß der Unterschied deutlich gemacht werden. Die Voraussetzungen der wissenschaftlichen Methoden, die ›Entwicklungsgeschichte‹ der Entdeckungen, die Konsequenzen der Instrumentarien, die methodologischen Grundlagen der Theorien – alle diese Merkmale sind dem Schüler vor Augen zu führen. So wird er auch in die Lage versetzt, den Stellenwert der einzelnen Aussagebereiche im Wissenschaftsbetrieb abzuschätzen. Zumindest bekommt er einen zusätzlichen Gesichtspunkt für die Beurteilung der Interpretationsleistung der einzelnen Formen von Aussagesystemen. Dieser Gesichtspunkt kann eventuell vertieft werden, indem wissenschafts- und wahrheitstheoretische Modellvorstellungen angelegt werden. Doch diese Vertiefung kann nicht allein bleiben, sofern der Ökologieunterricht individuelle und soziale Handlungsfähigkeit als Zielorientierung postuliert. Die Aussagesysteme müssen folgerichtig auch auf ihre Nähe zum tatsächlichen und möglichen Handlungsspielraum des Schülers und zum ausgewählten gegenständlichen Teilsystem befragt werden.

Vereinfachend könnte man diese Gesichtspunkte in folgende Fragen umformulieren:

- Welchen Stellenwert besitzt das betreffende Aussagesystem im Wissenschaftsbetrieb (z. B. der Teildisziplin Botanik)
  a) für den laufenden Wissenschaftsbetrieb?
  b) wissenschafts-, erkenntnistheoretisch?
- Wie unterscheiden sich die vielfältigen Aussagesysteme, die aus den Wissenschaften zum Verstehen und Beurteilen gegenständlicher Teilsysteme zugezogen werden?
- Welche Nähe (Leistungsfähigkeit) besitzt das Aussagesystem zur Deutung des gegenständlichen Teilsystems?
- Welche Nähe (Leistungsfähigkeit) bietet das Aussagesystem zum tatsächlichen oder möglichen Handlungsspielraum von Schülern (und Lehrern)?

Diese Fragen sind auch Gegenstand des Unterrichts und dienen nicht nur der Vorbereitung des Unterrichts oder der curricularen Konstruktion.
Im folgenden soll auf die besondere Gefahr für das Ziel der Handlungsfähigkeit hingewiesen werden, wenn disziplinäres Wissen verwendet wird.

2.3.2.2.2. Gewährleistung der Handlungsfähigkeit bei der Verwendung disziplinären Wissens

Das didaktische Konzept geht unter anderem von der These aus, daß ein Ökologieunterricht, der sich ausschließlich auf Disziplinen stützt, nicht zu ökologisch reflektierter Handlungsfähigkeit führt.
Unter disziplinär bestimmtem Unterricht verstehen wir einen Unterricht, der seine Aufgabe darin sieht, die Fachdisziplinen (z. B. Ökologie, Zoologie, Physik, Psychologie) unter didaktischen Gesichtspunkten umformuliert im Unterricht abzubilden. Hier gibt es eine Reihe von Varianten.

Einige Verfechter disziplinär bestimmten Unterrichts wollen nur die Hauptkonzepte einer Disziplin im Unterricht abbilden, andere plädieren für eine Integration mehrerer Disziplinen. Einige sind mehr an Strukturen, andere mehr an Prozessen orientiert.

Allen ist gemeinsam, daß sie erstens an einem Wissenschaftsbegriff ansetzen, wie er den meisten Hochschullehrbüchern eigen ist, und zweitens, daß sie diese Wissenschaft als alleinigen Objekt- bzw. Inhaltsbereich zur Grundlage der Unterrichtsgestaltung machen wollen. Wenn wir von Disziplinen reden, meinen wir im folgenden diesen Disziplinbegriff der Hochschullehrbücher. Wissenschaft erscheint dort als ein System aufgeschriebener Ergebnisse, Methoden, Geräte, Instrumente etc.

Der Begriff des ›Handelns‹ erlebt im Verbund mit einer Reihe unterschiedlicher Zusätze (handlungsorientiert, -orientierend, -bezogen, -fähig, Handlungsbereitschaft, -disposition, -bezug) in den Lehrplänen und Didaktiken eine Hochkonjunktur. Eine Einsicht in Begriffsbestimmungen und Operationalisierungen zeigt jedoch, daß deren Präzision im Mißverhältnis zu ihrem häufigen Gebrauch steht. Lehrpläne und Programme entziehen sich meist diesem Operationalisierungsdruck dadurch, daß Handlungsfähigkeit zu Beginn zwar als Lernziel genannt wird, aber in den weiteren Ausführungen dann keine Rolle mehr spielt.

Was kann man unter handlungsorientiertem, -bezogenem, -befähigendem usw. Unterricht verstehen:

– Unterricht, in dem die Handlungen anderer behandelt werden,
– Unterricht, in dem die eigenen zukünftigen Handlungen des Lernenden behandelt werden,
– Unterricht, in dem jetzt wichtige Handlungen vollzogen werden,
– Unterricht, in dem zukünftige wichtige Handlungen jetzt vollzogen werden?

Mißt man den gegenwärtigen Unterricht an diesen Fragen, so wird man wohl zu der Feststellung kommen, daß in diesem Unterricht zweifelsohne »gehandelt« wird. Was ist aber der besondere Akzent im handlungsorientierten Unterricht? Deswegen nun kurz zur Bestimmung des Handlungsbegriffs. Handeln unterscheidet sich in eher formaler Umschreibung von Verhalten dadurch, daß es nicht nur reaktiv, sonder aktiv ist. Dieses sind nun keine Gegensätze, sondern das Handeln enthält das Verhalten. Während das Verhalten aber unter Stimuluskontrolle steht, stehen beim Handeln auch die Umwelt-Stimuli unter der Personenkontrolle. Oder anders in eher inhaltlicher Bestimmung: Veränderung der Umwelt als auch des eigenen Verhaltens bewirkende Aktion mit wichtigen Konsequenzen für viele Menschen wollen wir »Handeln« nennen.

Die handelnde Einwirkung auf die zu erkennenden Objekte, welche die Variabilität des untersuchten Systems erst weitet und deshalb den Erkenntnisfortschritt beschleunigt, wird im disziplinär bestimmten Unterricht verschwiegen. Die Abhängigkeit von Stellen, aufwendigen Instrumenten und Geräten, deren Finanzierung unter Umständen starkes

Interesse von Geldgebern auslösen, wird unterschlagen. Normen und Werte der Wissenschaftskultur, von denen mit abhängt, welche Ideen und Entwicklungen die Oberhand behalten werden, spielen eine geringe Rolle. Es spricht also vieles dafür, daß der disziplinär bestimmte Unterricht auch deswegen nicht zur Handlungsfähigkeit führt, weil er viele Bereiche als von menschlichen Handlungen unabhängig darstellt.
Der disziplinär bestimmte Unterricht geht von Problemen aus, die durch die Wissenschaft entsprechend ihrem historischen Entwicklungsstand formuliert wurden und werden. Diese Problemstellungen sind nur bisweilen identisch mit den Problemen, welche die Gesellschaft oder größere Gruppen zur Zeit haben. Beispielsweise ist eine wachsende Gruppe der Menschen in den industrialisierten Ländern daran interessiert, die Zerstörung ihrer ökologischen Lebensgrundlagen, also etwa die Phosphatierung der Gewässer, einzudämmen. Dies ist in der Form aber nur partiell das Interesse der Fachvertreter der Ökologie oder Chemie. Deren Interessen richten sich vielmehr auf die Herstellung neuer Verfahren zur Neutralisierung der Phosphate in den Gewässern. Da es ein solches Verfahren aber noch nicht gibt, wäre es für den Chemiker das Nächstliegende, der Phosphatierung entgegenzuwirken (z. B. dadurch, daß er Bürgerinitiativen berät). Als ›Wissenschaftler‹ kann er das jedoch kaum. Es kommt kaum vor, weil die Probleme der Wissenschaft nicht immer die der meisten Menschen sind. Deswegen ist ein nur an Disziplinen und damit häufigen Spezialproblemen orientierter Unterricht kaum in der Lage, Handeln im Sinne der Verfolgung der existentiellen Interessen der meisten Menschen hervorzubringen.
Ein disziplinär bestimmter Unterricht gerät ohnehin in Schwierigkeiten, wenn er Fachdisziplinen zur Grundlage nimmt, deren Erkenntnisreichweite für die Probleme, auf die sie angewendet werden, noch sehr gering ist. In vielen Disziplinen finden wir eine relative Armut lösungsrelevanter Aussagen.
Das trifft auch für die Ökologie zu, deren Verdienst es bisher war, durch Diagnosen auf das Problem aufmerksam gemacht zu haben, die aber nicht in der Lage ist, mehr als einige vage fachwissenschaftliche Lösungsvorschläge zu machen. Zwar ist nach Ellenberg (1973, S. 29) die Ökosystemforschung »eine der wichtigsten Grundlagen für den Umweltschutz, soweit dieser Störungen von Ökosystemen der Natur- oder Kulturlandschaft verhindern oder heilen soll. Hier aber klaffen noch die größten Wissenslücken«.
Der disziplinär bestimmte Unterricht verbleibt auf der Ebene des Erkennens, Beurteilens und bestenfalls Kommunizierens. Er zielt darauf ab, die (Entwicklungs-) Zusammenhänge innerhalb der Natur und innerhalb der Gesellschaft aufzuweisen. Er leugnet zwar nicht die Veränderlichkeit der Natur und Gesellschaft, bemüht sich aber nicht besonders um die Veränderbarkeit.
Der disziplinär bestimmte Unterricht grenzt bestimmte Aspekte aus der

Wirklichkeit aus und stellt diese in einem System von Begriffen und Relationen dar. Da er diese Ausgrenzung aber nicht wieder aufhebt, unterscheidet sich der in der Wissenschaft dargestellte Objektbereich von jedem konkreten Handlungsfeld, das gekennzeichnet ist durch eine komplexere Vielfalt von Aspekten und variablen Gruppen und Beziehungen. Man könnte die Folgerung ziehen, die Disziplinen müßten sich verändern. Sie müßten ihre Probleme erweitern, heutige Probleme miteinbeziehen und von menschlichen Handlungen und Interessen ausgehen. Indes ist solch eine Entwicklung von der Didaktik kaum in Gang zu bringen. Wir stehen aber vor der Aufgabe, ökologische und Umweltfragen schon jetzt in die Schule zu bringen. Wir werden deshalb neben Disziplinen eine Fülle ergänzender Aspekte im Unterricht berücksichtigen müssen, die an anderer Stelle als ›kulturelle Objektivationen‹ bezeichnet wurden. Daß dabei die Disziplinen ihr Wissensangebot nur zum Teil einbringen können, ist schon aus Gründen der Stoffmenge unerläßlich. Ihre Aussagen werden in verschiedenartiger Form (Sätze, Geräte/Instrumente, Methoden) für die umweltbezogenen Diagnosen und Therapiemodelle problemspezifisch herangezogen. Nicht die Einzeldisziplin wird also im Ökologieunterricht primär abgebildet werden, sondern das ökologische Phänomen mit seiner Geschichte, Verlaufsform, Problematik und therapeutischen Möglichkeit. Die Disziplin wird darauf hin befragt, welche Beiträge sie hierzu leisten kann. Durch den Problembezug ist auf der Ebene des Erkennens ein Handlungsbezug geschaffen worden, der durch handlungsbezogene Unterrichtsmethoden allerdings konkretisiert werden muß. Deshalb kommt der Unterrichtsmethode eine zentrale Rolle zu.

Anmerkungen

1. Obwohl Wissensbereiche relativ stark objektivierende Tendenzen besitzen, haben sie nicht die Qualität von Entitäten. Sie unterliegen selbst Interaktionen. Sie sind unmittelbarer Ausdruck menschlicher Veränderungsprozesse. Dadurch unterscheiden sie sich nicht fundamental von den gegenständlichen Teilsystemen, soweit sie durch die Menschen beeinflußt sind. Sie unterliegen soziologisch beobachtbaren Prozessen. Nach den extrem interaktionistischen Thesen von E. Goffman (1967) oder A. Cicourel (1970) oder den biopsychologischen Thesen von J. Piaget (1973) unterscheidet sich das produzierte Wissen bzw. die Wissensproduktion nicht von anderen menschlichen Handlungen. Immerhin hat das Wissen etwa im Bereich der wissenschaftlichen Disziplinen oder in den durch breiten Konsens getragenen anerkannten öffentlichen Argumentationsformen im politischen Bereich eine besondere Bedeutung im menschlichen Handeln erhalten, insofern dadurch eine gewisse reflexive bzw. vernünftige Komponente eingebracht wird. Besonders unter solchen Gesichtspunkten ist es sinnvoll, bei einem Unterricht in Ökologie und Umwelterziehung Wissen neben gegenständlichen Teilsystemen und übergeordneten ökologischen Thematisierungsgesichtspunkten eine besondere Komponente zuzuweisen.
2. Nach Auskunft der Wissenschaftsanalytiker und Wissenschaftshistoriker bestehen die Wissenschaften nicht nur aus Aussagen hypothetischen oder sogar klärenden Charakters. Eine eindeutige Struktur der Elemente der Wissenschaften gibt es nicht, zumindest wenn man die kontradiktorischen Strukturierungs-

vorschläge der Wissenschaftswissenschaften zur Einschätzung beizieht. Dieser Sachverhalt wird sehr schnell deutlich, wenn man etwa die Strukturierungen bzw. wissenschaftstheoretischen Interpretationen der Naturwissenschaften durch Bunge (1967), Lakatos (1970), Stegmüller (1969), Feyerabend (1973) oder Kuhn (1967) nebeneinanderstellt. Deshalb ist es ein höchst diffiziles Unternehmen, Kriterien für didaktisch verwendbares Wissenschaftswissen zu entwickeln und anzuwenden.
3. Häufig schlagen sich solche Interdisziplinen nicht in den klassischen Lehrbüchern oder Traktaten oder computerisierten Systemen nieder, wie das in der biologisch fundierten General Systems Theory von K. Boulding (1964) oder in der globalen Technoökonomie von K. Galbraith (1973) vorkommt. Ebenso häufig entwickeln diese Interdisziplinen ganz neue Formen der Manifestation, etwa in der Programmatik oder Zugriffsweise bzw. Konstruktionsweise von Wirklichkeit durch interdisziplinäre und internationale wissenschaftsorganisatorische Bearbeitungen von Gebieten wie im Programm »Man and the Biosphere«.
4. Diese Problematik ist in der Curriculumtheorie und in der Ethik unter dem Stichwort der Deduktion bzw. unter der Rubrik der Handlungsorientierung allgemeiner konsensfähiger Norm verhandelt worden.
5. Diesen Aufbau haben in ökonomischer und höchst stringenter Form Skotnicky und Weninger (1975) vorgelegt.

2.3.3. Komponente III: Ökologische Thematisierungsgesichtspunkte

2.3.3.1. Einordnung, Aufgaben und Rolle der Thematisierungsgesichtspunkte im didaktischen Konzept

In der Gruppe der drei Komponenten betonen die Thematisierungsgesichtspunkte die Ausrichtung auf Unterricht und Lernen. Sie sind Betrachtungs- oder Beschreibungskategorien mit dem Zweck, ökologische Phänomene, Umweltfragen, Ökosysteme oder offensichtliche ökologische Krisensituationen vorzustrukturieren, wenn diese Unterrichtsgegenstand werden.
Im Verlaufe der Unterrichtsvorbereitung, -durchführung und -beurteilung kommen die Thematisierungsgesichtspunkte mehrmals zum Tragen – z. B. bei der Entwicklung eines Ökologie-Curriculums oder einer einzelnen Unterrichtsstunde. Wenn zum ökologischen Teilsystem wie »Bergwald der Voralpen« oder »Gewässer in den Großstädten« eine Reihe von Informationen (Aussagesysteme) gesammelt sind, dann geht es darum, diese Teilsysteme und Aussagesysteme mit bestimmten ökologischen Denkfiguren zu strukturieren. Es geht darum, überdauernde, grundsätzliche ökologische Betrachtungs- bzw. Erklärungsformen und Handlungsweisen einzubringen, um nicht am Detail des gegenständlichen Teilsystems oder der Aussage aus den Wissenschaften hängenzubleiben.
Im einzelnen können die Thematisierungsgesichtspunkte folgende Aufgaben erfüllen:
(1) *Thematisierungsgesichtspunkte* stellen eine erste Konkretisierungsstufe der allgemeinen Ziele und Leitideen von Unterricht im Bereich Ökologie und Umwelterziehung in Richtung auf die Unterrichtssituationen dar. Sie

spezifizieren die allgemeinen Absichten, indem sie Grundmuster des ökologischen Denkens und Handelns zusammenfassen.

(2) *Thematisierungsgesichtspunkte* machen darauf aufmerksam, daß Unterricht im Bereich Ökologie und Umwelterziehung immer die gesellschaftlichen Bezüge dieser Unterrichtsabschnitte berücksichtigen soll; daß an die Verantwortung gegenüber dem anderen Lebewesen, gegenüber den anderen gesellschaftlichen Gruppen und gegenüber der Biosphäre gedacht werden soll; daß die Konfrontation mit aktuellen Situationen und die Verwendbarkeit erworbenen Wissens in die Planung einbezogen werden muß.

(3) *Thematisierungsgesichtspunkte* berücksichtigen auch die Dringlichkeit von Umweltproblemen und die Betroffenheit von Menschen, also Brennpunkte für die Betrachtung einzelner gegenständlicher Teilsysteme.
Gegenständliche Teilsysteme können z. B. in unterschiedlichsten Erklärungszusammenhängen untersucht werden. Thematisierungsgesichtspunkte schränken diese Möglichkeiten in Richtung auf intendierte Betrachtungsweisen ein.

(4) *Thematisierungsgesichtspunkte* dienen als Filter gegenüber Aussagen aus den verschiedenen Wissensbereichen. Diese Filterfunktion dient einer angemessenen Reduktion der Komplexität, die in der Fülle relevanter Aussagen zu einer bestimmten Situation zum Ausdruck kommt, ohne diese jedoch aufzuheben. Vielmehr soll eine Komplexität erhalten werden, die der Lernende bewältigen kann.

(5) *Thematisierungsgesichtspunkte* haben integrierende Funktion für inhaltliche Aussagenbereiche aus verschiedenen Disziplinen, für lebensweltliche Bezüge und prozessuale Verfahren. Da sie mögliche grundlegende Komponenten von Situationen markieren, zeichnen sie auch vor, welche Deutungsmuster aus den herangezogenen Aussagenbereichen geeignet sein könnten, Ergebnisse abzuleiten, die auf die Situation anwendbar sind.

(6) *Thematisierungsgesichtspunkte* sollen sowohl handlungsorientierende wie erkenntnisleitende Funktionen für den Unterricht haben und damit den inhalts- und handlungsbezogenen Kenntnisstand so beeinflussen, daß die Entwicklung von Handlungsdispositionen im Sinne einer ökologischen Handlungskompetenz des Schülers gefördert wird.

Die Thematisierungsgesichtspunkte haben Gewicht für die *Auswahl* und *Strukturierung* von Inhalten. D. h. von ihnen wird weitgehend die Darstellung der gegenständlichen Teilsysteme und die Auswahl und Strukturierung der relevanten Aussagenzusammenhänge für den Unterricht geleistet. Gleichzeitig stellen die *Thematisierungsgesichtspunkte in ihrer Gesamtheit* einen Teil des auf Unterricht bezogenen »Extrakts« der *Intentionen der Projektgruppe* in inhaltsbezogener Ausformulierung dar.

Da sie also die Hauptträgerfunktion bei der Vermittlung der Intentionen haben sollen, müssen sie soweit umsetzbar sein, daß sie im Unterricht direkt Erklärungs- und auch Strukturierungsfunktion zu übernehmen vermögen.

2.3.3.2. Auswahl von Thematisierungsgesichtspunkten

Die Thematisierungsgesichtspunkte verlangen detailliertere Ausführungen im Gegensatz zu den gegenständlichen Teilsystemen, da diese mangels Kenntnis der jeweiligen lokalen Situation nur auf einer mittleren Konkretionsebene gekennzeichnet werden können. Es genügt, einige Hinweise und Merkmale für die Auswahl gegenständlicher Teilsysteme anzugeben. Die Teilsysteme lassen sich aufgrund dieser Anleitung relativ leicht in der eigenen Umgebung finden. Die Thematisierungsgesichtspunkte dagegen sind jene Komponente, welche die unterrichtliche Bearbeitung der gegenständlichen Teilsysteme (z. B. bei der Nutzung konkreter Subsysteme wie: der Bergwald im Voralpental X oder der Wasserhaushalt auf der Insel Y) wesentlich mit strukturieren.

Da diese Strukturierung nicht ohne weiteres offensichtlich ist, wird es erforderlich, einige weiter ausholende Begründungen für Thematisierungsgesichtspunkte zu formulieren. Dies kann nicht in einer erschöpfend systematischen Weise geschehen. Die aufgeführten Begründungen sollen dazu dienen, eine Verwendung des didaktischen Konzepts zu ermöglichen. Darüber hinaus können sie dazu beitragen, in Verwendungssituationen weitere Thematisierungsgesichtspunkte zu entwickeln.

Ausgangspunkt hierzu ist der Versuch, ökologische Thematisierungsgesichtspunkte über die Identifizierung von Merkmalen ökologischer Systeme aus dem theoretischen Vorverständnis von Ökologie herzuleiten.

Aufgrund dieses oben erläuterten Vorverständnisses von Ökologie (s. S. 20ff.) ergibt sich, daß ökologische Systeme durch das Beziehungsnetz ihrer Elemente gekennzeichnet sind und daß dabei ebenso »selbstgesteuerte Prozesse in naturnahen Ökosystemen als auch deren mögliche Veränderung durch menschliche Tätigkeiten« beteiligt sind. Die interessengeleitete Vorbereitung und Durchführung solcher Tätigkeiten verändert einerseits die Geschichte von Ökosystemen und verursacht andererseits Probleme zwischen den mit diesen Tätigkeiten befaßten und den von den Veränderungen der Ökosysteme betroffenen Menschen. Bei Eingriffen in ökologische Prozesse müssen diese Abhängigkeiten und langfristigen Wirkungen berücksichtigt werden; sie kennzeichnen heute jedes Teilsystem der Biosphäre. Schwerpunktartig lassen sich hieraus z. B. die Merkmale »Vernetztheit«, »Problemhaftigkeit«, »Geschichtlichkeit« und »Prozeßhaftigkeit« ableiten. Diese Kennzeichen sind nicht streng voneinander zu trennen. Sie haben auch nicht primär die Funktion von Begriffen einer wissenschaftlichen Systematik; sie betonen vielmehr zentrale Aspekte von ökologischen Systemen, die sich jedoch bei näherer Betrachtung überlappen. Für die Einsicht in die Systeme sowohl als auch für die

Entwicklung eines ökologisch begründbaren Handelns halten wir sie für unverzichtbar.

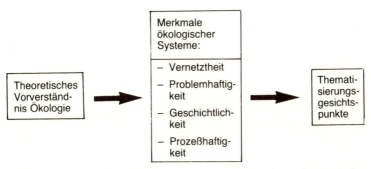

Abb.: Herleitung von ökologischen Thematisierungsgesichtspunkten aus dem theoretischen Vorverständnis Ökologie

Im folgenden werden die einzelnen »Merkmale« »ökologischer Systeme« näher erläutert, indem ihnen ökologische Thematisierungsgesichtspunkte zugeordnet und diese ausformuliert werden. Die Liste der Thematisierungsgesichtspunkte ist vorläufig und nicht abgeschlossen. Doch sollte sie im Verein mit den übrigen Determinanten von Unterricht hinreichend sein, um einen Unterricht im Bereich Ökologie und Umwelterziehung zu strukturieren, der den Intentionen des »didaktischen Konzeptes« adäquat ist.

2.3.3.3. Thematisierungsgesichtspunkte

Die folgenden Thematisierungsgesichtspunkte sind nach den vier Merkmalen geordnet. Manche von ihnen zeigen, daß verschiedene ökologische Gegenstandsbereiche und Aussagenzusammenhänge unter mehreren Merkmalen, aber in unterschiedlichen Verknüpfungs- und Erklärungszusammenhängen erscheinen.
Vorläufige Liste der Thematisierungsgesichtspunkte
Vernetztheit ökologischer Systeme
(1) Kreislauf/Kreisläufe
(2) Multiples Wirkungsnetz
(3) Stabilisierung und Veränderung
(4) Variabilität und Einmaligkeit von Biosystemen
(5) Selbstregulation und Reproduktionszyklen in Biosystemen
(6) Beziehungsgefüge in ökologischen Systemen
(7) Regulation und Produktionszyklen in technisch-zivilisatorischen Systemen
(8) Variabilität und Uniformität in zivilisatorischen Systemen

Problemhaftigkeit ökologischer Systeme
(1) Zerstörung oder Erhaltung der Biosphäre
(2) Optimierung von Belastungen
(3) Allgemeinwohl und »Lebensqualität« der Betroffenen
Geschichtlichkeit ökologischer Systeme
(1) Historische Entwicklung
(2) Evolutionsprozesse in naturnahen und in technisch-zivilisatorischen Systemen
(3) Eingriffe in Natur und Landschaft
Prozeßhaftigkeit ökologischer Systeme
(1) Zukunftsorientierung ökologischer Prozesse
(2) Verhalten in Wirkungsnetzen
(3) Dialektik von Mensch und Natur

2.3.3.3.1. Vernetztheit ökologischer Systeme

(1) Kreislauf/Kreisläufe

Das Kreislaufmodell hat eine zentrale Bedeutung für die Vermittlung von Zusammenhängen im Bereich Ökologie und Umwelterziehung, da Kreisprozesse in Ökosystemen Grundlagen ihres Gleichgewichtes sind und ihre Vernachlässigung zur Labilität in technisch-zivilisatorischen Systemen führt. Durch die modellhafte Darstellung verschiedener Prozesse, die innerhalb solcher Systeme ablaufen, vermag das Kreislaufmodell z. B. deren Reproduktionsfähigkeit zu verdeutlichen oder die Verknüpfung einzelner Ursache-Wirkungsbeziehungen dieses Systems zu leisten. Ebenso können durch seine Anwendung die Abhängigkeiten zwischen Gesamtsystemen und Teilsystemen gezeigt werden. Andererseits ist aber die Vielfalt der Kreisläufe innerhalb eines gegenständlichen Teilsystems und ihre starke Vermaschung untereinander wie auch mit externen Kreisläufen ein Merkmal der Systemhaftigkeit. Zugleich verdeutlichen Kreisläufe *einen* Aspekt der Dynamik ökologischer Zusammenhänge und fordern damit zwingend als ergänzenden Aspekt die Betrachtung der zeitlichen Dimensionen (Geschichte, Evolution).

Kreisläufe treten bereits im Mikrobereich auf: Kreislauf des organischen Materials im Wald (Bäume/Laub/Streu/Asseln, Regenwürmer, Bakterien/Pilze, Mineralien, CO_2) oder bereits innerhalb von Pflanzen (z. B. Zitronensäurezyklus); Mikrokreisläufe in der Landwirtschaft (Organische Stoffe/Nitrat/Nitrit/Stickstoff. Organische Stoffe/Phosphat). Ebenso sind sie im Makrobereich zu finden: Ökonomische Kreisläufe zwischen Produzent und Konsument (Betrieb/Ware/Konsument/Geld/Investition); Wasserkreislauf in der Biosphäre (Meer/Wasserdampf/Regen, Tau/Oberflächenwasser, Grundwasser). Kreisläufe besitzen oft eine »innere« Komplexität: Veränderung der Biomasse in den einzelnen Ernährungsstufen und Nahrungskreisläufen in Abhängigkeit von der Struktur eines Ökosystems, von jahreszeitlichen Abläufen usw. (Produzenten/Konsumenten 1. bis n. Ordnung/Destruenten. Eiche/Eichenwicklerraupe, Meise, Sperber, Fallaub-, Kot-, Leichenverzehrer, Pilze, Bakterien). Sie erhalten eine »äußere« Komplexität durch ihre Verknüpfung mit größeren Beziehungsgefügen, bei deren Betrachtung die Bedeutung von Gleichgewichtszuständen für gegenständliche Teilsysteme erfahren werden kann. Kreisläufe funktionieren als Reproduktionszyklen: Normalfall in den meisten natürlichen Ökosystemen. Sie können auch als »Produktionszyklen« ablaufen: häufiger Fall in technisch-zivilisatorischen Systemen (vgl. S. 94 ff.). Kreisläufe sind Beschreibungen von Prozessen, nicht von statischen Zuständen.

(2) Multiples Wirkungsnetz

Ökologisch bestimmtes Denken und Handeln krankt häufig daran, daß trotz vieler Kenntnisse über qualitative und quantitative Zusammenhänge gezielte ökologische Maßnahmen in gegenständlichen Teilsystemen mißlingen. Die *gleichzeitige* Verarbeitung der Vielfalt der Zusammenhänge einschließlich der Berücksichtigung ihrer verschiedenen Dimensionen wird zu wenig geleistet. Menschen planen häufig nur in einfachen Ursache-Wirkungskategorien, sie beachten nur lineare Kausalketten, ohne z. B. bekannte Nebenwirkungen miteinzubeziehen. Noch weniger sind sie bisher fähig, die durch die Einbeziehung des Menschen entstehende hochgradige Vernetzung biologisch-naturwissenschaftlicher, wirtschaftlicher, politischer, psychologischer u. a. Aussagen zu berücksichtigen. Die Betrachtung komplexerer Wirkungsnetze und z. B. die Simulation multipler Wirkungen von Veränderungen in gegenständlichen Teilsystemen muß ein Grundelement von Unterricht im Bereich Ökologie und Umwelterziehung sein. Beide Verfahren liefern wichtige Voraussetzungen für das Verständnis etwa langfristiger Folgen von Eingriffen und für die Entwicklung stabiler Gleichgewichte in der natürlichen Umwelt.

Multiple Wirkungsnetze haben verschiedene Dimensionen. Die zeitliche kann etwa am kurz- bis langfristigen Auftreten verschiedener Folgen von Eingriffen abgelesen werden: Bei hoher Lärmbelastung kurzfristig Störung im vegetativen System – langfristig Schwerhörigkeit; bei Antibiotika-Therapie kurzfristig Heilung – langfristig oft Entwicklung resistenter Bakterienstämme. Eine weitere Dimension ließe sich etwa mit Begriffen wie Wirkungsvielfalt, Wirkungsspektrum von Handlungen umschreiben: Maximale Ausnutzung der Ertragssteigerung durch heutige Getreidehochzuchten kann Auswirkungen wie Eutrophierung von Gewässern, Verarmung der Böden, erhöhte Erosionsgefahr, weitere Verringerung des Artenspektrums solcher Ökosysteme, Qualitätsminderung der Produktion, erhöhte Krankheitsanfälligkeit u. a. zur Folge haben. Zentrale Vorgänge in multiplen Wirkungsnetzen sind rückkoppelnde, akkumulierende oder synergistische Folgewirkungen von Maßnahmen: Schädlingsbekämpfungsmittel richten sich oft nicht nur auf die angezielten Schädlinge, sondern direkt oder durch Weitergabe des Mittels in der Nahrungskette werden Tiere vernichtet, die wichtige Regulatoren der angezielten Schädlinge sind – »Unkraut«-Vernichtungsmittel befreien Landwirte und Kommunen nicht nur von lästigen pflanzlichen Konkurrenten, von Straßen- und Wegrandbegleitern. Sie beseitigen auch die Mannigfaltigkeit nicht nur der pflanzlichen, sondern auch der tierischen Arten, die an diesen Wildkräutern leben, die anderer Tiere Nahrung und z. T. Feinde landwirtschaftlicher Schädlinge sind. – Durch Überweidung, Veränderung landwirtschaftlicher Techniken, Raubbau bei der

Gewinnung tropischer Hölzer u. a. wird das klimatisch bedingte langsame Vorrücken der afrikanischen Wüstenzonen gegen Süden sehr stark beschleunigt. Alle diese Dimensionen treten in ökologisch relevanten Situationen meist verbunden auf. Andererseits sind – positiv gewendet – derartige Wirkungsnetze auch *eine* Voraussetzung der Erhaltung von Gleichgewichtszuständen, wenn sich die Folgen von Ereignissen durch die Folgen anderer Prozesse wieder aufheben oder ausgleichen lassen. So kann die Vernichtung von Biotopen durch Maßnahmen wie Kies- oder Braunkohleabbau durch landschaftsgestaltende Maßnahmen nach Beendigung des Nutzungsprozesses zur Neuentwicklung von ökologisch wertvollen Biotopen führen, an denen es vor allem in den dicht besiedelten Industriestaaten mangelt.

(3) Stabilisierung und Veränderung

Dieser Thematisierungsgesichtspunkt greift eine Besonderheit von Systemhaftigkeit auf, die für Lernsituationen im Bereich Ökologie und Umwelterziehung zentrale Bedeutung hat. Sie gilt für alle gegenständlichen Teilsysteme, gleichgültig ob in ihnen natürliche Ökosysteme oder technisch-zivilisatorische Systeme eine größere Rolle spielen. Es geht um die Bewertung von Prozessen, die zwischen den Einzelfaktoren und den Faktorenkomplexen ablaufen, die die gegenständlichen Teilsysteme konstituieren. Durch sie läßt sich die innerhalb begrenzter Zeiträume beobachtbare regulative Beständigkeit solcher gegenständlicher Teilsysteme beschreiben. Fließgleichgewichte sind eine der Grundlagen für ihre Beständigkeit, konstante Umweltbedingungen eine andere. Wenn sich die Fließgleichgewichte verlagern, ändert sich das Gesamtsystem. Heute werden solche Verlagerungen von Gleichgewichtszuständen nicht nur in technisch-zivilisatorischen Systemen, sondern auch bei naturnahen Ökosystemen zumeist durch den Menschen in oft unnatürlich kurzen Zeiträumen verursacht. Eine ökologisch bedeutsame Folge ist dabei, daß nach der Zerstörung oder Veränderung von Teilsystemen der Biosphäre zum Zwecke der Nutzung durch den Menschen deren neuer Zustand nur durch ständige weitere Energiezufuhr aufrecht erhalten werden kann.

Für Stabilisierung oder Veränderung spielen bei natürlichen Ökosystemen Vorgänge eine Rolle, die Populationsdichten, Artenzusammensetzungen oder z. B. Sukzessionen in Ökosystemen steuern. Hauptfaktoren sind dabei etwa Nahrungsangebot, Feindfaktoren, Konkurrenz, klimatische, edaphische und topographische Faktoren. Ihre Veränderung wird durch natürliche Ereignisse oder Eingriffe des Menschen ausgelöst.

Bei technisch-zivilisatorischen Systemen spielen Vorgänge eine Rolle, die die Funktion von Kulturlandschaften und Ballungsräumen oder z. B. die »Lebensqualität« der dort wohnenden Menschen steuern. Sie werden besonders stark beeinflußt durch Faktoren wie Wirtschaftsstruktur, Produktionszusammenhänge, Bevölkerungsfluktuationen, ökonomisch-politische Interessen oder durch Gesundheitsnormen, soziale Normen, Verkehr, psychosozialen Streß u. a. Die Veränderung wird immer durch Eingriffe des Menschen ausgelöst.

(4) Variabilität und Einmaligkeit von Biosystemen

Ökosysteme sind wie andere lebende Organismen als konkretes Phänomen einmalig und lediglich als Typen reproduzierbar. Sind die individuellen Merkmale bei Lebewesen insbesondere auf ihre genetische Variabilität (und deren phänotypische Ausprägung) zurückzuführen, so wird die Einmaligkeit bei den Ökosystemen zusätzlich verstärkt durch die komplexere Struktur, in die die verschiedenen Populationen, aus denen sich die Biozönose eines Ökosystems zusammensetzt, eingebunden sind. Die Variabilität der beteiligten Populationen und ihre prinzipiell nicht wieder herstellbare einmalige Struktur sind Aspekte von Ökosystemen, die bei ökologisch bestimmten Handlungen unbedingt berücksichtigt werden müssen.

Heute müssen für wichtige oder auch prospektiv mögliche Kulturpflanzen (und Tiere) bereits »Genbanken« angelegt werden, in denen Rassen der wilden Ausgangsarten erhalten werden, da die (teilweise sehr kleinen) natürlichen Ökosysteme, in denen sie allein vorkamen, zerstört wurden. Die Bedeutung der Einmaligkeit zeigt sich auch darin, daß in den Sekundärwäldern tropischer Regenwaldgebiete, die durch Holzraubbau ausgebeutet und zerstört wurden, sich z. B. die Artenzusammensetzung zu ungunsten der langsam wachsenden, wertvollen Edelhölzer verändert. Die natürlichen Pufferzonen der Auenwälder und Altrheingebiete des Oberrheintals mit ihrer Bedeutung z. B. für den Wasserhaushalt sind nach ihrer Zerstörung am gleichen Ort, mit der gleichen Struktur und Funktionsfähigkeit nicht wiederherstellbar, weil sich viele Bedingungen geändert haben (z. B. Absinken des Grundwasserspiegels unter den Wurzelbereich; Ausbleiben regelmäßiger Überflutungen etc.). Ihre Wirksamkeit im Landschaftshaushalt muß zum Teil durch aufwendige technische Maßnahmen des Menschen ersetzt werden. Nicht zuletzt sollen ästhetische Aspekte und Gesichtspunkte der Erholungsfunktion für die Erhaltung der Vielfalt und Einmaligkeit landschaftlicher Strukturen von Ökosystemen eine Rolle spielen.

(5) Selbstregulation und Reproduktionszyklen in Biosystemen

Solche Lebensgemeinschaften (Biozönosen) aus Pflanzen, Tieren und Mikroorganismen, die vom Menschen weitgehend unberührt sind, weisen eine mehr oder weniger langfristige Stabilität auf, die durch Selbstregulationsfähigkeit der miteinander vermaschten Reproduktionszyklen gewährleistet ist. Die Nutzung natürlicher Ökosysteme durch den Menschen muß diese Qualitäten bei Eingriffen in das System in Rechnung stellen, will sie nicht einen übermäßigen Preis für die Erhaltung der Nutzbarkeit (und des Ökosystems) zahlen. Reproduktionszyklen können nur bis zu einem gewissen Grade durch Abschöpfung belastet werden, ohne ihre strukturellen Eigenschaften zu verändern und besonders die Fähigkeit der Selbstregulation zu verlieren.

Die Fähigkeit der Selbsterhaltung von Biosystemen ist auf die Regulation der Populationsdichten der verschiedenen, die jeweilige Biozönose konstituierenden Arten zurückzuführen. Die Individuenanzahl und damit die von jeder Population ausgehenden Wirkungen auf andere Teile des Ökosystems hängt ab vom Grad der

Spezialisierung der jeweiligen Art (Angepaßtheit an bestimmte Bedingungen), ihrer Vermehrungskapazität, ihrer Konkurrenzfähigkeit, ihrer Toleranz gegenüber Änderung der Systemfaktoren und von den tatsächlichen jeweiligen biotischen und abiotischen Bedingungen. Das Wechselspiel zwischen den Produzenten, Konsumenten, Konkurrenten und Destruenten verhindert sowohl die exzessive Zu- wie Abnahme der Individuenanzahl. Eingriffe des Menschen in solche stabilen Reproduktionszyklen (z. B. durch Düngung, Abholzung, Änderung des Grundwasserstandes etc.) ändern die Systembedingungen bis zur Vernichtung der Selbstregulationsfähigkeit. Die begrenzte Verfügbarkeit natürlicher Ökosysteme und ihre Bedeutung für die gesamte Biosphäre muß als langfristig auch ökonomisch relevanter Faktor vom wirtschaftenden Menschen berücksichtigt werden.

(6) Beziehungsgefüge in ökologischen Systemen

Aus jedem komplexen gegenständlichen Teilsystem können einfache und vernetzte Teilkomplexe herausisoliert werden. Beziehungsgefüge unterschiedlichen Umfangs tragen zum Verständnis des Gesamtgefüges bei, wenn die Beziehungen für das System eine besondere Rolle spielen oder wenn sie exemplarisch wichtige Prozesse verdeutlichen können. Bei Ökosystemen und den sie überlagernden technisch-zivilisatorischen Systemen handelt es sich allgemein um offene Systeme. In ihnen spielen neben Beziehungsgefügen einzelner Elemente solche eine wesentliche Rolle, die die Abhängigkeiten zwischen verschiedenen Elementen oder ganzen Systemen offenlegen. Nur bei Berücksichtigung derartiger Beziehungsgefüge können erfolgreiche Maßnahmen in ökologisch relevanten Situationen geplant werden.

Wesentlich sind in dieser Hinsicht vor allem Fließgleichgewichte in zivilisatorischen Systemen sowie das Verhältnis von Ausbeutung und Austausch. Ökologisch wichtige Beziehungsgefüge einzelner Elemente wären z. B. bei Biosystemen die Räuber-Beute-Beziehung, die Konkurrenz, die Populationsdynamik.

(7) Regulation und Produktionszyklen in technisch-zivilisatorischen Systemen

Naturnahe Ökosysteme haben nach Ellenberg bis zu einem gewissen Grade die Befähigung zur Selbstregulation. Dagegen wird das Beziehungsgefüge von Ökosystemen im Bereich dominierender menschlicher Nutzungsansprüche in erheblichem Umfang von anthropogenen Einflüssen mitgesteuert.

Innerhalb agrarischer und forstlicher Flächen nutzt der Mensch mehr oder weniger bewußt das natürliche Potential der Ökosysteme zur Produktion von organischer Substanz. Er unterbindet dagegen zunächst nach Möglichkeit die dekompositorischen Prozesse. Auch versucht er alle diejenigen Konsumenten dem System fernzuhalten, die nicht Bestandteil seiner eigenen Nahrungskette sind. Im Sinne der Ökosystemlehre liegt eine Verstärkung der (eingeengten) konsumptiven (»Weidegänger-«) Nahrungskette auf Kosten der dekompositorischen (Detritus-) Nahrungskette vor. Da der Mensch auf maximale Produktion von (nutzbarer) organischer Substanz Wert legen muß, ist der bevorzugte Typ nicht der des reifen (Klimax-) Ökosystems. Dieser wird in der Regel gerade durch relativ geringen jährlichen Zuwachs an Biomasse charakterisiert. So werden Forstbäume normalerweise nach ca. 60 bis 80 Lebensjahren geschlagen. Sehr junge Stadien der Ökosystementwicklung (Sukzession) zeigen noch höhere Zuwachsraten. So wird in der agrarischen Produktion ein »jugendlicher« Zustand des Ökosystems imitiert, d. h. durch spezielle Eingriffe immer wieder hergestellt.

Im urban-industriellen Bereich spielt die ökologische Grundfunktion der Produktion organischer Substanz nur eine untergeordnete Rolle. In Gärten, Grünanlagen etc. bildet sie einen Nebeneffekt der ästhetischen Funktion. Die Zahl der Arten, die eine Großstadt darüber hinaus spontan besiedeln, kann im übrigen erheblich sein. So werden für das Stadtgebiet von Berlin (West) nahezu 1000 Pflanzenarten aufgeführt (Einheimische plus Archaeophyten).

Agrarisch-forstliches und urban-industrielles Teilsystem lassen sich zusammengenommen als ein einziges, vollständiges Großökosystem interpretieren, dessen Konfiguration und räumliche Struktur ebenso wie seine wesentlichen Prozesse (Nahrungsketten) vom Menschen maßgeblich gesteuert werden. Während in ersterem die Produzenten dominieren, findet sich in letzterem der Mensch – als Hauptkonsument – konzentriert. Ferner läßt sich eine Tendenz zur räumlichen Sonderung der dritten Ökosystem-Komponente (dekompositorischer Bereich) feststellen. Wichtig ist weiterhin der Gesichtspunkt der Stoffbewegung durch das Ökosystem. Hier erweist sich das vom Menschen organisierte System in allen wesentlichen Teilen als Durchflußsystem – in globaler Perspektive eine hochgradig unökonomische und ausbeuterische Organisation.

Die harmonische Verbindung und Verschränkung von spontanem und bewußt Gelenktem innerhalb technisch-zivilisatorischer Systeme bildet ein weiteres noch nicht gelöstes Problem.

(8) Variabilität und Uniformität in zivilisatorischen Systemen

Die Ähnlichkeit der Reaktionen der heutigen Gesellschaften auf negative Auswirkungen in allen Bereichen der Biosphäre durch den wachsenden Energie- und Nahrungsbedarf, die zunehmende Konzentration der Bevölkerung in Städten, der übermäßige Bedarf an Kommunikationsmitteln (vom Verkehr bis zu Informationsträgersystemen) usw. ist auffallend. Sie ist ein Zeichen für die Nivellierungstendenzen auf der gesamten Erde. Unter dem Einfluß der modernen Naturwissenschaften und der Technik verlieren die zivilisatorischen Systeme in den Massengesellschaften ihre Individualität. Gleichzeitig wird dadurch die relative Unfähigkeit dieser Gesellschaften aufgedeckt, sich an die jeweils relevanten Umweltbedingungen in einzelnen Bereichen der Biosphäre anzupassen.

Die Uniformität in zivilisatorischen Systemen wird durch die in allen derartigen Systemen herrschenden »Grundregeln« ökonomischen Handelns geprägt. Hoher Energieeinsatz soll rasches Wachstum und hohen, kurzfristig realisierbaren Gewinn in weitgehend vereinheitlichten Produktions-, Verteilungs- und Konsumtionsprozessen ermöglichen. So gehen bauliche, soziale, landschaftliche und Arten-Vielfalt verloren und Zunahme an Labilität in uniformen städtischen, dörflichen, ländlichen und forstlichen Systemen wird eingehandelt.

2.3.3.3.2. Problemhaftigkeit ökologischer Systeme

(1) Zerstörung oder Erhaltung der Biosphäre

Die Zerstörung der Biosphäre oder einzelner Bereiche von ihr ist unmittelbar – auch in noch nicht vollendeten Prozessen – mit der Frage nach der Selbstvernichtung des Menschen, in einer weniger extremen Formulierung mit der Frage nach der Rettung und Bewahrung von Leben gekoppelt.

Dies Problem hat wegen der Überlagerung der natürlichen Ökosysteme der Biosphäre durch die technisch-zivilisatorischen Systeme zwei Seiten. Einerseits lassen sich bereits in den technisch-zivilisatorischen Systemen Prozesse ausmachen, welche direkt das physische und psychische Wohlbefinden von vielen Menschen verringern oder gar vereiteln. Andererseits führen diese Prozesse und andere, die durch die unterschiedlichen Strukturen der sich überlagernden Systeme entstehen, zu weitgehender Zerstörung mancher Bereiche der Biosphäre als Lebensraum des Menschen.

Da sich schon Einstellungen und Verhaltensweisen weniger Menschen – um wieviel mehr Handlungsorientierungen gesellschaftlicher Gruppierungen – in lokalen Bereichen, aber auch in der ganzen Biosphäre schädlich auswirken können, müssen solche Zusammenhänge im Bereich Ökologie und Umwelterziehung berücksichtigt werden. Es geht bei diesem Thematisierungsgesichtspunkt also um die Möglichkeiten der Erhaltung oder (Wieder-) Herstellung der Biosphäre, bzw. ihrer Teilbereiche. Dies kann nur geschehen auf dem Hintergrund von veränderten Wertvorstellungen oder von anderen ökonomisch-sozialen Strukturen menschlicher Gesellschaften.

(2) Optimierung von Belastungen

Die meisten natürlichen Ökosysteme der Biosphäre unterliegen heute anthropogenen Veränderungen in verschieden starkem Maße. Viele sind bereits an die Grenze ihrer Belastbarkeit geraten. Unter dem Zwang des erst langsam sich verändernden Industriewachstums und der weiter zunehmenden Erdbevölkerung ist die Belastbarkeit der Biosphäre und ihrer Teilsysteme ein dominierendes Problem geworden. Die menschliche Steuerung von Teilbereichen der Biosphäre steht damit unter der Forderung, Eingriffe so vorzunehmen, daß ein optimales Verhältnis zwischen mehreren Aspekten entsteht: Erhaltung der Funktionsfähigkeit der Teilsysteme, höchstmögliche menschliche Nutzung, geringstmögliche negative globale oder regionale Auswirkungen der Maßnahmen. Eine Problemanalyse unter diesen Aspekten eröffnet den Zugang zum Verständnis der ökologischen Bedeutung menschlichen Handelns. In die Abwägung verschiedener Entscheidungen gehen Wertungen und Einstellungen gegenüber den Einzelaspekten ein. Sie müssen erkennbar gemacht werden.

Die Belastungsgrenze eines Süßwassersees – und damit die Grenze seiner Funktionsfähigkeit – hängt von vielen Faktoren ab wie Temperatur, Wassertiefe, Strömung, Entwicklungsstufe des Sees, Nährstoffgehalt, pH-Wert, usw. Sie alle bestimmen seine Empfindlichkeit gegenüber menschlichen Eingriffen und auch seine Regenerationsfähigkeit. Besatz mit Fischen, Änderung der Wassertiefe, Jagd auf Wasservögel, Vergiftung, Eutrophierung und bakterielle Verunreinigung durch Abwässer ändern die Dynamik der Prozesse in einem See. Sie können zur Änderung der Biozönose, der Produktivität, der Verlandungsgeschwindigkeit, zum »Umkippen« des Sees und zum Verbot der Wassernutzung führen.

(3) Allgemeinwohl und »Lebensqualität« der Betroffenen

Handlungen mit ökologischer Auswirkung werden oft dadurch gerechtfertigt, daß sie im Interesse des Allgemeinwohls lägen. Diese Betonung erfolgt vor allem dann, wenn eine Verschlechterung der Umweltsituation in Kauf genommen werden soll. Es ist notwendig, bei ökologisch relevanten Maßnahmen die Interessen und Bedürfnisse der Handelnden und der direkt Betroffenen gegen das Allgemeinwohl abzuwägen, ehe über die Durchführung der Maßnahmen entschieden wird. Dafür müssen sowohl das jeweils behauptete Allgemeinwohl wie auch die Verhältnisse des direkt von den Maßnahmen betroffenen Bereichs transparent gemacht werden, um beides beurteilen zu können. Sonst besteht die Gefahr, daß die ökologischen Probleme auf Kosten gerade der natürlichen Räume oder derjenigen Menschen gelöst werden, die nicht genügend Macht zur Durchsetzung oder Berücksichtigung ihrer Interessen und Bedürfnisse besitzen. »Sozialindikatoren« oder humanitäre Grundbedingungen könnten in Verbindung mit entsprechenden Daten Maßstab für die Höhe der »Lebensqualität« der betroffenen Räume, Bewohner und Nutzer sein. Der Begriff »Allgemeinwohl« impliziert, daß es möglich sei, politische Entscheidungen jeweils auf die Bedürfnisse derjenigen Gruppe abzustimmen, der die meisten Individuen angehören. Es ist aber offensichtlich, daß in der Regel die Bedürfnisse vielseitig und zum Teil widersprüchlich sind. Politisch durchsetzbar sind deshalb meist Interessen kleiner Gruppen mit großem Einfluß, die ihre Bedürfnisse (oft zu Unrecht) mit dem Allgemeinwohl gleichsetzen.

Am Unterelbeprojekt für die industrielle Erschließung dieses Raumes können beispielhaft Allgemeinwohl und veränderte »Lebensqualität« für die Betroffenen beschrieben werden: Die Begründung für die Durchführung des Projekts stützt sich vor allem auf allgemeingesellschaftliche Argumente wie Verbesserung der wirtschaftlichen Struktur der Anliegerländer, Arbeitsplatzbeschaffung, Erhaltung der wirtschaftlichen Leistungsstärke Hamburgs mit Rücksicht auf die Erhaltung der sozialen Leistungsfähigkeit usw. Dem steht neben der weiteren Belastung der stark gefährdeten Ökosysteme der Unterelbe die Gefahr einer starken Zersiedlung und verkehrsmäßigen »Erschließung« dieses Gebietes und damit eine Verminderung der »Lebensqualität« von Bewohnern und Touristen gegenüber. Davon ist auch die Bevölkerung Hamburgs betroffen. Die Unterelbeflußlandschaft mit Altem Land, Haseldorfer Marsch und den alten Stromrinnen der Elbe ist ein wichtiges Naherholungsgebiet, das seine Stille, seinen landschaftlichen Reiz und seine teilweise noch intakte Struktur verlieren könnte.

2.3.3.3.3. Geschichtlichkeit ökologischer Systeme

(1) Historische Entwicklung

Alle gegenständlichen Teilsysteme haben eine geschichtliche Entwicklung durchgemacht. Ihr heutiger Zustand ist durch geologische und großklimatische Änderungen und durch die Folgen menschlicher Eingriffe in Auseinandersetzung mit ihrer eigengesetzlichen Entwicklung entstanden. Die Geschichte menschlicher Eingriffe beschreibt menschliche Motive, Verursacher und Betroffene von Eingriffen. Indem sie den historischen Verlauf des Veränderungsprozesses des gegenständlichen Teilsystems nachzeichnet, gibt sie Erkenntnishilfen für seinen Zustand in der Gegenwart. Der historische Verlauf begrenzt gleichzeitig die Handlungsmöglichkeiten in der Gegenwart.

Der heutige Zustand der Karstgebiete Südeuropas ist nur durch ihre Geschichte erklärbar. Die Kenntnis der geschichtlichen Entwicklung gegenwärtiger Stadträume und die Erkenntnis der in dieser Entwicklung vielleicht gemachten Fehler ist auch eine Voraussetzung für ökologisch relevante Planung und genügende Berücksichtigung traditioneller Sozial- und Wohnstrukturen.

(2) Evolutionsprozesse in naturnahen und in technisch-zivilisatorischen Systemen

Traditionell wird der Evolutionsbegriff auf phylogenetisch homologe Gruppen bezogen. Aber bereits Darwin hat auf Phänomene hingewiesen, die sich nicht als Anpassung isoliert gedachter Arten an sich wandelnde (abiotische) Umwelten deuten lassen. Hieraus hat sich der Gedanke der Co-Evolution voneinander abhängender nicht-homologer Gruppen entwickelt, und es scheint konsequent, wenn schließlich nicht einzelne Arten sondern die Biosphäre (das globale Ökosystem) als Grundeinheit der biologischen Evolution gesehen wird (v. Wahlert).

Das Auftreten des Menschen, insbesondere mit Beginn des technisch-industriellen Zeitalters, hat den Evolutionsprozeß der Ökosysteme drastisch beeinflußt und zwar insbesondere aufgrund der
a) Intensität, der b) räumlichen Struktur und der c) zeitlichen Struktur anthropogener Einwirkungen.

Zu a) Im Zeitraum von 1900 bis 1960 (zwei Generationen) sind die anthropogen gesteuerten Energieumsätze in Europa im Durchschnitt um den Faktor 50 angestiegen. Hiermit gehen vielerorts tiefgreifende mechanische und stoffliche Wirkungen einher wie Oberflächenverdichtung, Trockenlegung, Eutrophierung, Kontaminierung etc.

Zu b) Einschneidend vermindert wurde insbesondere die ökologische Differenzierung der Landschaften. Die Industrialisierung der landwirtschaftlichen Produktion verlangt große zusammenhängende Flurflächen und ein gut ausgebautes Wirtschaftswegenetz. In der Bundesrepublik Deutschland stehen nach Heydemann 55 % der Landesfläche für nur 10 Ökosystemtypen zur Verfügung (land- bzw. forstwirtschaftliche Nutzung). Die restlichen 120 Ökosystemtypen fänden sich demgegenüber auf nur 3 % der Gesamtfläche zusammengedrängt. Hinzu kommt die veränderte Siedlungsstruktur (»Zersiedlung«) und die immer noch zunehmende Landschaftszerschneidung durch Autostraßen – beides bedingt durch den Siegeszug des Kraftfahrzeugs als individuellem Fortbewegungsmittel.

Zu c) Während Eingriffsweisen und Nutzungsstrukturen vor Anbruch des industriellen Zeitalters oft über Jahrhunderte hinweg nahezu konstant blieben, ist unter den neuen ökonomisch-technischen Verhältnissen die permanente Veränderung geradezu zum Lebensprinzip geworden. Erfindungen mit bio-ökologischen Auswirkungen folgen in immer kürzeren Zeitabständen aufeinander. Immer kürzer wird auch die Zeitspanne zwischen der Erfindung und ihrer großtechnischen Realisation. All dieses zusammengenommen bedeutet für den Organismenbestand der betroffenen Ökosysteme eine erheblich verminderte Kontinuität der Existenzbedingungen.

Bei rasanter Veränderung der Umwelt treten genotypisch manifeste Anpassungen bedeutungsmäßig zurück hinter Artenverdrängung und Infiltration durch bereitstehende Formen. Für das Evolutionsgeschehen von vorrangiger Bedeutung, weil mit dem Verlust an genetischer Information verbunden, ist dabei das gänzliche Auslöschen von Arten auf der Erde. Dieses in erdgeschichtlicher Dimension vielfach abgelaufene Geschehen beschleunigt sich jedoch derzeit in einem Maße, daß von einem Zusammenbruch des evolutiv Erreichten gesprochen werden muß (vgl. Blab, 1978).

Kaum gefährdet sind kurzlebige Pionierarten, die aufgrund ihrer breiten ökologischen Potenz und ihrer Fähigkeit zur raschen Besiedlung von Neuland sogar gefördert werden, und zwar in positiver Korrelation mit der Häufigkeit von Veränderungen in einem Gebiet. Hier lassen sich sogar, insbesondere bei in neuerer Zeit eingewanderten Arten (Adventivarten) Evolutionsprozesse bis hin zur Entstehung neuer Arten beobachten (z. B. Nachtkerzen). Im ganzen vermögen jedoch derartige Prozesse den Rückgang an Artenvielfalt und -spezifität nicht aufzuhalten, da sie Adaptationen innerhalb der zunehmend uniformer, d. h. nischenärmer werdenden Zivilisationslandschaften darstellen.

Vorrangig gefährdet sind »alte« Ökosysteme mit einem hohen Anteil an hochspezialisierten (stenöken) Arten. Nur teilweise rührt die Gefahr der Auslöschung von der direkten Vernichtung der Artbiotope her. Randwirkungen seitens von Menschen intensiv genutzter Flächen können zu äußerlich oft kaum feststellbaren Biotopveränderungen und damit zur Veränderung im Artenbestand führen. Gegen solche unbeabsichtigte randliche Einwirkungen wird die Einrichtung von Pufferzonen (Wald-, Gebüschstreifen etc.) empfohlen. Aber selbst für den Fall, daß alle Ökosystemtypen mit ihrem Artenbestand in geeigneten Reservatflächen bewahrt und gegen Störungen abgeschirmt sind, wäre der Fortbestand vieler Arten noch nicht gesichert. Sind sie hierbei, wie häufig, in zu kleine Teilpopulationen aufgespalten – mit geringem oder fehlendem Genfluß zu den nächstgelegenen Vorkommen –, so kann lebenswichtiges Erbgut verlorengehen (Gendrift), kann die Art letztlich doch aussterben. Moderne Artenschutzkonzeptionen betonen daher die Korridorfunktion der Räume zwischen den eigentlichen Schutzgebieten und fordern eine enge räumliche Vernetzung von »ökologischen Zellen« (Gruppe Ökologie) sowie das Verbot weiterer »Erschließungen« von Landesteilen durch neue Straßentrassen.

In ihrem Fortbestand gefährdet sind aber auch solche Arten, die sich im Verlaufe ihrer Evolution ganz an vom Menschen geschaffene Standorte angepaßt haben. Zunächst moderne Verfahren der Saatgutreinigung, jetzt zunehmend der massenhafte Einsatz von Bioziden, haben eine große Zahl insbesondere von Adventivarten alter Landnutzungsformen an den Rand des Aussterbens gebracht. Durch Erhaltungskulturen (z. B. Alb Beutenslay bei Münsingen), ferner durch Samenbanken, wird versucht, dieses Genmaterial der Nachwelt zu erhalten.

(3) Eingriffe in Natur und Landschaft

Wenn Menschen Eingriffe in Natur und Landschaft vornehmen, kann es zu Störungen des Naturhaushaltes oder des Landschaftsbildes kommen. Es können dann Schäden angerichtet werden, die man entweder gar nicht mehr oder aber nur unter erheblichem Aufwand wieder beheben kann. Eingriffe in Natur und Landschaft, in der sich viele Menschen auch erholen möchten, werden häufig in kleinen Schritten vorgenommen – fast unbemerkt. So wird das volle Ausmaß des Schadens oft erst dann erkannt, wenn es zu spät ist.

Solche Schäden sind im besonderen Maße in den letzten Jahrzehnten entstanden, und ihre Ursachen sind unter anderem: die Zersiedlung durch Industrie- und Wohnbebauung, die Zerschneidung von zusammengehörigen Flächen durch Verkehrswege und durch Energieleitungen, der Bergbau, Abfallhalden, Luft- und Gewässerverschmutzung und oft auch ein zu starker Fremdenverkehr. Dies alles sind zwar lokal vorgenommene Eingriffe. Ihre Wirkungen sind aber nicht notwendig auch lokal begrenzt. Zumindest bei vielen skandinavischen Gewässern ist in den letzten Jahren eine für Wasserlebewesen bedrohliche Abnahme des pH-Wertes festgestellt worden, was auf aus Mitteleuropa herangeführte saure Abgase aus Industrie, Hausbrand oder Verkehr zurückgeführt wird. An diesem Beispiel wird deutlich, daß lokale Ursachen überregionale Wirkungen haben können. Es gibt aber auch Eingriffe in Natur und Landschaft, die so riesige Gebiete betreffen, daß man sie als global bedeutsam bezeichnen muß. Beispiele sind die Verbreitung chemischer Schadstoffe (z. B. DDT, PCB, Frigen, CO_2 u. a.) über die gesamte bewohnte und unbewohnte Erde, die Ausbreitung des nordafrikanischen Wüstengürtels nach Süden und die Bodenerosion im nepalesischen Bergland und im Himalaya, der sein Waldkleid verliert, weil intakte Böden falsch bewirtschaftet werden, die Abholzung tropischer Urwälder in Amerika, Afrika und Asien. Solche Eingriffe können sich auf das gesamte Ökosystem Erde auswirken.

Lokal, überregional und global gesehen wurden und werden Lebensräume vieler Pflanzen- und Tierarten verkleinert, verändert oder sogar vernichtet. Besonders Moore und andere Feuchtgebiete werden in Mitteleuropa zurückgedrängt, obgleich sie die letzten Reste bislang wenig berührter Natur darstellen. Die Konsequenz ist, daß heute eine beträchtliche Anzahl von Pflanzen- und Tierarten ausgestorben oder vom Aussterben bedroht sind. In Mitteleuropa sind hier vor allem viele Wirbeltiere und Blütenpflanzen zu nennen.

2.3.3.3.4. Prozeßhaftigkeit ökologischer Systeme

(1) Zukunftsorientierung ökologischer Prozesse

Leben in der Biosphäre ist in historische Prozesse eingebunden, es hat Vergangenheit und Zukunft. Alle ökologischen Prozesse sind auf die Zukunft hin orientiert. Struktur und Dynamik der meisten natürlichen Ökosysteme gewährleisten langfristige Stabilität, ihr Haushalt ist ausgeglichen, ihr Zusammenbruch ist nur bei von außen ausgelösten Katastrophen wahrscheinlich.

In dieses relativ stabile Muster hat sich der Mensch noch nicht eingepaßt. Die menschliche Population wächst noch immer und kommt ihrer Grenze immer näher. Druck und Gegendruck werden in der Biosphäre immer größer. Unsere gesamte Gesellschaft ist in ihrer Planung relativ wenig zukunftsorientiert. Das soll heißen: es werden in der Regel keine Modelle entworfen, auf die hin sich politische und wirtschaftliche oder technologische Verhältnisse langfristig entwickeln sollen. Es herrschen vielmehr Prinzipien vor, welche die Entwicklung nur für jeweils wenige Jahre leiten.

Dieses liberale oder evolutionäre Prinzip hat seine Berechtigung; es stammt aus der Erkenntnis, daß sich erfolgreiche Verfahren, Methoden, Institutionen oder Formen prinzipiell nur aus der Rückperspektive als erfolgreich oder erfolglos erweisen. Die Natur scheint ebenfalls so vorzugehen. Sie plant nicht, sie »handelt« und in der Folge »verwirft« oder »bestätigt« sie ein bestimmtes gewähltes Verfahren oder eine entstandene Form.

Dieses evolutionäre Prinzip kann nicht einfach verworfen werden. Es ist weitgehend beizubehalten. Allerdings erkennen wir immer deutlicher, daß das Prinzip als gesellschaftlicher Mechanismus um so gefährlicher wird, je weltumspannender und zeitlich umfassender die Prozesse werden.

So ist es z. B. in der Frage der Atomenergienutzung nicht mehr zulässig, erst zu handeln und später Resümee zu ziehen: der radioaktive Atommüll ist nun einmal ein Problem von Jahrtausenden und läßt sich nicht »korrigieren«. Auch die Rodung tropischer Urwälder und die agrarische Nutzung des freigelegten Bodens führt zu irreversiblen Veränderungen.

Vor das evolutionäre Prinzip muß in wichtigen Bereichen deswegen unbedingt das Prinzip der langfristigen Planung treten, damit das Ergebnis wichtiger ökonomischer oder technischer Entwicklungen nicht das sein wird, was »keiner wollte«, sondern das, womit auch spätere Generationen leben können.

(2) Verhalten in Wirkungsnetzen

Der sozialwissenschaftlichen und der ökologischen Forschung und Öffentlichkeitsarbeit ist es zu verdanken, daß sich die Idee der Abhängigkeit zwischen Ereignissen in Form von Wirkungsnetzen zu verbreiten beginnt.

Ihre Vorgängerin, die Methode, in Ursache-Wirkungs-Ketten zu denken, stellt schon eine ziemlich fortgeschrittene wissenschaftliche Methode dar gegenüber intuitiven oder ideographischen Denkweisen (die als Ideenproduzenten natürlich ihren Wert behalten).

Die Idee der Wirkungsnetze geht davon aus, daß jedes Ereignis in Systemen nicht nur eine Wirkung, sondern eine Fülle von Nebenwirkungen, Rückwirkungen und Fernwirkungen in kurz- und langfristiger Perspektive hat. Es trifft in der Regel sogar zu, daß diese Neben-, Rück- und Fernwirkungen die beabsichtigte und geplante Wirkung an Mächtigkeit und Tragweite noch übertreffen. Einfache Ursache-Wirkungs-Analysen, die dies übersehen, verlieren ihren Stellenwert, obwohl die Erkenntnisse dieser Studien als Mosaiksteine für komplexe Analysen natürlich unverzichtbar sind.

Mit der Entwicklung des Systembegriffs in der Soziologie, Ökonomie, Biologie und besonders der Ökologie ist ein begriffliches Instrumentarium geschaffen worden, um komplexe Ursachen, Wirkungsnetze und Prozeßverläufe darstellen zu können.

Ursache dieser Denkentwicklung war natürlich, daß politische, wirtschaftliche und technische Planer zunehmend vor der Situation standen, daß ihre bisherigen Instrumente und Methoden nicht mehr richtig griffen. Hervorragendes Beispiel ist hier die progressive Entwicklung der Umweltbelastung. Über nationale und internationale Preispolitik, Gesetze, politische Bewegungen oder technische Neuentwicklungen ist dem Problem offensichtlich bisher nicht beizukommen: die Nordsee verödet, Wälder sterben an Luftverschmutzung, Tierarten verschwinden zunehmend. Ob ein verändertes Denken in Wirkungsnetzen dieses Problem allein beseitigen kann, ist zweifelhaft. Aber es ist eine Voraussetzung für eine durchgreifende Umweltpolitik.

(3) Dialektik von Mensch und Natur

Unter dieser Kategorie wird eine Reihe von Austauschprozessen verstanden, welche die Veränderung der Menschen in ihrer Geschichte und der Natur nach sich zogen. Einerseits haben natürliche Bedingungen die Entwicklung, die Lebensbedingungen und die Verhaltensweisen des Menschen entscheidend geprägt, auf der anderen Seite haben die Menschen die natürliche Umwelt in Verfolgung ihrer Bedürfnisse verändert. Diese Veränderung hat den Menschen zunehmend von seiner Umwelt unabhängig gemacht. Heute wird jedoch erkannt, daß diese Unabhängigkeit in eine neuartige Abhängigkeit umschlagen kann, da die globale Umgestaltung der Biosphäre vom Menschen zwar durchgeführt, in ihren ökologischen Konsequenzen aber nicht vorausgesagt und eingeplant werden kann. Es zeichnet sich darüber hinaus ab, daß die Aufrechterhaltung von Gleichgewichten in einer solchen »neuen« Biosphäre, die nur noch dem Menschen und den wenigen von ihm benötigten und »geduldeten« anderen Lebewesen die notwendigen Lebensbedingungen zur Verfügung stellt, einen so ungeheuren Aufwand an Energie und genormten Verhaltensweisen erfordern würde, daß die Bewältigung dieser Aufgabe unwahrscheinlich ist.

Mit Dialektik von Mensch und Natur ist gemeint, daß Menschen eine Doppelrolle spielen. Sie sind gleichzeitig Mitglied des natürlichen Systems – wie Pflanzen und Tiere – und auch Außenstehende. Als Außenstehende verändern sie die Natur nach einem selbst entwickelten Plan. Als Mitglied sind sie von diesen Veränderungen wie Pflanzen und Tiere voll betroffen.

2.4. Unterrichtsmethoden im Bereich Ökologie und Umwelterziehung*

Unterrichtsmethoden in diesem spezifischen Verständnis unterliegen verschiedenen Bestimmungen: Zum einen sind es die allgemeinen Zielsetzungen des Lernbereiches »Ökologie und Umwelterziehung«. Diese vermitteln eine Vororientierung über die Auswahl und Organisation der Unterrichtsmethoden.

Zum anderen sind es die konkreten Bedingungen der Schulpraxis, die die Gestaltung der Unterrichtsmethoden beeinflussen. Dazu gehören die Geräteausstattung, die räumlichen Verhältnisse, der Stundenplan und die Lage des Schulgebäudes.

Diese Bedingungen sind als äußere Bestimmungen zu bezeichnen. Sie sind vorgegeben und bleiben invariant; Veränderungen erfordern einen großen Aufwand (obwohl gerade eine gezielte Umwelterziehung längerfristig darauf ausgerichtet sein muß, größere Unterrichtsblöcke als ein bis zwei Stunden und konkrete ökologische Betätigungsfelder zur Verfügung zu haben).

Neben den äußeren Bestimmungen stehen jene, die man eher als innere bezeichnen könnte. In erster Linie ist dies die didaktische Konzeption: Es sind die Unterrichtsziele, Themen und Lernobjekte.

2.4.1. Bestimmungen durch das didaktische Konzept

Das didaktische Konzept mit den drei Komponenten legt bestimmte Unterrichtsmethoden nahe. Das ist der Hauptgrund, weshalb hier in einem eigenen Abschnitt Unterrichtsmethoden behandelt werden. Nach

---

* Unter Mitarbeit von Wolfgang Bürger

dem didaktischen Konzept ist ausschließliches Lernen nach Lehrbüchern, programmierten Materialien oder Schulfilmen nicht vorgesehen. Auch ein Unterricht, der im wesentlichen den Lehrervortrag in den Mittelpunkt stellt, kann dem didaktischen Konzept nicht genügen.
Bei Verwendung dieses didaktischen Konzepts werden vielmehr insbesondere zwei Lernarten besonders zu fördern sein: eigenes Handeln und beurteilendes Verstehen.

Eigenes Handeln und beurteilendes Verstehen

Das didaktische Konzept geht davon aus, daß ökologisch-umwelterzieherische Lernsituationen durch die Kombination der drei Komponenten »gegenständliches Teilsystem«, »Aussagesystem« und »ökologische Thematisierungsgesichtspunkte« entstehen.
Da ist zuerst die Komponente »Teilsysteme«. Sie bestehen immer aus realen, gegenständlichen Systemen. Diese ökologischen Ausschnitte mit realem Charakter haben mit konkreten Pflanzen, Tieren, Technik, Menschen und anderen Umweltelementen zu tun. Häufig sind diese Teilsysteme auch von aktueller Brisanz. Sie fordern zu einer konkreten eigenen Auseinandersetzung mit ihnen im Unterricht heraus. Es genügt nicht, einfach darüber vorzutragen. Nur im Tätigwerden der Lernenden, im aktiven »In-sie-Hineingehen«, im *eigenen Handeln* werden sie erfahrbar.
Wenn ideale Biotope erhalten oder gefährdete Ökosysteme wieder ins Gleichgewicht gebracht werden sollen, dann ist »Handlung« erforderlich. Soll in und nach der Schule Handlungsbereitschaft bei Lehrern und Schülern gefördert und durch den Unterricht entwickelt werden, dann muß die Unterrichtsmethode solches Handeln *vorvollziehen*. Nicht die radikale Ernstsituation ist dazu gefragt, aber eine Situation, die »Probehandeln« erlaubt und nötig macht.
Dabei müssen konkret Sauerstoffbestimmungen vorgenommen werden können, Kommissionsberichte und wissenschaftliche Theorien gelesen und ausgewertet und offene Diskussionen in der Bürgerschaft geführt werden können. Das reine Verstehen der Gesamtsituation hilft nicht weiter, auch wenn die Kausalketten und Interdependenzen in übersichtlichen Schaubildern dargestellt sind.
Deshalb sind die klassischen Methoden des Biologieunterrichts, die auf Beobachten, Teilnehmen, Experimentieren und Umgehen mit bestimmten Lebewesen abheben, ganz besonders zu fördern. Das Durchspielen eines Falles, das Simulieren von Situationen, das Auswerten von Befunden, das Protokollieren und gemeinsame Beschlüsse fassen bis hin zur Entwicklung von weiterführenden Aktivitäten – all diese Handlungen müssen im Unterricht vollzogen werden. Nur in diesem schulischen Probehandeln ist eine Antizipation späteren »Realhandelns« möglich.
Deshalb sind Unterrichtsmethoden so zu wählen, daß jedes eigene Handeln gleichwertig neben der zweiten Lernart, nämlich dem *beurteilenden*

Verstehen, vorgesehen ist. Gleichwertig heißt aber hier: zeitlich den gleichen Umfang einnehmen.

Die zweite Komponente des didaktischen Konzeptes beinhaltet »Nutzen der Wissensbestände«. Gemeint sind Wissensbereiche aus der Biologie, der Chemie, der Mathematik, der Wirtschaft, des Rechts. Auch das alltägliche Wissen des vernünftigen Staatsbürgers, des Politikers und alteingesessenen Anwohners geht hier ein. Dieses Wissen soll naiven, weltfremden Aktivismus verhindern.

Es geht hier also nicht vor allem um »Vermittlung« einzelwissenschaftlichen Wissens, sondern um die Berücksichtigung von Unterrichtsmethoden, die das Erkennen größerer Zusammenhänge erlauben und die eigenes Beurteilen und Nachvollziehen möglich machen.

Um diese Forderung zu realisieren, soll zuerst auf eine ganz alte Regel hingewiesen werden: Zusammenhänge werden am besten in Verbindung mit konkreten Objektfeldern (Themenbereichen) erkannt. Diese Objektfelder sind der konkrete ökologische Fall, das Biotop X, der Naturhaushalt in einem bestimmten Gebiet, die Lebensbedingungen des Stadtmenschen u. ä.

Natürlich wäre es unökonomisch, lediglich Objekt an Objekt zu reihen, also eine Fallstudie nach der anderen abzuhandeln. Stücke systematischer Überblicksvermittlung und kleinere Kurse zur Vermittlung grundlegenden Wissens sind unabdingbar. Sie dürfen jedoch zeitlich nicht überwiegen. Die Schüler erreichen nie einen verstehenden Überblick, wenn sie nach zehn Stunden Behandlung von Detailwissen in der letzten halben Stunde auf die theoretischen allgemeinen Zusammenhänge hingewiesen werden.

Die dritte Komponente des didaktischen Konzeptes umfaßt die sogenannten »Ökologischen Thematisierungsgesichtspunkte«. Sie sind unterrichtsmethodisch in zweifacher Hinsicht wirksam. Zum einen akzentuieren sie die Notwendigkeit, mit der Unterrichtsmethode das Verstehen größerer Zusammenhänge, das ökologische Denken im Sinne von bestimmten Denkfiguren, Anschauungs- und Durchdringungsweisen zu fördern. Auf der anderen Seite enthalten die Thematisierungsgesichtspunkte ein Element der Handlungsorientierung. Das ökologische Denken, wie es in den Thematisierungsgesichtspunkten skizziert ist, ist *aktiv* ausgerichtet. Die wissenschaftliche Analyse, die Nachfrage nach Ursache-Wirkung-Zusammenhängen oder die Suche nach größeren Öko-Systemverbindungen setzen Aktivität des einzelnen voraus. Diese Aktivität hat mit Kommunikationsfähigkeit und Kooperation, auch mit Solidarisierung zu tun. Deshalb ist bei der Wahl der Unterrichtsmethoden auf die Befähigung zum eigenen Handeln zu achten.

2.4.2. Externe Bestimmungen

Allgemeine Ausführungen über die externen Bestimmungen des Unterrichts sind hier kaum möglich. Die Bedingungen in den einzelnen Schulen und Lerngruppen sind zu unterschiedlich. Dennoch sollen im folgenden drei Bedingungen aufgeführt werden, die besonders bei Unterrichtsmethoden wie Gruppenunterricht, Fallstudie etc. einschränkend wirken können. Die Realisation dieser Unterrichtsmethoden bringt in der Praxis eine Vielzahl von Schwierigkeiten mit sich, die der Lehrende kennen muß, wenn er sich für sie entscheidet.

2.4.2.1. Geringe Anwendung der Methoden

Zahlreiche Untersuchungen über die Verwendung von Unterrichtsmethoden zeigen, daß der herkömmliche Unterricht zumeist als Frontalunterricht, d. h. als Frage-Antwort-»Spiel« zwischen Lehrenden und Lernenden oder aber als Vortrag verläuft.
Ursache dafür ist u. a., daß Methoden wie Rollenspiel, Fallstudie etc. in Studienordnungen kaum vorgesehen sind und in Lehrplänen lediglich genannt werden, ohne daß deutlich gemacht wird, daß zu ihrer Verwendung in der Unterrichtspraxis bestimmte Bedingungen gegeben sein müssen.
Die Stoffülle der Lehrpläne wird es für den Lehrer als Luxus erscheinen lassen, solche Methoden anzuwenden, da sie ihm zu zeitaufwendig erscheinen. Der Lehrende steht also in einem Konflikt zwischen Zielsetzungen wie »Handlungsfähigkeit« einerseits und Vermittlung möglichst vieler Fakten andererseits. Eine weitere Schwierigkeit stellt auch dar, daß es bisher zu wenig Unterrichtsmaterialien gibt, die für diese Unterrichtsmethoden konzipiert sind. Vom Lehrer erfordert das neben herkömmlichen Planungsunterlagen (z. B. Schulbuch), auch diese wenigen neuen Unterrichtskonzeptionen und -methoden zu Rate zu ziehen oder den Mut aufzubringen, eigene Erfahrungen mit den bisher meist unüblichen Unterrichtsmethoden zu sammeln.

2.4.2.2. Verändertes Selbstverständnis des Lehrers

Einsatz von Unterrichtsmethoden wie Rollenspiele, Gruppenunterricht etc. erfordert vom Lehrenden andere Kompetenzen. Sie decken sich unter Umständen nicht mit dem bisherigen Selbstverständnis des Lehrers. Den Lernenden muß ein großer Spielraum für selbständige und eigenverantwortliche Entscheidungen gelassen werden. Die Rolle des Lehrers ist dann die eines Beraters, der die Lernenden befähigt, ihre Lernprozesse weitgehend selbst zu gestalten. Für viele Lehrende beinhaltet das Probleme, da durch ihre Ausbildung und durch die Öffentlichkeit ein anderes Rollenverständnis an sie herangetragen wird. Will der Lehrende z. B.

Projektunterricht realisieren, so erfordert das von ihm die Fähigkeit, Kollegen anderer Fächer für eine Mitarbeit zu gewinnen und für die Fragestellungen anderer Fächer offen zu sein. Auch das steht dem herkömmlichen Rollenverständnis entgegen, nach dem die Planung von Unterricht nur Angelegenheit des jeweiligen Lehrers ist.

2.4.2.3. Schwierigkeiten in der Öffentlichkeit

Entscheiden sich Lernende und Lehrende für praktische Realisierungen wie Felduntersuchungen, Ausstellungen oder die Informierung der Bevölkerung, so ist mit Schwierigkeiten zu rechnen. Solche Aktivitäten stoßen mit Sicherheit auf andere Interessen, zumindest aber auf Unverständnis (z. B. Geringschätzung der Kompetenz von Schülern). So erhielt z. B. eine Schülergruppe (Vereinigung umweltschützender Schüler) eine Anzeige vom Tierschutzverband, weil bei einem Demonstrationsversuch Goldfische in verschmutztem Flußwasser zu Tode gekommen waren. Die Schülergruppe wollte durch dieses Demonstrationsexperiment die Öffentlichkeit auf den verschmutzten Zustand des Flusses hinweisen. Dies wurde durch die Anzeige und durch das Engagement der Presse in besonderem Maße erreicht.

Eine Konsequenz aus diesen Überlegungen ist, daß sich im Bereich der Schule der Lehrer nicht ohne Absprache mit den Eltern für einen solchen Unterricht entscheiden sollte.

Eine andere Konsequenz ist, daß gerade solche Schwierigkeiten mit der Öffentlichkeit ein wichtiger Bestandteil der Erfahrungen einer Lerngruppe sein können.

2.4.3. Einzelne Unterrichtsmethoden

Im folgenden Teil sollen nun einige besondere Unterrichtsmethoden dargestellt werden. Sie eignen sich als Einzelmethoden besonders gut, den Ansatz des didaktischen Konzeptes zu verwirklichen. Diese Unterrichtsmethoden sind bereits in vielfältiger Weise erprobt worden und werden hier lediglich für die Zwecke des didaktischen Konzeptes »Ökologie und Umwelterziehung« beschrieben.

Wir schlagen hier fünf unterrichtsmethodische Ansätze vor:
– Projektunterricht, – Fallstudie, – Simulationsspiel, – Gruppenarbeit, – Rollenspiel

Projektunterricht wird hier als Idealtypus der Strukturierung von Lehr-Lernprozessen angesehen, da es den Zielen des didaktischen Konzepts am besten entspricht. Dem steht seine geringe Realisierungschance in der Schulpraxis gegenüber. Trotzdem wird projektorientiertes Lernen ausführlich dargestellt; seine Charakteristika dienen gleichsam als Orientierungsmuster, die es gilt, langfristig zu erreichen. Für die heutige Schulpraxis bleibt der Versuch, Merkmale projektorientierten Lernens in den Unterricht einzubauen.

2.4.3.1. Projektunterricht

Das Ziel der Handlungsbefähigung und der interdisziplinäre Charakter des Bereiches Ökologie und Umwelterziehung legen eine Behandlung in Form von Projektunterricht nahe. In mehreren Schulfächern wird bereits auf die Probleme, die sich aus der lebensgefährlichen Belastung vieler Lebensräume ergeben, reagiert. Viele Fachlehrer, z. B. aus den Bereichen Biologie, Erdkunde und Politikwissenschaften, sehen die Notwendigkeit, sich mit Umwelterziehung unter Einbeziehung aller Faktoren aus verschiedenen Bereichen zu befassen.

Das könnte zunächst einmal bedeuten, die jeweils individuellen Unterrichtsplanungen der einzelnen Fachlehrer zu einem gemeinsamen Konzept zusammenzuführen, den Unterricht aber doch in jedem einzelnen Fach getrennt durchzuführen. Idealerweise würde jedoch diese gemeinsame Planung auch gemeinsam realisiert. Die Schüler würden zunehmend am Planungsprozeß beteiligt.

a) Besondere Merkmale des Projektunterrichts

Der Projektunterricht geht von Bedürfnissen, Problemen oder Lebenssituationen aus, welche die Schüler mehr oder weniger direkt betreffen.
Zu Beginn des Unterrichts ist diese Ausgangslage nur als Rahmen vorgegeben. Was dabei zu lernen ist, wird nicht im einzelnen fixiert – weder von den Schülern noch von den Lehrern. Man nimmt sich aber vor, am Schluß zu einem Produkt zu kommen, das man vorzeigen, weiterverwenden, vielleicht auch aufbewahren kann. Ein Unterrichtsprojekt ist immer interdisziplinär oder fachübergreifend. Projektunterricht befaßt sich nicht isoliert mit innerfachlichen Spezialfragen. Diese sind eher einem Kurs oder anderen Lernformen vorbehalten. Im Projekt wechseln Phasen von Einzelarbeit und Gruppenarbeit ab. Im projektartigen Lernen geht es zunächst nicht darum, ein Thema oder einen Gegenstand zu erlernen, vielmehr ist die Art und Weise, wie man mit ihm umgeht, selbst schon Lernen. Dabei verschränken sich »Stoff« und »Methode« im Lernen.
Da die verschiedenen Lernarten nicht genau festgelegt sind, kommt der Selbstorganisation der Lerngruppe besondere Bedeutung zu. Je nach Aufgaben und Fragestellungen, die sich die einzelnen oder Gruppen innerhalb des Rahmenthemas geben, müssen sie unterschiedliche Wege einschlagen. Sie organisieren sich deshalb in hohem Ausmaß selbst. Dies ist die höchste Anforderung, die man an Schüler stellen kann. Um Enttäuschungen mit der praktischen Anwendung der Projektmethode vorzubeugen, sollte man einzelne voraussetzende Handlungsqualifikationen der Schüler (z. B. Lernselbständigkeit, Planungs-, Kooperations-,

Gesprächsfähigkeit) bereits früh, langfristig und nachhaltig auch in anderen Unterrichtsformen üben (vgl. die Darstellungen zu »Fallmethode« und »Gruppenarbeit« in diesem Band).

Günstige Voraussetzungen für projektartiges Lernen ergeben Schulheimaufenthalte über eine Woche oder eine Arbeitsgemeinschaft, die sich über zwei Tage erstreckt. Ansätze zu projektartigem Lernen lassen sich aber auch in den üblichen Schulunterricht einbauen. Projektunterricht wird aber besonders tragfähig, wenn er bereits bei der Gesamtplanung vor Beginn des Schuljahres mit eingebaut wird (zwei bis drei Tage für Umwelterziehung; Blockung der Stunden z. B. mit einem anderen Naturwissenschafts- oder dem Deutschlehrer).

Es gibt ein stets wiederkehrendes Diskussionsthema bei projektartigem Lernen: Müssen zuerst die fertigen Kenntnisgrundlagen geschaffen werden, um nachher sozusagen in der Anwendung den Projektunterricht betreiben zu können? Oder kann man ein Gebiet auch ohne vollständiges Grundlagenwissen beginnen? Diese Alternative läßt sich nicht eindeutig für eine Seite entscheiden. Grundsätzlich ist es im Projektunterricht möglich, Informationen dann zu beschaffen, wenn sie erforderlich sind. Auskünfte des Lehrers, Informationen aus Handbüchern oder Lexika können in diesen Fällen oft weiterhelfen. Das macht z. T. gerade den Reiz des projektartigen Lernens aus: Schüler fordern dann Informationen an, wenn sie sie auch gebrauchen können. Andererseits würden verschiedene Themen überlang dauern, wenn alle Grundlagenkenntnisse erst ad hoc beschafft werden müßten.

b) Möglicher Ablauf

Projektartiges Lernen ist grundsätzlich nicht planlos. Am Anfang stehen Rahmenentscheidungen der Teilnehmer. Sie wählen ein Gebiet aus. Regelmäßig wird nach bestimmten Schritten Rückschau gehalten, um dann die nächsten Schritte zu planen. Zahlreiche Vorschläge für die Gestaltung projektartigen Lernens sind veröffentlicht worden. Hier wird ein möglicher Ablauf nach Roesseler (1975) vorgestellt.

Möglicher allgemeiner Verlauf

– Motivations- u. Zielsetzungsphase
Diese Phase dient der Bestimmung von Schülerinteressen und -bedürfnissen, die als Motivation zur Erreichung eines Projektziels dienen. Aufgabe des Lehrers in dieser Phase ist es, die geäußerten Schülerbedürfnisse (mehr oder weniger explizit) zu verstärken und durch Einbringung von Informationen Entscheidungshilfe zu leisten.

Ein Beispiel

Innerhalb des Bereiches Ökologie und Umwelterziehung könnten z. B. folgende Fragen diskutiert werden:
– was heißt »Umweltverschmutzung«?
– wer sind die Betroffenen?
– inwieweit sind die Schüler von Umweltverschmutzung betroffen?
Die Diskussion könnte eine Entscheidung für die Überprüfung der Luft-

– *Planungsphase*
In dieser Phase geht es um die Frage, wie ist das Projektziel zu erreichen? Hier nennen die Schüler Aktionen, von denen sie sich Erfolg versprechen. Weiter steht die Planung der Informationsbeschaffung im Mittelpunkt. Der Lehrer sollte in dieser Phase Informationsstellen u. -möglichkeiten nennen können. Am Ende der Planungsphase wird die Projektplanung durch das Klassenplenum verabschiedet.

– *Durchführungsphase:*
Die Durchführungsphase gliedert sich in das Stadium der Informationsbeschaffung, der Informationsauswertung und der Informationsanwendung.

– *Reflexionsphase:*
In dieser Phase findet die Reflexion der Ergebnisse statt und es wird kontrolliert, ob das Ziel erreicht worden ist, bzw. ob das Ziel angemessen war. Es geht z. B. darum zu thematisieren, welche Faktoren zur Erreichung bzw. Nichterreichung des Projektziels führten.

qualität an den verschiedenen Wohnorten der Schüler und die Information der Anwohner darüber durch ein Flugblatt oder eine Ausstellung erbringen.

Planung der Analyse der aufgezeigten Problemstellungen, z. B. Ursache, Wirkungen und damit im Zusammenhang stehende Interessenkonflikte
– welche Stoffe verschmutzen die Luft?
– woher kommen die Stoffe?
– wie wirken diese Stoffe auf Pflanzen, Tiere und Menschen?
– welche Maßnahmen werden gegen Luftverschmutzung ergriffen?
Feststellung der Maßnahmen und Materialien zur Beantwortung der Fragestellungen:
– z. B. Statistiken über Luftverschmutzung
– Experimentiergeräte
– Büchereien aufsuchen
– Expertenbefragungen (Institute, Bürgerinitiativen)

Das beschaffte Material könnte beispielsweise mit Hilfe von Thematisierungsgesichtspunkten analysiert werden (z. B. »Historische Entwicklung«, »Allgemeinwohl und Lebensqualität« etc.)

Analyse der aufgetretenen Schwierigkeiten, beispielsweise:
– bei der Informationsbeschaffung (Schüler werden nicht als kompetent erachtet)
– bei der Durchführung von Experimenten
– erzielte das Flugblatt oder die Ausstellung die erwarteten Reaktionen beim Leser bzw. Besucher?
– welche Schwierigkeiten traten innerhalb der verschiedenen Lerngruppen auf?
– Ziele

2.4.3.2. *Fallstudie*

Fallstudien sind besonders gut geeignet, Formen, Ursachen, Wirkungen und Interessenkonflikte von Umweltproblemen durchsichtig zu machen. Mit der Fallstudie können konkrete Ereignisse, z. B. der Bau einer Kläranlage in einer Stadt, nachvollzogen und analysiert werden. Die Fallstudie verwendet erreichbare Unterlagen, die zum Bau der Kläranlage erstellt wurden (so z. B. Planungsunterlagen, Presseberichte, Gesetze etc.).

Da es zur Fallmethode im Bereich Ökologie und Umwelterziehung bisher nur wenige didaktisch aufbereitete Materialien gibt, bleibt für den Lehrer die Aufgabe, geeignete Fälle ausfindig zu machen. Die folgenden allgemeinen Ausführungen zur Fallmethode können dabei eine Hilfestellung geben. Die im didaktischen Konzept entwickelten Thematisierungsgesichtspunkte können in die einzelnen Phasen der Fallmethode, insbesondere der Information und Exploration (z. B. »Optimierung von Belastungen«; »multiples Wirkungsnetz«) eingebaut werden.

a) *Besondere Merkmale der Fallstudie*

Die Fallstudie ist nicht nur Lehr-Lernverfahren, sondern durch das vorgegebene Fallmaterial auch Lehr-Lernstoff.
Beschreibung des Fallmaterials und Erarbeitung von Lösungsvorschlägen erfolgen in einzelnen Arbeitsgruppen mit 4 bis 6 Mitgliedern. Lösungsvorschläge werden im Plenum diskutiert.
Der Lehrende tritt bei der Fallmethode soweit wie möglich in den Hintergrund, ohne aber die Schüler sich selbst zu überlassen. Er fördert sachlich bezogene Gespräche, ohne seine Meinungen und Vorschläge als geeignete Lösung des Falles in die Diskussion einzubringen.
Unterrichtliche Fallstudien setzen ein hohes Maß an Lernselbständigkeit, Kooperations- und Kritikfähigkeit, Selbstdisziplin der Schüler voraus. Solche komplexen und anspruchsvollen Fähigkeiten können bei Schülern nicht immer vorausgesetzt werden. Deshalb muß der Lehrer möglichst schon lange vor, auf jeden Fall aber während unterrichtlicher Fallstudien an entsprechenden Schülerqualifikationen arbeiten. Enttäuschungen mit der Fallstudienmethode sind nicht auszuschließen und gehen vermutlich am häufigsten auf mangelnde »Allgemeinfähigkeiten« der Schüler oder ungeeignetes Lernmaterial zurück.

b) *Möglicher Ablauf*

Es gibt keine festen Phasenfolgen für die Fallstudie: Dennoch soll hier zur Einführung ein Verlauf nach Kaiser (1973) vorgestellt werden. Ein Beispiel illustriert die allgemeinen Anhaltspunkte.

Möglicher allgemeiner Verlauf	Ein Beispiel
Konfrontation In dieser Phase werden die zentralen Probleme des Falles bestimmt und zwar mit Hilfe einer Situationsanalyse. Die Analyse geht beispielsweise davon aus, das Wesentliche vom Unwesentlichen zu unterscheiden, Interdependenzen und funktionelle Zusammenhänge aufzuzeigen, Symptome zu identifizieren und zu lokalisieren, Ursachen der Probleme zu finden, einen verbesserten Zustand zu ermitteln und als Ziel zu formulieren, die Schwierigkeiten bei der Lösung des Problems festzustellen, etc.	*Der Fall Bernhold* Die Besatzung eines Schiffes der Reederei »Bernhold« pumpte 909 Tonnen Raffinerieabwässer in den Rhein. Nach Ermittlungen der Polizei ließen Schiffe dieser Reederei von 1965 – 1968 in 22 bewiesenen Fällen 20 000 Tonnen Schmutzwasser ab. Bernhold wurde wegen fahrlässiger und vorsätzlicher Verstöße gegen das Wasserhaushaltsgesetz zu einem achtmonatigen Freiheitsentzug mit Bewährung, einer Geldstrafe von DM 5000,- und einer Geldbuße von DM 80 000,- verurteilt (vgl. Uhrhammer, 1973; Wolff, 1975). Die Schüler erhalten Zeitungsartikel über den Fall Bernhold. Nach sorgfältigem Lesen wird der Fall diskutiert, u. a. welche Folgen hat der Prozeß. Die Ergebnisse der Diskussion können schriftlich festgehalten werden.
Information Die Qualität einer Entscheidung hängt weitgehend von Informationen ab. Mit dem Informationsangebot müssen jedoch auch geeignete Auswahlkriterien und Verarbeitungskriterien vermittelt werden. In dieser Phase geht es darum, in Hinblick auf die konkrete Fallsituation und die herausgestellten Problemstellungen und formulierten Zielsetzungen, Informationen zu sammeln, analysieren, bewerten und auszuwerten.	Die Schüler erhalten alle für Entscheidungen notwendigen Teilinformationen, z. B. über: – Wasserhaushaltsgesetz – Presseberichte – Wirtschaftsordnung – biologische Fachliteratur zum Problem der Eutrophierung etc. Die Ergebnisse der Informationsanalyse können in eine Informationsübersicht eingetragen werden.
Exploration Nach der Herausstellung der wesentlichen Faktoren eines Falles sowie der Ursachen und Wirkungen der vorliegenden Situationen und der Auswertung der Informationen erfolgt die Ermittlung alternativer Lösungsmöglichkeiten. Die Phase der Exploration dient in erster Linie dazu, in einer gegebenen Situation stets nach mehreren Lösungen zu suchen.	In dieser Phase sollen die Schüler alternative Lösungsmöglichkeiten erhalten: z. B. – verschiedene Arten der Abwasserbeseitigung – staatliche Kontrollmaßnahmen

Resolution
Zu jeder gefundenen Lösungsvariante lassen sich Vorteile und Nachteile aufzeigen, die in einer Übersicht festgehalten werden sollten. Anhand dieser Übersicht kann eine Rangordnung der Lösungsvarianten vorgenommen und eine Entscheidung getroffen werden. Danach wird ein Entscheidungsplan entwickelt, der begründet, welche Faktoren die Entscheidung herbeiführten.

Disputation
Die entwickelten Entscheidungspläne werden im Plenum durch Rede und Gegenrede verteidigt. Meinungsverschiedenheiten dienen dazu, die bestehende Problematik deutlicher hervorzuheben.

Kollation
In dieser Phase findet ein Vergleich der von den Lernenden gefundenen Lösung mit der in der Wirklichkeit getroffenen Entscheidung statt. Es geht nicht primär darum, die Richtigkeit der in der Wirklichkeit getroffenen Entscheidungen aufzuweisen, sondern darum, den Ablauf von Entscheidungen in der Realität und die sich daraus ergebenden Konsequenzen aufzuzeigen. Weiter sollen die getroffenen Entscheidungen auf dem Hintergrund bestehender Gesetze und gesellschaftlicher Ordnungen kritisch interpretiert werden.
Abschließend sei betont, daß die Fallmethode sich dann als besonders wertvoll erweist, wenn die Lernenden die von ihnen getroffene Entscheidung praktisch realisieren.

2.4.3.3. Simulationsspiel

Das Simulationsspiel versucht, Ausschnitte der Wirklichkeit im zeitlichen Ablauf darzustellen. Statische Abbildungen gesellschaftlicher oder natürlich-technischer Sachverhalte sollen vermieden werden. Im Simulationsspiel werden die wirklichen Prozesse auf eine oder zwei Unterrichtsstunden gestreckt oder (häufiger) verkürzt. Rollen, die von den Lernenden gespielt werden, sind ein wesentlicher Bestandteil der Simulation, mit einiger Einschränkung auch dort, wo natürliche Systeme (z. B. Evolution, Ökosystem) im Simulationsspiel behandelt werden.

a) Besondere Merkmale des Simulationsspiels

Das Simulationsspiel unterscheidet sich vom Rollenspiel insbesondere dadurch, daß eine Menge von Verhaltensregeln und Regeln der Umweltreaktion festliegt oder festgelegt werden muß. Während im Rollenspiel für den Teilnehmer fast nur eine einzige Regel festliegt (spiele die Rolle von...!) setzt das Simulationsspiel ein ganzes System von Regeln voraus, die sich auf das eigene Verhalten, das Verhalten der anderen Teilnehmer hin (Interaktionsregel) und das Verhalten von Außensystemen (z. B. Öffentlichkeit, Natur, Markt oder ähnliches) beziehen. Diese Regeln sind zunächst starr, obwohl es pädagogisch überaus wichtig ist, an bestimmten Punkten Regelveränderungen vorzunehmen, um die Folgen für das Spielziel kennenzulernen. Dies ist bei vielen kommerziellen Simulationsspielen leider kaum möglich.

Es geht beim Simulationsspiel also nicht darum, einen bestimmten historischen, geographischen, wirtschaftlichen, juristischen, sozialen oder naturwissenschaftlichen Prozeß, so wie er sich historisch ereignet hat, abzubilden. Es geht vielmehr darum, die sozialen und materiellen Umweltbedingungen historisch in etwa nachzubilden und die Lernenden in dieser simulierten Umwelt handeln zu lassen. So ist es etwa möglich, aus dem Schulklassenzimmer einen mittelalterlichen Handwerksbetrieb oder einen Gerichtssaal zu machen oder die Wände für eine Fließbandsimulation zu verwenden oder auf dem Schulrasen ein biologisches Selektionsexperiment durchzuführen, bei dem die Schüler die Rolle von »Vögeln« spielen und »Raupen« suchen (es werden mehr oder weniger gut getarnte Objekte in einer festgelegten Zeit auf dem Rasen gesucht). Den pädagogischen Reiz der Simulation macht es gerade aus, Fragen zu untersuchen wie: Was sind die sozialen und ökonomischen oder physischen Folgen für die verschiedenen beteiligten Menschen oder Systeme

– wenn eine Marktzugangsbeschränkung entsprechend der Zunftordnung erlassen wird?
– wenn in Gerichtsverhandlungen das Amtsermittlungsprinzip das Prinzip verdrängt, demnach nur von den Parteien Vorgetragenes im Urteil verwendet werden darf?
– wenn Fließbandarbeit durch teilautonome Gruppenarbeit ersetzt wird?

– wenn aufgrund von Mutationen Beutetiere andere Farben oder anderes Verhalten annehmen?

b) Möglicher Ablauf

Das einschlägige und nicht selten in unseren Schulen verwendete Umweltschutzspiel (vgl. Busch/Kaiser, 1974) soll hier nicht näher beschrieben werden. Es ist ein Spiel, in dem die Eigentümer von Raffinerien, Eisenhütten und 18 weiteren Betrieben und Organisationen versuchen müssen, eine Strategie zu finden, welche die Luft- und Wasserbelastung des Bezirks möglichst gering hält und gleichzeitig hohe Gewinne zu machen erlaubt. Das Spiel eignet sich als Einstieg sehr gut, da es in der Tat viele Zusammenhänge aufzeigt, wenn auch der *inverse* Zusammenhang zwischen Umweltbelastung und Gewinn kaum merklich wird und die angebliche Spielgewinnstrategie, die Profit und Umweltbelastung angeblich versöhnen soll, nirgendwo deutlich wird. Sein Reiz liegt aber darin, im Unterricht ständig ausdifferenziert und realistischer und zukunftsbezogener ausgestaltet werden zu können.

Möglicher allgemeiner Verlauf	*Ein Beispiel*
Ausgangsbedingung	Die Klasse (je 4 Teilnehmer) hat das *Umweltschutzspiel* ein bis zweimal durchgespielt.
Analysediskussion	Welche Organisationen und Maßnahmen haben im Spiel den größten (geringsten) Einfluß auf die Umweltbelastung? Entwicklung von Hypothesen.
Erneutes mehrmaliges Durchspielen	Systematische Variation dieser Maßnahmen durch verschiedene Spielgruppen mit Protokollierung.
Korrektur von Parametern und neues Durchspielen, Beobachtung der Folgen.	Beispiel: Privatunternehmen verfolgen *nicht* die gleiche Entlastungsstrategie wie »Feriendorf Seehausen«, sondern sind mehr gewinnorientiert.
Einbau neuer technischer Entwicklungen, politischer Forderungen oder gesellschaftlicher Entwicklungen	Beispiele: Das Benzinauto wird durch das Elektroauto ersetzt. Die Produktion der Betriebe verteuert sich, weil die verwandten heimischen Rohstoffe erst gereinigt (Wasser, Luft) oder woanders beschafft werden müssen (Nahrungsmittel). Es wird eine Investitionskontrolle eingeführt.

Alle Beteiligten haben ein während des Spiels ständig erhöhtes (verringertes) Einkommen.
Der Druck der Öffentlichkeit auf die Beteiligten zu umweltgerechtem Handeln nimmt ständig zu.
Durchspielen mit diesen zusätzlichen Bedingungen, Beobachtung der Konsequenzen.

2.4.3.4, Rollenspiel

Im Rollenspiel übernehmen die Schüler Funktionen und Verhaltensweisen bestimmter Personen. Sie spielen die Rolle eines anderen oder sich selbst. Dadurch kann der Schüler für das Verhalten anderer Personen und für sein eigenes sensibilisiert werden. Spielt er eine andere Person, versteht er vielleicht deren Argumentation oder auch Einstellung besser. Er kann sich vielleicht in die Bedingungen seines Handelns eindenken. Die eigene Rolle als Schüler kann aus einer anderen Sicht gesehen werden.
Das Rollenspiel ermöglicht eine Art Probehandlung. Einige Bedingungen der Realsituation werden in die Lernsituation hereingeholt, ohne dabei den Ernstfall voll zum Tragen kommen zu lassen.
Rollenspiel hat viel mit der Reflexion der Interaktion zwischen Menschen zu tun. Es fördert die bewußte Auseinandersetzung. Oft hat der Unterrichtsstoff eher die Tendenz, die Problematisierung der Interaktionen zu verhindern, weil er sehr umfangreich ist oder ein bestimmtes Lernverhalten der Schüler erfordert.
Im Rollenspiel können unterschiedliche Aspekte des einen Themas in Erscheinung treten. Einseitige Sichtweisen können durch die Übernahme unterschiedlicher Rollen zutage treten.

a) Besondere Merkmale des Rollenspiels

Wenn Schüler die Rolle eines Lebensmittelchemikers oder eines Gemeindevorstehers spielen, dann sollen sie sich zu einem Teil mit der gespielten Rolle identifizieren. Sie entwickeln möglicherweise ein besseres Verständnis, und eine gewissen Anpassung an das Denken und Handeln des Rolleninhabers findet statt. Zugleich wird diese Rolle aber auch wieder beurteilt und relativiert, denn die Diskussion der gesamten Klasse oder der einzelnen Gruppen über das Rollenspiel lokalisiert die einzelnen Rollen in einem größeren Verbund. Rollenspiele sind auch so angelegt, daß reale Konfliktmöglichkeiten oder Gegensätzlichkeiten aufscheinen können. Zuständigkeiten oder Kompetenzen einzelner Rolleninhaber werden nicht zum voraus als unumstößlich angesehen. Es wird versucht, Einsicht in die Bedingungen der einzelnen Verhaltensweisen zu gewinnen.

b) Möglicher Ablauf

Um diesen immanenten erzieherischen Ablauf des Rollenspiels zu erreichen, sollte die Problemsituation aus dem Erfahrungsfeld der Schüler ausgewählt werden. Die Schüler brauchen ein gewisses Hintergrundwissen über den bestimmten Rollenträger. Das Problem, das es zu bearbeiten oder zu lösen gilt, wird gemeinsam angegangen.

Diese erklärende und gemeinsam einführende Bestimmung ist für das Gelingen des Rollenspiels bedeutsam. Es ermöglicht die Identifizierung und zugleich die Relativierung der jeweiligen Rollen. Realistische Diskussionen werden leichter möglich.

Von ähnlicher Bedeutung ist dann nachher die Diskussion über das abgelaufene Rollenspiel. Eventuell sind Wiederholungen sinnvoll.

Im folgenden wird im Anschluß an Hendry/Lipitt/Zander 1947 und Chesler/Fox 1966 ein konkretes Beispiel dargestellt:

Möglicher allgemeiner Verlauf	Ein Beispiel
Auswahl des Rollenspiels: Wahl der Problemsituation Das Problem soll aus dem Erfahrungsbereich der Spieler genommen werden und überschaubar sein. Zunächst sollen einfach strukturierte Probleme und dann differenziertere gelöst werden. Ausgangspunkt für Rollenspiele können Spielvorlagen, offene Problemgeschichten und Bildfolgen sein.	In einem Unterricht über das Thema »Luftverschmutzung« hat sich die Klasse für die Entwicklung eines Flugblattes entschieden; das Flugblatt ist bereits entwickelt und die Verteilung an Straßenpassanten steht an. Die Klasse unterhält sich über diese Situation und deren Schwierigkeiten, z. B. über Reaktionen der Passanten: – gehen achtlos vorbei – beschimpfen die Verteiler – diskutieren Reaktionen der Flugblattverteiler: – ängstlich – ärgerlich – fühlen sich nicht kompetent Reaktionen auf den Inhalt des Flugblattes: – wird nicht ernst genommen – Daten werden angezweifelt Die Diskussion führt zur Beschreibung mehrerer Situationen, die jeweils in einem Rollenspiel aufgegriffen werden können.
Einstimmung (warming up) Führt man ein Rollenspiel zum erstenmal durch, müssen die Teilnehmer besonders motiviert und die Spielhemmungen genommen werden. Der Einstieg geschieht über ein bekanntes Problem.	Es sollte eine möglichst einfache und begrenzte Situation ausgewählt werden, z. B. »Passanten gehen achtlos vorüber«.

Erklärung der Situation
Die Situation wird erklärt und die in der Geschichte beteiligten Personen aufgezeigt, d. h. die Rollen sollen erkannt und Rollenvorschläge gemacht werden.

Z. B. Situation: »Passanten beschimpfen die Flugblattverteiler«
Rollen: mehrere Passanten
1–2 Flugblattverteiler.
Die Klasse schlägt vor, welche Art der Beschimpfungen möglich sind, beispielsweise:
Beschwerden über die Häufigkeit des Themas Umweltverschmutzung
Beschwerden über die Aktivität von Schülern
und gibt Vorschläge für das Verhalten der Flugblattverteiler:
mit Fakten argumentieren
Messungsergebnisse mitteilen
nach dem Grund der Beschimpfung fragen.

Die Erklärung und Verteilung der Rollen
Die Verhaltensvorschläge werden aufgegriffen und die Rollen verteilt.

Rolle der Zuschauer
Zum Verstehen der dargestellten Rollen und des Handlungszusammenhanges ist die Beobachtung wichtig. Am Anfang werden Beobachtungsaufträge an die Zuschauer gegeben, z. B. Beobachtung nur eines Spielers, wie es mit der Übertragbarkeit in die Realität ist, welche anderen Handlungsalternativen gibt es?

Einige Zuschauer achten beispielsweise nur auf die Rolle des Flugblattverteilers; welcher Art sind die Argumente? (sachlich, polemisch, emotional). Wie wirkt sein Verhalten (selbstbewußt, kompetent, ängstlich).

Das Rollenspiel
Die Spieler müssen die gespielten Rollen antizipieren, gleichzeitig fließen eigene Vorstellungen zur Problemlösung in die Darstellung ein. Das Spiel selbst sollte sanktionsfrei verlaufen.

Diskussion
Die Darstellung und der Handlungszusammenhang werden analysiert. Rollenspieler sollen ihr Verhalten begründen, während die Zuschauer Handlungsalternativen angeben. Der Leiter macht den Ursache/Wirkungszusammenhang von Handlungen einsichtig.

Die Spieler erläutern, welche Gefühle sie hatten. Die Äußerungen der Flugblattverteiler und Passanten werden analysiert und die dahinter stehenden Motive und Einstellungen erklärt (z. B. Interessenlosigkeit).

Wiederholung des Rollenspiels
Verschiedene Techniken können angewandt werden: z. B. es wird ein Rollenwechsel vorgenommen; Übernahme der Rolle des Gegenspielers (komplementäre Rolle); Wiederholung einer Rolle, d. h. die gleiche Rolle wird durch dieselbe Person noch einmal gespielt; das Doppeln, d. h. ein Zuschauer stellt sich hinter einen Spieler und äußert die erlebten Empfindungen des Spielers.

Die Szene »Passanten beschimpfen die Flugblattverteiler« kann noch einmal wiederholt werden. Die Schüler versuchen mit Hilfe verschiedener Argumente und Verhaltensvorschläge in der Diskussion adäquater auf die Passanten zu reagieren.

Beim Rollenspiel sollte der Lehrer als Diskussionsleiter fungieren und zurückhaltend mit seinen Einstellungen und Wertungen sein. Er muß ferner ein Lernklima schaffen, das es Schülern erlaubt, eigene Einstellungen und Probleme angstfrei thematisieren zu können.

2.4.3.5. Gruppenarbeit

Gruppenarbeit eignet sich zur Gestaltung von Ökologie- und Umweltunterricht, weil dieser oft größere Themenkomplexe zum Gegenstand hat. Diese Komplexe weisen verschiedene Aspekte auf, die unter Umständen in kleinen Arbeitsgruppen herausgestellt werden können. Zudem ist die Umweltproblematik stets auch mit sozialen Prozessen in und zwischen Gruppen verquickt. Es ist deshalb naheliegend, daß das Lernen über diese Zusammenhänge auch in Gruppen erfolgt.
Gruppenarbeit ist eine schon längst bekannte Unterrichtsform. Sie soll hier deshalb nur grob skizziert werden.

a) Besondere Merkmale der Gruppenarbeit

Bei Gruppenarbeit lernen drei bis fünf Schüler gemeinsam. Sie haben zum Ziel, eine Aufgabe zusammen zu bearbeiten.
Die Schüler in der Lerngruppe informieren sich gegenseitig über Dinge, die sie nicht wissen. Einzelne Probleme, die vom Thema her gegeben sind, werden durch Beiträge der verschiedenen Gruppenmitglieder zu lösen versucht.
In der Schulsituation teilt sich in der Gruppenarbeit die Gesamtklasse in mehrere kleine Gruppen auf. Dabei berichten einzelne Gruppen nach der Gruppenarbeit der gesamten Klasse oder anderen Gruppen.
Im arbeitsgleichen Gruppenunterricht befassen sich alle Gruppen einer Klasse mit der gleichen Aufgabe, im arbeitsteiligen Gruppenunterricht können einzelne Gruppen besondere Interessen oder Kenntnisgebiete bevorzugen. Die einen befassen sich z. B. mit Leitorganismen als Indizien für Belastungsstufen von Gewässern, andere mit Fragen der Verursachung von Gewässerbelastung. Dadurch lassen sich besondere Fachkenntnisse und Interessen der Schüler speziell berücksichtigen. Das kom-

plexe ökologische Gesamtthema braucht nicht erschöpfend von allen behandelt zu werden. Doch muß für einen wirksamen Informationsaustausch zwischen den Gruppen gesorgt werden. Das geschieht am besten in Plenumsphasen, die Lehrer und Schüler sorgfältig vorbereiten.

b) Möglicher Ablauf

Wenn Gruppenarbeit kein Standardverfahren in einer Klasse ist, kommt der Gruppenbildung eine besondere Bedeutung zu. Diese kann nach Zuneigung unter den Schülern erfolgen. Eine solche Form der Schülergruppierung empfiehlt sich aber nur bei kurzen Phasen arbeitsgleicher Gruppenarbeit. Im arbeitsteiligen Gruppenunterricht werden am besten themenbezogene Gruppen gebildet.

Je nach den Schülervoraussetzungen sind sowohl unterschiedliche Formen der themenbezogenen Gruppenbildung wie auch der Gruppenarbeit selbst zu wählen. Hat man es mit Schülern zu tun, die das Kooperieren in Kleingruppen noch wenig geübt haben, so wird man die Schülergruppierung und die Gruppenarbeit selbst stärker lenken müssen als bei Schülern, die in Gruppenarbeit bereits erfahren sind. Die fehlenden oder unvollkommenen Handlungskompetenzen ungeübter Schüler wie z. B. mangelnde Lernselbständigkeit, Kooperations-, Kommunikations-, Kritik-, Planungsfähigkeit kann man durch sorgfältig vorbereitete Lernmaterialien zum Teil ausgleichen. Wo Schülermaterialien nicht weiterhelfen, muß es der Lehrer persönlich tun. Dabei sollte er im Interesse einer sich vervollkommnenden Gruppenarbeit gezielt die notwendigen Handlungskompetenzen der Schüler entwickeln. Die Bedeutung dieser Erziehungsaufgabe für die Qualität der Gruppenarbeit kann man kaum überschätzen. Konkrete Hilfen finden sich bei Bürger (1977) oder Hülshoff, Kaldewey (1976).

Der Lehrer hat im Gruppenunterricht im wesentlichen drei Aufgaben zu erfüllen, nämlich Beratung, Erziehung und Integration. Beraten und erziehen muß der Lehrer in jedem Gruppenunterricht, unabhängig von der spezifischen Form der Lernorganisation. Die Beratungsfunktion ist deshalb zu betonen, weil das gegenüber der verbreiteten lehrerzentrierten Unterrichtsform zurückgenommene Auftreten des Lehrers im Gruppenunterricht keineswegs mit Inaktivität gleichzusetzen ist oder mit einem Sich-selbst-überlassen der Schulklasse. Vielmehr lenkt der Lehrer seine ganze Aufmerksamkeit auf die vielfältigen Lern-, Arbeits-, Kooperations- und Verständigungsprobleme der Schüler und versucht, diese abzubauen. Dabei nimmt er seine Erziehungsfunktion wahr: Er entwickelt an den auftauchenden Problemen gezielt Schülerqualifikationen für selbständige Kleingruppenarbeit. Die Integrationsfunktion des Lehrers ist eine wichtige Aufgabe speziell im arbeitsteiligen Gruppenunterricht. Hier besteht eine Tendenz zur Verselbständigung der Arbeitsgruppen und ihrer Ziele, Aktivitäten und Ergebnisse. In häufigen Plenumsphasen kann und muß der Lehrer dieser Tendenz entgegenzusteuern versuchen.

Die Gruppenarbeit selbst unterliegt einigen Spielregeln, die eine themenzentrierte Arbeit ermöglichen (Beispiele: Stets soll nur einer sprechen; sich kurz fassen; Diskussionsstand von Zeit zu Zeit zusammenfassen; Beteiligung aller Gruppenmitglieder).
Der Ablauf einer Gruppenarbeit kann keinem allgemeinen Schema folgen. Die Varianten für produktive und erfreuliche Gruppenarbeit sind zu groß. Zur Illustration für mögliche Ansätze werden hier ein möglicher allgemeiner Verlauf und ein Beispiel vorgeführt (vgl. Eulefeld u. a., 1979).

Möglicher allgemeiner Verlauf

Entwerfen eines Arbeitsplanes
In dieser Phase werden in der Schulklasse zunächst einige Grundprobleme innerhalb eines komplexen Unterrichtsthemas aufgeworfen. Daraus werden Fragestellungen, Arbeitsaufgaben oder Teilthemen für einen arbeitsteiligen Gruppenunterricht entwickelt.

Ein Beispiel

Zwei Filme »Belastetes Wasser« und »Wasser und die Gemeinde« sowie schriftliches Lernmaterial führen in den Problemkreis des komplexen Unterrichtsthemas »Wasserverschmutzung« ein. In der Klassendiskussion werden Teilthemen für einen arbeitsteiligen Gruppenunterricht entwickelt. Sie lauten:
– Leitorganismen für die Beurteilung der Gewässerqualität in der eigenen Gemeinde;
– Sauerstoffanalysen für die Ermittlung der organischen Gewässerbelastung in der eigenen Gemeinde;
– Leistungen der Gemeinde für die Gewässerreinhaltung;
– Verursacher und Betroffene der Gewässerbelastung.

Gruppenbildung
Es wird eine möglichst sach- und nicht so sehr personenorientierte Gruppenbildung versucht.

Die Schüler erhalten in Form von Themenübersichten schriftliche Materialien, die über spezielle Ziele, inhaltliche Fragestellungen, Arbeitsweisen und mögliche Arbeitsschwierigkeiten informieren. Auf dieser Basis können die Schüler zu sachorientierten Themenwahlen gelangen.

Bearbeitung der verschiedenen Gruppenthemen
Die bei der sachorientierten Gruppenbildung zustandegekommenen Teilgruppen bearbeiten nun ihr jeweiliges Teilthema. Günstig ist es, wenn ihnen dabei Gruppenarbeitsräume zur Verfügung gestellt werden können. Noch

Anhand von schriftlichen Arbeitshilfen (Gruppenleitprogrammen) werden im arbeitsteiligen Gruppenunterricht die einzelnen Themen bearbeitet. Die Leitprogramme enthalten Texte zu fachlichen Inhalten und Unterrichts-

unerfahrene Gruppen benötigen schriftliche Arbeitshilfen.

prozessen, zu Vorbereitungen von Exkursionen und Befragungen, Anleitungen zu Experimenten, Anregungen zur Reflexion des eigenen Vorgehens. Weiter erhält der Schüler themenübergreifende Anleitungen zur Gruppenarbeit; sie sollen kooperationsfördernde Verhaltensweisen bewußt machen.

Plenumsphasen
Gemeinsame Plenumsdiskussionen der ganzen Klasse sind wichtig für die Integration der Ziele, Aktivitäten und Arbeitsergebnisse der arbeitsteilig vorgehenden Teilgruppen. Der Lehrer muß die Plenumsphasen intensiv mit vorbereiten helfen. Ferner ist hier Gelegenheit, Arbeitsweisen für produktive und erfreuliche Gruppenarbeit zu thematisieren.

Beim Thema »Wasserverschmutzung« sollen die Plenumsphasen folgende Zwecke erfüllen:
(1) Laufende Korrektur und/oder Prüfung der Eingangshypothesen über Verursacher der Gewässerverschmutzung aus der Sicht der einzelnen Themengruppen; hierbei besteht die Möglichkeit, Vorurteile zu thematisieren und zu erkennen, wie schwierig die Beweisführung bei der Verursacherproblematik ist.
(2) Abstimmung und Begründung der weiteren Vorhaben; beides ist notwendig, weil die Aktivitäten und Ergebnisse der einen Arbeitsgruppe wegen des Zuschnitts der Gruppenthemen Auswirkungen auf die anderen Gruppen haben. Die gegenseitige Angewiesenheit der verschiedenen Themengruppen wird hierbei deutlich.
(3) Entwicklung von zentralen Begriffen und Zusammenhängen (vgl. Schlüsselbegriffe, z. B. Leitorganismen).
(4) Diskussion von positiv und/oder negativ aufgefallenen Gruppenprozessen zwecks Förderung der Teamfähigkeit der Schüler.

Schlußdiskussion und gemeinsamer Schlußbericht
Im ausführlichen Klassengespräch werden
– die wichtigsten Arbeitsergebnisse zusammengetragen;
– die angewandten Arbeits- und Kooperationstechniken reflektiert;
– eine Gliederung für den Schlußbericht besprochen.

Mögliche Leitfragen für die Schlußdiskussion:
(1) Was haben wir über Probleme der Wasserverschmutzung in unserer Gemeinde gelernt? Wovon waren wir besonders überrascht? Was ist von unseren Erkenntnissen typisch für Probleme der Wasserverschmutzung in grö-

Der Schlußbericht wird dann im arbeitsteiligen Verfahren von der ganzen Klasse angefertigt. Nach Ausarbeitung des Berichts wird in der Klasse u. U. noch eine Endredaktion vorgenommen.

ßeren Regionen?
(2) Wie sind wir bei der Bearbeitung des Unterrichtsthemas vorgegangen? Welche Schwierigkeiten gab es dabei? Wie haben wir sie überwunden?
(3) Was haben wir über Zusammenarbeit in Kleingruppen gelernt? Was kann man davon in neuen oder anderen Gruppensituationen anwenden? Welche Erkenntnisse sind besonders schwer praktisch umzusetzen? Warum?
Mögliche Gliederung des Schlußberichts:
1. Wasserverschmutzung als Problem unserer Gemeinde (Gewässerzustand, Betroffene, Verursacher)
2. Wasserverschmutzung als überregionales Problem (Probleme der zunehmenden Wasserknappheit, des Verursacherprinzips, der Arbeitsplatzbeschaffung, der Steuerinteressen, der wirtschaftlichen Konkurrenzfähigkeit).
3. Auf neue Arbeitssituationen übertragbare Arbeits- und Kooperationstechniken.

2.4.3.6. Überschneidungen und Ergänzungen der Unterrichtsmethoden

Die beschriebenen Unterrichtsmethoden unterscheiden sich nicht in jedem Aspekt sehr stark voneinander. So kann etwa der Projektunterricht Fallbeispiele oder Simulationen oder Kleingruppen vorsehen. Das Simulationsspiel wiederum enthält Elemente des Rollenspiels. Dem Rollenspiel, Simulationsspiel und der Fallstudie ist gemeinsam, daß durch das Darstellen von Rollen soziale Erfahrungen gemacht werden sollen. Es geht darum, fiktive Probleme, die dem Umweltbereich (in der Vergangenheit, Gegenwart und Zukunft) des Spielenden entnommen sind, zu lösen. Der Spieler wird durch Übernahme realer Rollen in Handlungs- und Entscheidungssituationen geführt. Darin und dadurch erfährt er simulierte Konsequenzen und den Zusammenhang zwischen den Entscheidungen und daraus resultierenden Handlungen.

Unterschiede bestehen darin, daß Simulationsspiele und Fallstudien der »rationalen« Entscheidungsfindung und dem Verständnis des Entscheidungsprozesses dienen, während im Rollenspiel Handlungsfähigkeit aktiviert wird, die Fähigkeit des sich in Personen und in ihre Situationen Hineinversetzens.

Es geht beim Simulationsspiel und bei der Fallstudie mehr um eine adäquate Vertretung von Argumenten einer bestimmten Interessengruppe als um eine Identifizierung mit diesen Interessengruppen. Der Unterschied von Fallstudie und Projektunterricht besteht darin, daß Projekte eher konstruktiven Charakter im Vergleich zum analytischen Charakter von Fallstudien aufweisen.

Teil 3: Konsequenzen aus dem didaktischen Konzept

3.1. Vorüberlegungen zur Strukturierung von Unterricht über das gegenständliche Teilsystem »die Nutzung des Waldes durch den Menschen«

Von Anfang war es das Ziel, neben einer Analyse der Voraussetzungen von Unterricht im Bereich Ökologie und Umwelterziehung, auch *Materialien zu entwickeln, welche direkt als Hilfe bei der Unterrichtsvorbereitung verwendet werden können.*

Die Vorüberlegungen zur Strukturierung von Unterricht über das gegenständliche Teilsystem »Nutzung des Waldes« zielen in diese Richtung. In ihm soll beispielhaft die Nutzung des didaktischen Konzeptes konkretisiert werden.

Die Vorüberlegungen wurden angeregt einerseits durch die ökologischen Thematisierungsgesichtspunkte, die die gezielte Suche nach Aussagesystemen erleichtern, die zum Verständnis des gegenständlichen Teilsystems Wald beitragen. Anderseits war es eine relativ unsystematische Auswahl aus der umfangreichen Literatur, nach der die hier zusammengestellten Thesen, Aussagen und Eindrücke formuliert wurden. Die Vorüberlegungen stellen eine Art brainstorming dar, wie es in der Phase der Planung von Unterricht stets dann notwendig ist, wenn ein neues Thema zu bearbeiten ist, für dessen inhaltliche Struktur noch keine Festlegungen existieren. Es soll hier keine Dokumentation von Fakten erstellt werden, vielmehr geht es um Anregungen für Gruppen, die sich konkret mit der Strukturierung von Unterricht über die »Nutzung des Waldes« beschäftigen. Deshalb ist hier auch auf Zitierung verzichtet worden.

Inzwischen sind diese Vorüberlegungen bei der Entwicklung einer Unterrichtseinheit über den »Schutz des Waldes« mitverwendet worden. Darüber wird im abschließenden Kapitel berichtet.

3.1.1. Vorbemerkungen zur Wahl des Teilsystems

Eines der gewählten gegenständlichen Teilsysteme ist der Wald. Er stellt im Bewußtsein der Menschen einen eigenen Bezirk dar. Er ist vor allem durch seine besondere Struktur gekennzeichnet, aber z. T. auch durch historisch-gesellschaftliche Entwicklungen stark emotional besetzt (»der schöne, der finstere Wald«). Zudem sind wirtschaftliche Entwicklungen wie z. B. Holz- und Wildproduktion und -konsum unter Berücksichtigung des langsamen Wachstums bei steigendem Konsum Inhalte des Begriffs »Wald«.

Die Wahl eines solchen gegenständlichen Teilsystems, das nur dem umgangssprachlichen Begriff »Wald« entspricht, würde nun allerdings geradezu ökologisches Denken verhindern und sollte deshalb nach unserem Verständnis auszuschließen sein. Denn ökologisches Denken soll ja die meisten nicht mitgedachten Untersysteme und Beziehungen berücksichtigen, wie z. B. Boden, Grundwasser, Klima und Interessen der Menschen, also den Wald als sehr komplexes System einbeziehen.

Das hier dargestellte Teilsystem Wald hat denn auch entsprechend dem Ökologieverständnis, wie es in diesem didaktischen Konzept ausgeführt ist, in der Tat einen erheblich weitergefaßten Objektbereich, als es der üblichen Vorstellung entspricht. Das ergibt sich bereits in der Einbeziehung der Nutzung durch den Menschen. Andererseits sollte die Verwendung des »Normalbegriffs« Wald verhindern können, daß die Aussagensysteme sich vom gegenständlichen Teilsystem ablösen.

Die Einbeziehung des Menschen in ein »gegenständliches Teilsystem Wald« ergibt sich daraus, daß Menschen ständig den Wald genutzt, verändert und in seinem Vorkommen auf der Erde radikal eingeschränkt haben. Eine Betrachtung unter dem Aspekt der Ausblendung der Einwirkungen des Menschen, wie das in vielen bekannten Darstellungen üblich ist, ergäbe jedoch ein verzerrtes und sehr viel einseitigeres Bild als bei einer Eliminierung anderer Lebewesen. Denn der mitteleuropäische Wald ist heute z. B. für das Rehwild lebenswichtiger als für den Menschen; umgekehrt jedoch ist der Wald von Menschen weit mehr verändert worden als vom Wild.

Die Darstellung kann über die hier vorgelegte weit hinausgehen, wenn nämlich die Situation in Entwicklungsländern und die Ausbreitung der Wüsten stärker im Blickpunkt steht oder wenn naturwissenschaftliche Teilbereiche verstärkt aufgearbeitet werden. Wir gehen also nicht davon aus, daß das folgende »brainstorming« alle ökologischen Aspekte oder eine repräsentative Auswahl von ihnen berücksichtigt.

Die Begriffsbeschreibung des »Waldes« ist als eine erste Näherung anzusehen. Dazu werden hier acht ökologische Thematisierungsgesichtspunkte verwendet, deren Abfolge in diesem Konzept beliebig ist. Der globale Aspekt ökologischer Problemstellungen ist nicht als gesonderte Denkfigur herausgestellt, sondern jeweils thesenartig an den entsprechenden Stellen eingearbeitet worden.

Die aufgeführten Beispiele für sachstrukturelle Aussagen und Thesen zu Ursachen und Lösungen ergeben sich nicht zwingend in der Reihenfolge. Es wurde hier ein breites Spektrum, jedoch nicht Vollständigkeit angestrebt.

3.1.2. Beispiele für Feststellungen und Thesen, die den Thematisierungsgesichtspunkt »Historische Entwicklung« verwenden.

1. Methoden der waldhistorischen Forschung sind die Paläobotanik, die Sporen- und Pollenanalyse, die historisch-ökonomische und die sozio-historische Analyse.
2. Wälder gibt es auf der Erde seit ca. 250 Mill. Jahren.
3. Das Vorkommen der Wälder auf der Erde hat sich im Laufe der Erdgeschichte parallel zu geologischem (Polverschiebung) und klimatischem Wandel geändert (südhemisphärische Eiszeit im Permokarbon, mit Gletschern in Südafrika, Südamerika, Australien und Vorderindien; arktotertiäre Flora und Steinkohlebildung in heute polaren Gebieten, wie Spitzbergen, mit feuchtwarmem Klima; Wärmezeit im Mesozoikum; Abkühlung ab Ende der Kreidezeit, Entstehung der Laubwälder, Gebirgsbildung im Tertiär).
4. In der Kreidezeit herrschten immergrüne Wälder vor; seit dem Tertiär gibt es auf der Südhalbkugel vorwiegend immergrüne Laubwälder, auf der Nordhalbkugel sommergrüne Laubwälder und immergrüne Nadelwälder. Während der Eiszeiten wurden die Wälder unserer Breiten von einer Tundrenvegetation verdrängt.
5. Die Veränderung ursprünglicher Wälder beginnt in der Altsteinzeit, in der z. T. Feuer zum Jagen benutzt wurde. Größere Veränderungen verursachten Hirtenvölker vor ca. 8000 Jahren durch Brandrodung zur Vergrößerung der Weideflächen. Ackerbauern setzten die Waldzerstörung fort (in Mitteleuropa nach 3000 v. Chr.), indem sie rodeten und Waldweide betrieben.
6. Im Mittelalter wurde in Europa »Wald« mit »Barbarei« verknüpft. Rodungen dienten nicht nur der besseren Bodennutzung durch die zunehmende Bevölkerung, sondern auch der Sicherung des Machtanspruches von Kirche und Staat. Unter Karl dem Großen erhielt jeder Arbeitsfähige ein Stück Wald zur Rodung zugeteilt.
7. Großflächige Rodungen führten in warmen Klimaten z. T. zur völligen Zerstörung des Bodens (vollständige Rodung von Attika im 5. Jh. v. Chr., Waldrodungen im Mittelmeergebiet während des ganzen Mittelalters zur Brennholz-, Bauholz- und Weideflächengewinnung).
8. Jeder sechste Quadratmeter des Festlandes ist zur Zeit von Wüste oder Trockensteppe bedeckt. Viele dieser Gebiete weiten sich gegenwärtig aus. Dies ist u. a. auch auf kurzsichtige menschliche Eingriffe zurückzuführen, die die langfristigen Folgen (Ausbreitung von Wüsten) zugunsten kurzfristiger Bedürfnisbefriedigung übersehen.
9. Rodungen zum Zweck industrieller Holzverwendung (Metallbearbeitung, Glasfabrikation: Holzkohle, Pottasche; Grubenholz, Schiffsbauholz) führten im 16. Jahrhundert in Europa zur Holzknappheit.

10. Steigende Holzpreise im 18. und 19. Jh. waren günstig für die Waldentwicklung. Die Einführung der Steinkohlefeuerung senkte jedoch die Preise rapide und wirkte sich ungünstig auf den Wald aus (Waldanbau »lohnte nicht«). Vermehrte Getreideeinfuhr bewirkte erneute Aufforstung.
11. Der Wald wurde z. T. aus individuellem oder speziellem wirtschaftlichem Interesse geschont: So sicherten sich Grundherren im Mittelalter Jagdgebiete durch Einrichtung von Bannforsten mit Rodungsverbot. Eichenwälder wurden für die Schweinemast genutzt und dafür geschützt.
12. Nach Einführung der Kartoffel in Mitteleuropa (18. Jh.) hörte die Bewirtschaftung der Eichenwälder auf, und Buchenwälder kamen an ihre Stelle (Beschattungsresistenz der Buche).
13. Um dem Holzmangel zu begegnen, erfolgte die erste künstliche Aufforstung mit Kiefernsaat in Nürnberg 1368.
14. Die Waldzusammensetzung hat sich aus wirtschaftlichen Gründen verändert: Vorherrschen des Nadelholzes gab es im Mittelalter nur in Ostdeutschland, den Alpen und Mittelgebirgen; heute enthalten mehr als 50 % der Wälder mehr als 75 % Nadelholz.
15. Waldschutz ist Ausdruck der Fürsorge für kommende Generationen. Vorteile von Schutzmaßnahmen kommen erst nach 50 bis 100 Jahren zur Auswirkung. Waldschutz fordert Hintansetzen individueller Interessen.
16. Das Interesse an extensiver Waldnutzung führte in vielen Gebieten der Erde zur Waldzerstörung (Mittelmeergebiet, naher Osten, Nordafrika, Nordamerika).
    In anderen Gebieten war bei den Menschen der Gedanke der Umweltpflege für nachfolgende Generationen in Form religiöser Gesetze entscheidend für die Erhaltung der Wälder (z. B. Kongo-Pygmäen, Amazonas-Indianer).
17. Die Unstrukturiertheit und Unüberschaubarkeit natürlicher Wälder förderte in Europa die Bestrebungen der Mächtigen, zur Erweiterung ihres Machteinflusses die Verbreitung von Klöstern und Siedlungen zu betreiben und die Menschen zur Rodung von Wäldern anzuhalten.
18. Das Interesse an individueller (Brennholz) und industrieller Holzverwertung (für Bauten, Holzkohle, Glasherstellung etc.) kollidierte in Europa im Mittelalter mit dem Interesse an der Erhaltung von Jagdwäldern.
19. Das Interesse der Waldbesitzer an hohen Erträgen begünstigte vom 14. Jahrhundert an den Anbau von Nadelholzmonokulturen. Das profitorientierte Interesse an reinen, rentablen Wirtschaftswäldern kollidiert heute zunehmend mit den Interessen am Erholungswald, an der Erhaltung funktionsfähiger Böden und eines ausgeglichenen Wasserhaushalts der Länder, was weltweit zu umfangreichem Aufforsten führt, während noch an anderen Stellen Raubbau betrieben wird.

20. Moderne Forstwissenschaft in Mitteleuropa fördert eine nachhaltige Waldnutzung, die dem industriellen Interesse (Papier-, Zellulose-, Spanplattenindustrie) nach Einrichtung von Holzplantagen, die maschinell zu bearbeiten sind, entgegensteht.

3.1.3. Beispiele für Feststellungen und Thesen, die den Thematisierungsgesichtspunkt »Zerstörung oder Erhaltung der Biosphäre« verwenden: Menschliche Eingriffe in den Wald und ihre unmittelbaren Folgen.

1. Mit steigendem Nahrungsbedarf steigt der Holzeinschlag zur Gewinnung landwirtschaftlicher Anbauflächen.
2. Mit steigendem kulturellen Standard und zunehmender Bevölkerungsdichte erhöht sich der Holzverbrauch (z. B. Papier, Häuser, Möbel).
3. Abholzen von Wäldern beschleunigt den Oberflächenwasserabfluß.
4. Beschleunigter Oberflächenwasserabfluß verursacht eine Absenkung des Grundwasserspiegels.
5. Beschleunigter Oberflächenwasserabfluß vergrößert die Flußerosion und die Überschwemmungsgefahr.
6. Kahlschläge in Hanglagen verursachen unmittelbare Bodenerosion.
7. Zur maximalen ökonomischen Ausnutzung vorhandener Bodenflächen werden Monokulturen schnellwachsender Holzarten angepflanzt.
8. Durch Anhäufung der typischen Nahrungsart spezialisierter Schädlinge mit hohem Vermehrungspotential kommt es in Monokulturen leichter zu Kalamitäten als in den standortstypischen Klimaxwäldern.
9. In künstlich angepflanzten standortsfremden Monokulturen (z. B. Fichtenwäldern im mitteleuropäischen Flachland) ist Schädlingsbekämpfung unumgänglich.
10. Chemische Schädlingsbekämpfungsmittel können auch andere Organismen schädigen, unter anderen auch den Menschen.
11. Der Einsatz von Schädlingsbekämpfungsmitteln ist kapitalintensiv.
12. Die Anpflanzung von standortfremden Nadelholzmonokulturen verringert den Gehalt des Bodens an verrottbaren Stoffen und zerstört die Bodenbiozönose.
13. Verringerung der Waldmenge verschlechtert die Lärmschutzwirkung und die Filtermöglichkeit von belasteter Luft in Industrieländern; außerdem beeinträchtigt sie das Freizeitangebot für die arbeitenden Menschen.
14. Die moderne Trennung von Forst und Weide führt zu höherem Holz- und Futterertrag.

3.1.4. Beispiele für Feststellungen und Thesen, die den Thematisierungsgesichtspunkt »Stabilisierung und Veränderung« verwenden: Die Beziehung unmittelbarer und mittelbarer Folgen menschlicher Eingriffe in den Wald.

1. Die unmittelbaren Folgen einschneidender menschlicher Eingriffe in den Wald (Rodung, Monokultur, Begiftung) sind Ursachen für langfristige Folgen dieser Eingriffe. Sie erwachsen aus den kumulativen, additiven und interaktiven Wirkungen der kurzfristigen Prozesse.
2. Kurzfristige Folgen von Rodungen sind:
Veränderung des Mikroklimas, des Bodens und der Biozönose.
Unmittelbare Verfügbarkeit über Kapital.
Langfristige Folgen von Rodungen sind:
Verringerung des Wasserzuflusses zum Grundwasser, Veränderung der chemischen Zusammensetzung und der Struktur des Bodens; erhöhte Bodenerosion in warmen Klimaten und in Hanglagen, Gefahr der Bodenabschwemmung und (an vielen Standorten innerhalb der Biosphäre) der Verkarstung.
3. Kurzfristige Folgen der Anpflanzung von Nadelholz-Monokulturen auf mitteleuropäischem Brachland, also außerhalb des natürlichen Verbreitungsgebietes sind:
Bereicherung der Biozönose. Festlegung von Kapital.
Langfristige Folgen sind:
Absterben der Krautschicht und der darin lebenden Tierwelt, Auflagerung einer nur langsam verrottbaren Rohhumusschicht, Versauerung des Bodens, Verarmung der Bodenbiozönose, an Hanglagen Beschleunigung des Wasserablaufs, Erosionsgefahr, Gefahr von Schädlingskalamitäten, relativ rascher Kapitalertrag von ungünstigen Böden.
4. Kurzfristige Folgen von Begiftung im Wald sind:
Abtötung eines Teils der Insektenpopulation. Verringerung des Schadfraßes. Aufnahme und Speicherung in nicht angezielten Tieren. Anreicherung in der Nahrungskette. Kapitaleinsatz.
Langfristige Folgen: Herauszüchten resistenter Insektenpopulationen, erhöhter Gifteinsatz, Neuentwicklung von Giften, Investitionen der chemischen Industrie, spezialisierter Gifteinsatz, steigender Kapitaleinsatz, Schädigung der Endstufen der Nahrungsketten (Greifvögel, Insektenfresser).

3.1.5. Beispiele für Feststellungen und Thesen zum Thematisierungsgesichtspunkt »Kreisläufe«: biozönotische Kreisläufe, Stoffkreisläufe, Energiefluß und Nutzungskreisläufe

Unter diesem Gesichtspunkt kann man einerseits solche Kreisläufe aufführen, die natürliche Gegebenheiten des Waldes behandeln, zum anderen kann man den Einfluß von Interessenten herausstellen, die den Wald für ihre Zwecke nutzen. Hier ist in vereinfachter Sicht zwischen einer solchen Nutzung zu unterscheiden, die den Wald als lebendes Ökosystem berücksichtigt und erhält und einer solchen Nutzung, die den Wald sehr stark schädigt und letztlich vernichtet.

1. Die Elemente durchlaufen die Nahrungsnetze in Form von ganz verschiedenen Verbindungen und kommen durch Ausscheidung oder Mineralisation wieder in den abiotischen Bereich. Beispiele: Stickstoff-, Sauerstoff-, Kohlenstoff-, Phosphor- und Wasserkreislauf. Die waldinternen Stoffkreisläufe sind mit denen benachbarter Ökosysteme verbunden (z. B. Wasserkreislauf, Kohlenstoffkreislauf).
2. Energie wird in der Nahrungskette nur in einer Richtung weitergegeben. Energie wird von den Organismen im Nahrungsnetz fortlaufend in Wärme, mechanische und chemische Energie und Information übergeführt, und das Fließgleichgewicht wird nur durch dauernde Zufuhr von Energie in der Form der Sonnenstrahlung aufrechterhalten.
3. Wenn in Mitteleuropa die Nutzung des Waldes durch den Menschen aufhört (Waldweide, Rodung ...), stellt sich der Wald bis auf die wenigen ungeeigneten Standorte, wie z. B. Dünen und Hochgebirge, wieder als Schlußstadium der Vegetationsentwicklung ein (natürliche Klimaxgesellschaft). Dies gilt allerdings nur dann, wenn es noch nicht zu einer Verkarstung oder anderen Beeinträchtigungen des Bodens gekommen ist.
4. Bei einer extensiven Bewirtschaftung des Waldes (Raubbau) nimmt die Produktivität ab; d. h. es wird andauernd mehr Biomasse abgezogen als durch Neuproduktion ersetzt werden kann.
5. Die wirtschaftliche und Freizeitnutzung des Waldes bedingt erhebliche Kapitalinvestitionen.
6. Die Anforderungen an die privaten Waldbesitzer, für die Erholungsfunktion des Waldes mehr zu tun, was sie aufgrund der schlechten Ertragslage schwerlich können, müssen durch staatliche und andere Unterstützungsmaßnahmen ausgeglichen werden.
7. Wenn man in der Forstwirtschaft regional oder auch aus einer bestimmten Interessenlage heraus der Meinung ist, den Wald »industriell« nutzen zu sollen bzw. zu müssen, erfordert dies eine homogene Bepflanzung (Monokultur gleichalter Bäume) und zwingt zum Einsatz rationeller Holzerntemaschinen. Durch die darauf erfolgende Steigerung der Produktion werden einerseits hohe Einkommen bzw. Löhne aufgrund der hohen Arbeitsproduktivität erzielt; andererseits kann diese Situation zur Überforderung der Arbeitskräfte und zur Umweltbelastung führen (Bodenschädigung durch Maschinen, Landschaftsschäden, Pestizide).

3.1.6. Beispiele für Feststellungen und Thesen, die den Thematisierungsgesichtspunkt »Dialektik von Mensch und Natur« verwenden: Erhaltung des Lebensraumes Wald mit seinem umfangreichen Artenbestand für Berufs- und Freizeitinteresse von Menschen.

1. »Naturschutz hat die Aufgabe, aus kulturellen, wissenschaftlichen, sozialen und wirtschaftlichen Gründen schutzwürdige Landschaften und Landschaftsbestandteile einschließlich seltener und gefährdeter Tier- und Pflanzenarten sowie deren Lebensstätten zu sichern« (Buchwald, 1973, S. 42).
2. »Die Vegetation ist im Rahmen einer ordnungsgemäßen Nutzung zu sichern, dies gilt insbesondere für den Wald, sonstige geschlossene Pflanzendecken und die Ufervegetation« (Bundesnaturschutzgesetz).
3. In sommergrünen Laubwäldern, wie sie für die meisten Böden Mitteleuropas typisch sind, liegt eine mannigfaltige Biozönose im und über dem Boden vor. (Im Trockenwald kommen ca. 55 Vogelarten vor, während auf der Feuchtwiese nur ca. 9 Arten leben. Von den in Deutschland lebenden 60 Säugetierarten leben 40 vorwiegend oder ausschließlich im Wald).
4. Eine Gefährdung zahlreicher Tierarten ist durch den Verkehr gegeben (Fluglärm: Greifvögel; Säuger und Vögel). Weitere Gefahren sind Chemikalien, die in der Land- und Forstwirtschaft eingesetzt werden. Gefährdete Arten werden zur Zeit in sogenannten Roten Listen zusammengestellt. Da von der Existenz der gefährdeten Arten meistens die weiterer Arten, häufig auch von »Nutztieren«, abhängt, ist die Erhaltung einer vielfältigen Pflanzen- und Tierwelt dringlich.
5. Die Erholungsmöglichkeit im Wald stellt für den Menschen einen wirksamen Ausgleich gegen die Ansprüche einer »denaturierten« Umwelt seines Berufslebens und seines Wohnens dar. Tradition und Umwelt prägen die Einstellungen des Erholungssuchenden.
Wälder unterscheiden sich in ihrem Aussehen. Erholungssuchende ziehen Wälder mit mannigfacher Strukturierung solchen vor, die einheitlich strukturiert sind.
Besonders beliebt sind Wälder mit zahlreichen Waldrändern, Lichtungen und Wasserläufen. Diese unterbrechen das Waldbild und vermitteln einen häufigen Wechsel im Naturerlebnis.
6. Die Erholungsfunktion des Waldes steht in einer Wechselbeziehung z. B. mit der Holzproduktionsfunktion und der Wasserhaushaltsfunktion. Statt der Maximierung einzelner Funktionen muß das Ziel die Optimierung des Gesamteffektes im Hinblick auf die gesetzten Ziele verschiedener Interessengruppen sein.
7. Bürgerinitiativen sind Möglichkeiten, die Sicherung von Wäldern besonders in der Nähe von Ballungszentren durchzusetzen.
8. Waldschutz erfolgt einerseits im Interesse des Waldeigentümers, andererseits im Allgemeininteresse:

Der § 903 BGB: »Der Eigentümer einer Sache kann, soweit nicht das Gesetz oder Rechte Dritter entgegenstehen, mit der Sache nach Belieben verfahren oder andere von der Einwirkung ausschließen«.
Der Art. 14 GG: »Eigentum verpflichtet. Sein Gebrauch soll zugleich dem Wohle der Allgemeinheit dienen. Eine Enteignung ist nur zum Wohle der Allgemeinheit zulässig«.

3.1.7. Beispiele für Feststellungen und Thesen, die den Thematisierungsgesichtspunkt »Variabilität und Einmaligkeit von Biosystemen« verwenden

1. Das biologische Gleichgewicht ist der Zustand einer Lebensgemeinschaft (Biozönose), in dem bei relativ konstanter Außensteuerung (abiotische Faktoren) durch Regulation sowohl das Artenspektrum über einen längeren Zeitraum erhalten bleibt als auch die einzelnen Populationsdichten nur innerhalb konstanter Grenzen schwanken.
2. Bei Vorhandensein klimatischer Mindestvoraussetzungen (ausreichende Feuchtigkeit, mindestens 60 Tage frostfreie Vegetationszeit mit mindestens +10° C mittlerer Tagestemperatur) ist der sommergrüne Laubwald die natürliche Bodenbedeckungsform an den dafür geeigneten Standorten in Mitteleuropa.
3. In der Bundesrepublik Deutschland sind etwa 90% der festen Bodenflächen potentielle Waldflächen; etwa 29% waren 1976 von Wald bedeckt. Das ökologische Gleichgewicht der waldfreien Flächen wird durch zusätzlichen Energieeinsatz sowie durch geplante und umgeplante Stoffgaben und -entnahmen aufrechterhalten.
4. Bäume sind den meisten strauchigen und krautigen Pflanzen in der Lichtkonkurrenz und in der Lebensdauer überlegen.
5. Natürliche Wälder sind wegen der Konkurrenzfähigkeit und Langlebigkeit der Bäume beständige Ökosysteme, die sich über verschiedene Entwicklungsstufen herausbilden.
6. Natürliche Wälder sind komplexe Gefüge aus verschiedenen aneinander und an die herrschenden Standortbedingungen angepaßten Organismenarten, deren Anzahl mit zunehmender Extremität der Standorte abnimmt.
7. Wälder bieten viele unterschiedliche Lebensbedingungen (ökologische Nischen) für verschieden angepaßte Organismenarten (z. B. epiphytische und schattenverträgliche Primärproduzenten, blatt- und holzfressende oder -bewohnende Konsumenten, bodenbewohnende Konsumenten und Reduzenten).
8. Die Erhaltung des Gefüges ist gebunden an die Vorgänge der biotischen und abiotischen Regelung: z. B. erfolgt eine Populationsdichtevergrößerung durch Vermehrung und Zuwanderung; eine Populationsverminderung geschieht durch Vernichtung und Verdrängung.

Temperatur, Feuchtigkeit, Windgeschwindigkeit, Bodeneigenschaften und Lichteinfall sind wichtige abiotische Faktoren.
9. Umfangreiche Gefügeänderungen bei natürlichen Wäldern können auf natürliche Weise entstehen durch meteorologische Einflüsse (Brand durch Blitzschlag; Sturm; Vermoorung durch Grundwasseranstieg), durch klimatische Einflüsse (Veränderung der mittleren Jahrestemperatur; Änderung der jährlichen Niederschlagsmengen) und durch geologische Einflüsse (Vulkanismus, Bodenhebungen und -senkungen).
10. Natürliche Wälder (unberührte Urwälder) existieren in der Bundesrepublik Deutschland nicht. In Baden-Württemberg, Niedersachsen, Nordrhein-Westfalen und Bayern sind »Reservate«, (»Bannwälder«, »Nationalparke«) eingerichtet oder vorgesehen, in denen fast keine oder gar keine Bewirtschaftung mehr erfolgt.
11. Kulturwälder sind die heute vorkommenden Wälder, deren Zusammensetzung vom Menschen beeinflußt ist. Die Erhaltung des gegebenen Zustands ist von steuernden Eingriffen des Menschen abhängig (Züchtung, Durchforstung, Düngung, Bodenbearbeitung, Schädlingsbekämpfung).

3.1.8. Beispiele für Feststellungen und Thesen zum Thematisierungsgesichtspunkt »Multiples Wirkungsnetz«

1. Im Gesamtgefüge eines Waldes sind verschiedene *Zweierbeziehungen* zwischen Individuen als wichtige Systemelemente erkennbar:
1.1. Paarbeziehungen zwischen verschiedengeschlechtlichen Individuen einzelner Arten (Voraussetzung für die Erhaltung der Population).
1.2. Konkurrenz zwischen Individuen mit gleichen Ansprüchen (Erhaltung einer günstigen Besiedlungsdichte ökologischer Nischen).
1.3. Symbiose von Individuen verschiedener Arten (Mykorrhiza-Pilze als Voraussetzung der Lebensfähigkeit vieler Waldbäume; Flechten).
1.4. Wohnbeziehungen (Vogelnester in Bäumen; holzbewohnende Epiphyten, wie z. B. Algen, Flechten).
1.5. Parasitismus (blatt- und holzfressende Baumbewohner; Tierparasiten).
1.6. Nahrungsbeziehungen zwischen Individuen verschiedener Arten.
2. Interaktion verschiedener *Populationen* führt zur Regelung der Populationsdichten (Räuber-Beute-Beziehungen, Nahrungsketten, Nahrungsnetze, Licht-Raum-Konkurrenz bei Waldpflanzen).
3. Interaktion der pflanzlichen, tierischen und mikrobiellen Populationen untereinander und mit den Standortsfaktoren (Licht, Luft, Temperatur, Feuchtigkeit, Wind, Bodenzusammensetzung,

Bodenstruktur) führt zur Entstehung, Erhaltung und Änderung der Biozönose.
4. *Eingriffe von Menschen* sind für Teile der Biozönose umwälzende Veränderungen (z. B. »Reinigung« des Waldes von abgestorbenen Bäumen und Ästen; Abschuß der Räuber; Vereinheitlichung der artlichen und altersmäßigen Zusammensetzung des Waldes; Schädlings- und Lästlingsbekämpfung).
4.1. Durch die Umwandlung eines »natürlichen« in einen »Kulturwald« wird das Beziehungsgefüge zumindest durch die Einbindung in ökonomische Kreisläufe erweitert.
4.2. Durch die Entwicklung zum Kulturwald sind Menschen dann auch gezwungen, konstruktive Maßnahmen (Pflege, Planung, Regeneration, mögliche Annäherung an Typen des »natürlichen« Waldes) zu ergreifen, um das System Wald/Mensch in einem für seine eigenen Nutzungsinteressen möglichst günstigen Gleichgewicht zu erhalten. Solche gleichzeitig auch die Schutz- und Erholungsfunktionen des Waldes berücksichtigenden Forstmaßnahmen setzen sich zumindest in Europa zunehmend durch.
4.3. Die Maßnahmen von Menschen und die daraus folgenden Änderungen führen in dem komplexen System zu geplanten, aber auch zu ungeplanten Auswirkungen. Diese können primär (z. B. Verringerung der Artenzahl; Veränderung der Bodenbiozönose und der Bodenreaktion), sekundär (z. B. Vergrößerung der Individuenzahl unerwünschter Arten, Veränderung der Wasseraufnahmefähigkeit des Bodens und der Abflußgeschwindigkeit; Vergrößerung des Kapitalaufwandes für die Aufrechterhaltung des Gleichgewichts) oder tertiär sein (z. B. Bevorzugung naturnäherer Wälder wegen Kapitalverlust durch Sekundärwirkungen in Monokulturen; Änderung der holzwirtschaftlichen Situation; Bodenerosion bei Kahlschlägen in Hanglagen).

3.1.9. Beispiele für Feststellungen und Thesen, die den Thematisierungsgesichtspunkt »Optimierung von Belastungen« verwenden: Interessengeleitete Eingriffe des Menschen in den Wald und ihre Steuerung durch Gesetz und Kontrolle.

1. Ökonomisch bestimmte Eingriffe in den Wald gibt es u. a. aus folgenden Gründen: Holzproduktion, Jagd, Fremdenverkehr, Sammeln von Reisig, Heilkräutern, Pilzen, Blumen und Beeren.
2. Im Unterschied zum technischen Bereich kann man Umstellungen in der Waldwirtschaft nicht plötzlich vornehmen. Man muß von vorhandenen Beständen und Böden ausgehen. Veränderungen am Wald aufgrund neuer forstwirtschaftlicher Interessen erfordern

hohe Aufwendungen, die erst auf lange Sicht Wirkung zeigen und sich dann auch nur eventuell lohnen.
3. Der Anteil, den die Forstwirtschaft zum Bruttosozialprodukt beisteuert, liegt unter 1%.
4. Maximierung der Wasserlieferung beschränkt die Erholungsnutzung, Holzproduktion und Holzernte und kann zu zusätzlichen Kosten für den Erosionsschutz führen. Maximierung der Holzproduktion vermindert die Wasserlieferung und Jagdnutzung. Maximierung der Jagdnutzung beeinträchtigt die Holzproduktion, Schutzfunktionen, Landschaftsfunktion und Erholungsfunktion. Folglich muß die Wertschätzung einer geleisteten Umweltwirkung die möglichen Verluste bei anderen Wirkungen berücksichtigen. Allgemein gilt für die wichtigsten Umweltfunktionen:
4.1. Holzproduktion: maximaler Massenzuwachs in dichten Beständen im Bereich der natürlichen Grundfläche. Größter Stärkenzuwachs bei extrem niedrigen Grundflächen. Höchster Wertertrag zwischen beiden Extremen.
4.2. Wasserlieferung: maximal von Kahlflächen; minimal von dichten biomasse- und blattreichen Vegetationsformen. Optimal nach Menge und Qualität je nach Zusammenwirken von Biomasse und Austauschintensität aus mäßig dichten bis lichten Waldbeständen.
4.3. Reinigung der Luft: Maximal bei komplexer Struktur, hoher Diversität, großer Biomasse und hoher dynamischer Rauhigkeit, großen Unterschieden in den thermodynamischen Eigenschaften zwischen Waldbeständen.
4.4. Landschafts- und Erholungsfunktion: maximal bei hoher Diversität zwischen Beständen, mittelgroßen Bestandsflächen, hoher Randzahl, vielen Durchblicken, lichter und stufiger Bestockung mit Unterstand und reichem Bodenwuchs.

Die Aufzählung von Gesichtspunkten für den Unterricht ist hier – wie gesagt – nur beispielhaft vorgenommen worden und müßte durch Verwendung der hier nicht genannten Thematisierungsgesichtspunkte erweitert werden.

Es war nicht die Absicht, eine vollständige Bearbeitung vorzulegen, die alle gegenständlichen Teilsysteme und Thematisierungsgesichtspunkte umfaßt. Vielmehr sollte hier beispielhaft die Verwendung von Thematisierungsgesichtspunkten für die Bearbeitung eines Teilsystems demonstriert werden.

3.2. Ein Beispiel für die Entwicklung einer Unterrichtseinheit im Bereich Ökologie und Umwelterziehung: Schutz des Waldes*

3.2.1. Planung

Der Ursprung der Unterrichtseinheit »Schutz des Waldes« (vgl. Kyburz-Graber, 1981) geht auf das Didaktische Konzept Ökologie und Umwelterziehung zurück. Es war das Ziel, die darin enthaltenen Aussagen zur Curriculumentwicklung und die thesenartig aufgebaute Vorstrukturierung des Themenbereichs Wald unter dem Titel »Nutzung des Waldes durch den Menschen« auf ihre Anwendbarkeit in der Praxis zu erproben. In der Planungsphase der Unterrichtseinheit sind später weitere Quellen der Planungsarbeit hinzugekommen. Es sind solche, die unmittelbar mit der Verwendbarkeit des zu erarbeitenden Produktes zu tun haben: Bereits vorhandene Lehrmittel zum Themenbereich Wald und die Untersuchung der realen Schulsituation. Diese beiden Quellen sollen neben dem Didaktischen Konzept etwas ausgeführt werden, um zu verdeutlichen, daß sie zusätzlich einen beträchtlichen Anteil in der Planungsarbeit ausgemacht haben.

Das Didaktische Konzept als Planungsgrundlage:

Die drei Komponenten »gegenständliches Teilsystem«, »Aussagesystem«, »Thematisierungsgesichtspunkte« bildeten einen Kern der Planungsarbeit. Allerdings wurden sie z. T. in etwas anderer Funktion verwendet. Dies wird in 3.2.4. und 3.2.5. erläutert. Aus dem Didaktischen Konzept wurden ferner das Prinzip der interdisziplinären Unterrichtsarbeit, die Problemorientierung und der Einsatz handlungsbezogener Unterrichtsmethoden angewendet. Als ein Schwerpunkt wurde die Integration einzelner Aussagen zu ökologischen Erkenntnissen geplant. Eigene Untersuchungen haben die Notwendigkeit und Bedeutung solcher Integrationsphasen im Ökologieunterricht deutlich gemacht (Kyburz-Graber, 1978a). Ziel war es, diese Erkenntnisse noch weiter auszubauen. Einen weiteren wichtigen Beitrag schließlich konnte das Didaktische Konzept dadurch leisten, daß darin die Nutzung verschiedenster Informationsquellen im Umwelterziehungsunterricht begründet wird. Ohne das Didaktische Konzept und die Anregungen der Arbeitsgruppenmitglieder wäre die Quellenarbeit wohl nie so vielgestaltig geworden.

Vorhandene Lehrmaterialien als Planungsgrundlage:

Auf dem Lehrmittelmarkt besteht bereits eine Vielzahl von Unterrichtsvorschlägen für den Themenbereich Wald. Wie könnte eine Alternative

---

* Autor dieses Teils ist R. Kyburz-Graber

zum bestehenden Angebot aussehen? Diese Frage bestimmte die Planungsarbeit. Nur durch eine gründliche Auseinandersetzung mit vorhandenen Materialien war es möglich, Defizite im Vergleich zu den Aussagen im Didaktischen Konzept zu erkennen und daraus Konsequenzen für die zu entwickelnde Unterrichtseinheit zu ziehen.
Als wichtigste Defizite in den vorhandenen Materialien sind zu nennen:
- Die Bearbeitung des Themenbereichs Wald geschieht nicht problemorientiert;
- Ökonomische Fragen in der Waldbewirtschaftung werden selten bearbeitet;
- Waldwirtschaft wird nicht im Sinne eines Wissensbereiches wie z. B. die Botanik bearbeitet;
- Naturwissenschaftliche Untersuchungen des Waldes werden als Selbstzweck, nicht in Abhängigkeit von einer Problemstellung durchgeführt.

Reale Schulsituation:

Die bekannten Hindernisse für einen Ökologie-/Umwelterziehungsunterricht, wie er gemäß dem Didaktischen Konzept wünschbar wäre, stellen sich bei einer konkreten Entwicklungsarbeit in den Weg. Zu ihnen sind vor allem zu zählen.:

- geltender Lehrplan;
- wenige und meist einzelne Stunden in den Fächern, die am Umwelterziehungsunterricht beteiligt werden sollen;
- mangelnde Bereitschaft und Möglichkeit zur interdisziplinären Zusammenarbeit;
- wenig entwickelte Fähigkeiten der Schüler zur selbständigen Planung, Durchführung und Auswertung von systematischen Untersuchungen;
- wenig ausgebildete Fähigkeiten der Lehrer zur Gestaltung von interessanten, erlebnishaften Lernsituationen;
- wenig Erfahrungen von Schülern und Lehrern im Umgang mit schülerzentrierten Unterrichtsformen.

Mit fortschreitender Entwicklungsarbeit trat die Bedeutung dieser Hindernisse immer stärker zutage. Ein großer Teil der Arbeit mußte deshalb in deren Überwindung gesteckt werden.

3.2.2. Leitideen der Unterrichtseinheit

Leitideen kristallisierten sich erst spät in der endgültigen Form heraus. Doch waren sie implizit, bedingt durch die Auseinandersetzung mit den drei Komponenten des Didaktischen Konzeptes, schon in der Planungsphase enthalten.
Nachträglich lassen sich die drei Konzeptkomponenten zu den Leitideen in Beziehung setzen.

Drei Komponenten des Didaktischen Konzeptes:	Leitideen der Unterrichtseinheit:
Gegenständliches Teilsystem	Problemorientierung, Situationsbezug
Aussagesysteme	Erleben Handlungsorientierung
Thematisierungsgesichtspunkte	Erschließung ökologischer Erkenntnisse

Die ausformulierten Leitideen, wie sie in der Unterrichtseinheit enthalten sind, können die Beziehung zu den drei Komponenten des Didaktischen Konzeptes verdeutlichen:

Leitideen

1. Problemorientierung und Situationsbezug
Die Schüler erleben durch direkte Erfahrung und Aufarbeitung früheren Erfahrungswissens ihre Betroffenheit und entwickeln ein Problembewußtsein gegenüber dem Wald und seinen Wechselwirkungen mit dem Menschen.
Unter Anleitung und in Zusammenarbeit in Gruppen und im Plenum setzen sie das Problembewußtsein in die konkrete Bereitschaft um, ein spezifisches Problem im Wald ihrer eigenen Gemeinde zu identifizieren. *Das Thema Wald verbindet sich auf diese Weise mit der Lebenssituation jedes einzelnen.*

2. Erleben
Die beteiligten Lehrer und Schüler erleben einerseits die ökologische und gesellschaftliche Bedeutung des Waldes durch ansprechend gestaltete Erlebnissituationen im Wald. Andererseits trägt die Art der Problembearbeitung, die sich in verschiedenen sozialen Beziehungsräumen, in anregenden, befriedigenden, aber Schwierigkeiten nicht ausschließenden Lernsituationen abspielt, zum persönlichen Erleben und bedeutsamen Lernen bei.

3. Handlungsorientierung
Die Beteiligten erfahren in der Durchführung von geplanten außerschulischen Erkundungen im Wald, bei Berufsleuten und bei der Bevölkerung, ihre zunehmende Kompetenz für die Bearbeitung von Umweltfragen. Diese vermittelt ihnen die Erkenntnis, daß Wissen in Handeln umgesetzt werden muß, und sie erwerben die Fähigkeit, gewonnene Erfahrungen auf neue Situationen zu übertragen.

4. Erschließung ökologischer Erkenntnisse
Den Beteiligten erschließen sich durch die Problembearbeitung Erkenntnisse über Gesetzmäßigkeiten in ökologischen Systemen und die Möglichkeiten und Gefahren der Beeinflussung dieser Systeme durch den Menschen. Diese Erschließung wird möglich, indem die gewonnenen Erfahrungen nach ökologischen Gesichtspunkten strukturiert und zu einem disziplinübergreifenden Zusammenhang aufgebaut werden.

3.2.3. Erfahrungen als Ausgangspunkt für die Entwicklung

Im Didaktischen Konzept wird die Notwendigkeit der Verarbeitung von einschlägigen Erfahrungen im Schulbereich wenig hervorgehoben. In der hier beschriebenen Entwicklungsarbeit bildeten sie jedoch einen entscheidenden Hintergrund. Es ging vor allem darum, herauszufinden, auf welche Wissensgebiete innerhalb des Themensbereichs Wald die Unterrichtsarbeit konzentriert werden sollte und welche Handlungsmöglichkeiten den Beteiligten offenstehen. Im Sinne des Didaktischen Konzepts (Nutzung verschiedenster Aussagesysteme) wurden möglichst breitgestreute Erfahrungen angestrebt: Schulunterricht, Lernsituationen in Lehreraus- und -fortbildung bildeten Erfahrungsbereiche. Die Ergebnisse lassen sich knapp so zusammenfassen:

– Fragen der Waldpflege, Waldbewirtschaftung stehen im Vordergrund des Interesses bei Schülern wie Lehrern;
– In bezug auf den Wald erkennen Schüler und Lehrer wenig Möglichkeiten zu problemorientiertem Unterricht;
– Schüler und Lehrer können mit dem Wald viel Emotionales verbinden, sie haben aber Mühe, diese Erfahrungen im Unterricht zu nutzen und zu verarbeiten.

Aus diesen und weiteren Ergebnissen bot es sich an, den Einstieg in die Unterrichtsarbeit über sozialkundliche Fragen und persönliches Erleben auszuarbeiten.

Im Didaktischen Konzept ist der Themenbereich Wald als gegenständliches Teilsystem unter dem Titel »Die Nutzung des Waldes durch den Menschen« vorstrukturiert. In Erweiterung dazu will die Unterrichtseinheit »Schutz des Waldes« nicht nur den Nutzungsaspekt, sondern auch subjektive emotionale Erfahrungen der Schüler und verschiedener Personengruppen sowie Fragen der unterschiedlichen Ansprüche, die an den Wald gestellt werden, thematisieren. Ich habe deshalb einen Titel für die Unterrichtseinheit gewählt, der mit einer positiven Fragestellung zur gedanklichen und tätigen Auseinandersetzung herausfordert: Schutz des Waldes, eher als Frage denn als Feststellung zu verstehen.

3.2.4. Verwendung von Aussagesystemen (Wissensbereichen)

Für die Entwicklungsarbeit sind solche Aussagesysteme gesucht worden, die einen direkten Beitrag zur Bearbeitung einer konkreten Problemsituation »Wald« leisten konnten. Dieses Kriterium ist von besonderer Bedeutung bei der Auswahl naturwissenschaftlicher Arbeitsmethoden innerhalb des Problembereiches Wald. Es gibt zwar eine Vielzahl von zum Beispiel biologischen Arbeitsmöglichkeiten, aber wenige sind in dem Sinne ausgearbeitet, daß sie zur Lösung eines konkreten Waldproblems herangezogen werden können.

Das Aufsuchen von geeigneten Aussagesystemen ist in dieser Unterrichtseinheit zur langwierigsten Arbeit geworden. Wird das Nutzen verschiedenster Quellen ernst genommen, bedeutet es einen riesigen Zeitaufwand, diese ausfindig zu machen und so umzuarbeiten, daß sie für die Hand des Schülers (und Lehrers) geeignet sind. Es wäre sinnvoll, wenn solche Arbeiten von einem Lehrerteam geleistet werden könnten.
Während der Entwicklungsarbeit hat es sich erwiesen, daß innerhalb der im Didaktischen Konzept genannten Bereiche der Aussagesysteme im wesentlichen Erkenntnisse, Methoden, Wertvorstellungen und überliefertes Wissen als Aussagen genutzt werden konnten. Weitere Bereiche, die im Didaktischen Konzept beschrieben werden, wie Instrumente, Anfangssetzungen, Suchschemata, sind zwar implizit in verschiedenen Wissensbereichen enthalten, die in die Unterrichtseinheit eingeflossen sind. Doch erschienen sie mir zu theoretisch, als daß sie für Unterrichtszwecke weiter herausgearbeitet werden könnten. Besonderes Gewicht ist auf außerwissenschaftliche Aussagen gelegt worden.
Beispiele von Quellen für Aussagen in der Textsammlung der Unterrichtseinheit:

– Gespräche mit Waldfachleuten
– Untersuchungen und Ergebnisse der Bodenbiologie
– Berichte über Wildschadenprobleme
– Journalistische Beiträge
– Wissenschaftliche Arbeit über physikalische Eigenschaften der Wald- und Freilandböden
– Wissenschaftliche Arbeit zur Planung von stadtnahen Erholungswäldern
– Lehrbücher zur Waldwirtschaft
  usw.

Die Sucharbeit für das Zusammenstellen von Aussagesystemen führte ich nicht systematisch durch. Doch ließ sich später eine gewisse Systematisierung für die Benutzer der Unterrichtsmaterialien finden. Sie ist für die Charakterisierung der Texte in der Textsammlung verwendet worden. Diese werden dort unter folgenden Beschreibungskategorien aufgeführt:

– Titel-Stichwort
– Aufgabe des Textes
– Zielbegriffe (implizit oder explizit im Text enthalten)
– Hauptquellen des Textes
– vorgeschlagene Lernsituationen bei der Textbearbeitung
– schriftliche Produkte der Textbearbeitung
– Voraussetzung für das Verständnis des Textes
– Transparente, Dias, usw., die für die Textbearbeitung zusätzlich eingesetzt werden können.

Durch eine solche Systematisierung können die Benutzer in den Stand gesetzt werden, die Texte kritisch zu verwenden und, wenn nötig, durch eigenes Material zu ergänzen.

Zusätzlich zu den in der bestehenden Textsammlung genutzten Informationsquellen suchen und verarbeiten die Schüler selbständig Informationen, wenn sie die Gruppenthemen bearbeiten. Sie werden für diese Arbeiten systematisch angeleitet (Gruppenanleitungen für Schüler als Teil der Unterrichtseinheit.)

3.2.5. Funktion und Auswahl der Thematisierungsgesichtspunkte

Aufgaben der Thematisierungsgesichtspunkte gemäß dem Didaktischen Konzept sind es, Teilsysteme und Aussagesysteme mit bestimmten ökologischen Denkfiguren zu strukturieren. Es gehe darum, überdauernde, grundsätzliche ökologische Betrachtungs- bzw. Erklärungsformen und Handlungsformen einzubringen, heißt es im Didaktischen Konzept (S. 86). Ferner sollen die Thematisierungsgesichtspunkte unter anderem integrierende Funktion für inhaltliche Aussagenbereiche aus verschiedenen Disziplinen, für lebensweltliche Bezüge und prozessuale Verfahren sowie erkenntnisleitende Funktionen für den Unterricht haben (S. 87).

Alle diese Aussagen sind auf der theoretischen Ebene nachvollziehbar, doch die Umsetzung für den Unterricht war ein schwieriges Problem. Wie sieht der Unterricht aus, wenn Inhalte mit den Thematisierungsgesichtspunkten strukturiert werden? Wie bekommen die Thematisierungsgesichtspunkte eine erkenntnisleitende Funktion für die Schüler? Wie können die Schüler Kenntnisse zu ökologischen Erkenntnissen integrieren usw.

Während der Entwicklung der Unterrichtseinheit hatten die Thematisierungsgesichtspunkte für mich selbst eine wegleitende Funktion, indem ich angeregt wurde, diese in die Arbeit mit den Schülern zu integrieren. Hingegen war für mich von Anfang an klar, daß ich hinsichtlich der Funktion der Thematisierungsgesichtspunkte einen eigenen Weg beschreiten würde. Nach meiner Erfahrung würden die Schüler kein Verständnis dafür zeigen, wenn Theorieaspekte zu sehr in den Mittelpunkt gerückt werden. Vor allem scheint es mir kaum möglich, die Schüler während intensiver Gruppenarbeitsphasen für die kognitive Auseinandersetzung mit ökologischen Begriffen zu motivieren. Andererseits besteht die Gefahr, daß vor lauter praktischer Arbeit diese kognitive Phase überhaupt vernachlässigt wird, nachdem die Gruppenarbeiten abgeschlossen sind.

In Anlehnung an eigene systematische Untersuchungen zur Begriffsbildung und ihrer Bedeutung im Biologieunterricht (Kyburz-Graber 1978b) setzte ich die Thematisierungsgesichtspunkte zur nachträglichen Strukturierung und Festigung von Erfahrungen und Erkenntnissen ein. Da mir die Integration der Ergebnisse in einem Ökologie/Umwelterziehungsunterricht eine besonders wichtige und schwierige Phase scheint, lag es mir daran, in der Unterrichtseinheit dazu methodische Möglichkeiten aufzuzeigen.

So wird in der Unterrichtseinheit angeregt, die Ergebnisse der sozialkundlichen und naturwissenschaftlichen Gruppenarbeiten unter bestimmten Begriffen (Thematisierungsgesichtspunkten) nochmals aufzuarbeiten. Zu diesen Begriffen gehören z. B. Interessenkonflikte, ökologische Beziehungen, Lernerfahrungen. Die Begriffe werden in der Unterrichtseinheit Zielbegriffe genannt, weil sie erst am Schluß mit dem Ziel der Erkenntnisgewinnung eingesetzt werden. Unten werden zwei Beispiele der Integrationsphase näher ausgeführt.

Auswahl der Thematisierungsgesichtspunkte als Zielbegriffe
Aus der von mir gewählten Funktion der Thematisierungsgesichtspunkte als Zielbegriffe ergaben sich verschiedene Formulierungsänderungen gegenüber der Begrifflichkeit im Didaktischen Konzept. Die Zielbegriffe sollen für die Schüler gut verständlich sein, wenn möglich herausfordernd wirken und vor allem in ihrer Anzahl beschränkt sein. Die Schüler brauchen mindestens eine halbe Stunde Zeit, um mit einem Zielbegriff zu arbeiten. Sie sollen auch erkennen, daß die gleichen Zielbegriffe eine unterschiedliche Bedeutung und Aussagekraft bekommen, je nachdem, mit welchem Wissen sie in Verbindung gebracht werden. Deshalb wählte ich zwei Zielbegriffe zur Strukturierung sowohl der sozialkundlichen als auch der naturwissenschaftlichen Erkenntnisse. Notwendig erschien es mir, die subjektiven Erfahrungen der Schüler ebenfalls als Strukturierungsmittel einzusetzen, um den emotionalen Anteil in der Verarbeitungsphase zu verstärken. Aus diesem Grund wählte ich den Zielbegriff »Lernerfahrungen«, obwohl er im Didaktischen Konzept nirgends als Thematisierungsgesichtspunkt erscheint.

Folgende Zielbegriffe sind in der Unterrichtseinheit verwendet:

Zielbegriffe		entsprechende Thematisierungsgesichtspunkte
Interessenkonflikte Zerstörung oder Erhaltung des Waldes Komplexes Wirkungsgefüge Lernerfahrungen	zur Integration der sozialkundlichen Ergebnisse	Allgemeinwohl und Lebensqualität der Betroffenen Zerstörung oder Erhaltung der Biosphäre Multiples Wirkungsnetz
Ökologische Beziehungen Kreislauf (Nahrungskette/ Nahrungsnetz) Komplexes Wirkungsgefüge Lernerfahrungen	zur Integration der naturwissenschaftlichen und der gesamten Ergebnisse	Beziehungsgefüge in ökologischen Systemen Kreislauf/Kreisläufe Multiples Wirkungsnetz

Zwei Beispiele: (ausgearbeitet als Arbeitsvorschlag für Lehrer und Schüler)

a) Interessenkonflikte

Arbeitsvorschlag

Jede Gruppe (Zusammensetzung wie bei den Gruppenarbeiten) diskutiert mit Hilfe der eigenen Ergebnisse folgende Fragen: 1. Welche Interessen haben wir bei den verschiedenen Personengruppen vorgefunden? 2. Wie beurteilen wir diese Interessen? 3. Wie zeigen sich die Interessengegensätze in unserem Wald?	Material/Methoden Gruppendiskussion über vorgeschlagene Fragen
Die Gruppen können ihre Erkenntnisse stichwortartig auf eine Folie schreiben und diese für die anschließende Information der anderen Gruppen in Form eines Kurzreferates als Gerüst benutzen.	Ergebnisse auf Folien übertragen
Die Ergebnisse, die in den Kurzreferaten dargestellt werden, können von einem oder zwei Schülern protokolliert und vervielfältigt werden.	evtl. Kurzreferate
In dieser gegenseitigen Informationsphase und der anschließenden Diskussion können bereits Ideen für eine spätere Projektarbeit gesammelt werden.	
Was bedeutet der Zielbegriff Interessenkonflikte? Versucht, diesen Begriff allgemein zu definieren.	Definition des Zielbegriffes

b) Komplexes Wirkungsgefüge
(2. Phase: Integration aller Ergebnisse)

Bei der Erarbeitung dieses Zielbegriffes geht es darum, das Verständnis zu erweitern, indem das Wirkungsgefüge, das im ersten Unterrichtsabschnitt auf einer Wandzeitung dargestellt worden ist, durch neugewonnene Erkenntnisse ergänzt wird.

Arbeitsvorschlag	Material/Methoden
Die Vorarbeit sollte in Gruppen geleistet werden. Diese sind so zusammenzusetzen, daß ein möglichst vielfältiges Wissensspektrum gewährleistet ist.	
Die Gruppen sollen eine Antwortliste zu folgenden Fragen erstellen:	Erstellen einer Antwortliste zu vorgegebenen Fragen
1. Welche biologischen, physikalischen und chemischen Faktoren begünstigen die Nachhaltigkeit der Waldwirkungen?	
2. Welche Faktoren wirken der Nachhaltigkeit der Waldwirkungen entgegen?	
Jede Gruppe kann nun versuchen, auf der Grundlage der bereits bestehenden Darstellung des Wirkungsgefüges auf einer Wandzeitung ein umfassenderes Gefüge zusammenzustellen, indem die Faktoren aus der erstellten Liste eingearbeitet werden.	Erweiterte Darstellung des Wirkungsgefüges auf der Wandzeitung

Es ist empfehlenswert, das Wirkungsgefüge wiederum, wie bei der Verarbeitung der sozialkundlichen Ergebnisse in zwei Schritten aufzuzeichnen:
1. Darstellung des Wirkungsgefüges mit Pfeildiagrammen 1. Stufe*
2. Darstellung mit Pfeildiagrammen
2. Stufe ($\xrightarrow{\oplus}$ und $\xrightarrow{\ominus}$)
    Dabei müssen die Faktoren als quantifizierbare Größen umschrieben werden.

Ein Beispiel eines komplexen Wirkungsgefüges könnte dann etwa so aussehen, wie es auf der nächsten Seite dargestellt ist.

Wichtig: Dieses Beispiel ist eines von vielen möglichen und stellt eine starke Vereinfachung der viel komplexeren Sachverhalte in Wirklichkeit dar! Es wird deutlich, daß man immer tiefer in die Zusammenhänge vorstoßen und immer noch komplexere Wirkungsgefüge darstellen kann.

Vor den Wandzeitungen sollte nun ein intensiver Informations- und Erfahrungsaustausch in Gang

---

* Diese Darstellungsformen werden in der Unterrichtseinheit genau beschrieben.

kommen. Dieser kann frei, ohne Anweisungen, oder organisiert und strukturiert in der ganzen Klasse und mit geleiteter Diskussion erfolgen. Wichtig ist die Auseinandersetzung mit dem gesamten Problemkomplex »Schutz des Waldes«

Freies Gespräch vor den Wandzeitungen

Mit der hier dargestellten methodischen Umsetzung von Thematisierungsgesichtspunkten in Zielbegriffe habe ich versucht, in der Unterrichtseinheit das oft genannte, aber wenig konkrete Ziel »Verständnis von ökologischen Zusammenhängen« in den Unterricht umzusetzen. Es ist dies ein möglicher Weg, der sich als erfolgreich erwiesen hat.

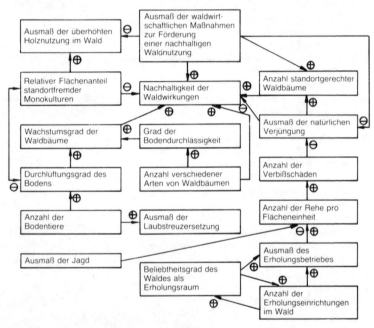

Komplexes Wirkungsgefüge um das Problemfeld »Nachhaltigkeit der Waldwirkungen« (Beispiel)

3.2.6. Unterrichtsformen

In der Unterrichtseinheit ist versucht worden, bei den Lehrern Offenheit gegenüber selbständigen Schüleraktivitäten, Bereitschaft zu laufender Planung der Unterrichtsarbeit und Aufgeschlossenheit gegenüber freieren

Unterrichtsformen wie z. B. »Poster-Sessions«, Podiumsgespräche, Gruppendiskussionen zu fördern. Vorschläge für die Anwendung offener, schülerzentrierter Unterrichtsformen können nur dann in den Unterricht aufgenommen werden, wenn der Lehrer den Schülern Vertrauen und persönliches Engagement entgegenbringt. Diese Grundhaltung ist Voraussetzung für die Gestaltung von schülerzentrierten Lernsituationen. Sie kann nicht kurzfristig entwickelt werden. Es braucht Zeit und auch Mut, Erfahrungen zu sammeln.

Verschiedene Wege können eingeschlagen werden, um eine solche Lehrerhaltung zu fördern. Die Unterrichtseinheit als Ganzes stellt einen Versuch dar, dem Lehrer Mut zu machen und ihm konkrete Hilfen für die Unterrichtsarbeit zu geben.

Die konsequente Anwendung des Didaktischen Konzeptes im Unterricht müßte in einen Projektunterricht ausmünden, mit selbständigen Gruppenarbeiten und darin eingebauten erlebnishaften Lernsituationen im Ernstfall (außerschulische Erkundungen) und im Spiel (Rollen- und Simulationsspiele).

Projektunterricht ist jedoch nicht so leicht durchzuführen. Die Unterrichtseinheit zeigt einen Weg zu projektorientiertem Unterricht durch Wechsel von Planen und Offenlassen. Ein Beispiel einer Plenumsphase und einer Gruppenarbeit mögen dies verdeutlichen:

a) Problemfindungsphase (Plenum)

Arbeitsschritte	Methoden
1. Erkundung im Wald. Die ganze Klasse teilt sich in Gruppen auf und bearbeitet nach eigenen Beobachtungen vorgegebene, problemorientierte Fragen zum Ökosystem Wald.	Arbeitsgang in den Wald mit der ganzen Klasse
2. Waldbegehung mit dem Förster und Befragung des Försters. Als Vorbereitung werden die Beobachtungen ausgewertet, ein problemorientierter Text studiert und bearbeitet und ein Fragebogen für den Förster schriftlich formuliert.	Angeleitete und selbständige Beobachtungen durch die Schüler und schriftliche Auswertung der Ergebnisse
3. Befragung einzelner Personen (Vertreter der Forstverwaltung und Holzwirtschaft, Waldarbeiter, Landwirte, Privatpersonen). Die Aufgaben werden auf verschiedene Gruppen verteilt, die aufgrund der Befragung des Försters Personen für das Interview auswählen. Die Fragen werden schriftlich vorbereitet.	Kontrollierte und selbständige Befragungen außerhalb der Schule und Auswertung
4. Diskussion und Zusammenstellung eigener Erfahrungen, Bedürfnisse und Vorstellungen hinsichtlich der gefundenen Probleme.	Diskussion der Ergebnisse im Plenum
5. Auswertung aller Ergebnisse. Aus ihnen werden die wichtigsten aktuellen Probleme identifiziert, die von Gruppen anschließend selbständig bearbeitet werden können.	Diskussion im Plenum

b) Waldwirtschaft (Gruppenarbeit)[1]

A Die Aufgaben und Ziele der Forstwirtschaft und die damit zusammenhängenden Konflikte werden anhand von Textmaterial in Einzelarbeit studiert (Bearbeitung von Fragen) und in der Gruppe diskutiert
   Textbearbeitung

B Die waldbaulichen Maßnahmen und Methoden werden anhand von Textmaterial in Gruppenarbeit studiert und gegenseitig erklärt; in Partner- und Gruppenarbeit werden Merkblätter gezeichnet, mit denen Beobachtungen über die Bewirtschaftung des Waldes in der eigenen Gemeinde durchgeführt werden.
   Textstudium
Darstellung der waldbaulichen Maßnahmen und Methoden
Beobachtungen im Wald

C Ein Fragebogen und entsprechende Antwortblätter werden in der Gruppe erarbeitet; in Partnerarbeit werden diese für eine Befragung von Einzelpersonen über die Bewirtschaftung bestimmter interessanter Stellen im Wald eingesetzt.
   Erarbeiten eines Fragebogens mit Antwortblättern
Befragung von Einzelpersonen

D Die Ergebnisse aus den eigenen Beobachtungen und aus der Befragung werden in Partnerarbeit ausgewertet, in anschaulicher Art dargestellt und in der Gruppe unter verschiedenen Fragestellungen diskutiert.
   Auswertung der Befragung
Darstellung und Deutung der Ergebnisse

3.2.7. Aufbau der Unterrichtseinheit

Zum Schluß soll nun noch kurz die Unterrichtseinheit als Ganzes beschrieben werden.

1. Die Problemstellung, die dem Unterricht zugrunde liegt, entwickelt sich aus einer *Problemfindungsphase*. In dieser sammeln die Schüler Beobachtungen, Meinungsäußerungen von der Bevölkerung und Informationen vom Förster zur realen Situation des Waldes in der Gemeinde und erarbeiten auf dieser Grundlage eine Problemstellung.
   Problemfindung

2. Der Betroffenheit jedes einzelnen Schülers wird damit Rechnung getragen, daß er je ein sozialkundliches und ein naturwissenschaftliches *Gruppenthema* frei wählen kann, deren Fragestellungen ihn besonders interessieren. In
   selbständige Gruppenarbeit

---

[1] Die folgende Beschreibung der Arbeitsschritte ist eine Zusammenfassung aus den Gruppenanleitungen für Schüler

den Gruppenarbeiten wird der Prozeß angeleitet, die Wahl der Problemsituation bleibt jedoch offen. Sie richtet sich nach den Ergebnissen der Problemfindungsphase.

3. Durch direkte Auseinandersetzung mit verschiedenen Bevölkerungsgruppen und durch Konfrontation dieser Informationen mit den aus der Literatur gezogenen Texten, können die Schüler zu *Werthaltungen* gelangen. Diese entwickeln sich so mehr aus einer durch Nachdenken gewonnenen, persönlichen Einsicht und orientieren sich nicht nur an der Einstellung der Öffentlichkeit oder bestimmter Bevölkerungsgruppen. — Aufbau von Werthaltungen

4. Vor, während und nach der Bearbeitung der Problemsituation in Kleingruppen können sich die Schüler systematisch *Informationen aus verschiedenen Disziplinen* erwerben. Dies geschieht einerseits durch selbständige Erarbeitung von Texten in den Kleingruppen selbst, zu einem Teil aber auch unter Anleitung im Plenum, wobei der Lehrer den Anteil der von ihm gesteuerten Informationsvermittlung je nach Fähigkeiten, Motivation und Arbeitssituation der Schüler festlegt. — Verarbeiten von Informationen

5. Der *gedanklichen Verarbeitung* der Erfahrungen und des erworbenen Wissens zur Integration in einen Erkenntniszusammenhang wird besondere Aufmerksamkeit geschenkt. Die Prozesse werden durch Arbeitsvorschläge angeleitet, die sich aus den Zielsetzungen des didaktischen Konzepts »Ökologie und Umwelterziehung«, der Thematik der Unterrichtseinheit und lernpsychologischen Überlegungen ergeben. — Integration zu ökologischen Erkenntnissen

Literatur

Einführung

Bleckmann, H., Berck, K.-H., Schwab, Ch.: Unterrichtseinheit Naturschutz.
Berck, K.-H. (Hrsg.): Arbeitshilfen für den Biologie-Unterricht. Bonn: Dümmler 1980.
Bolscho, D.: Umwelterziehung im Sachunterricht der Grundschule. In: Praxis Geographie 9 (1979), Heft 3, S. 148–150.
Bolscho, D.: Umwelterziehung in den Lehrplänen der allgemeinbildenden Schulen. In: Die Deutsche Schule 71 (1979), Heft 11, S. 663–670.
Bolscho, D., Eulefeld, G., Seybold, H.: Umweltunterricht: Tendenzen – Beispiele – Medien. In: Lehrmittel aktuell 3 (1977), Heft 5, S. 66–74 (Teil 1) und Heft 6, S. 52–60 (Teil 2).
Bolscho, D., Eulefeld, G., Seybold, H.: Umwelterziehung. Neue Aufgaben für die Schule. München, Wien, Baltimore: Urban und Schwarzenberg 1980.
Brucker, G.: Umwelterziehung in der Lehrerausbildung – Thema Boden. In: Die Deutsche Schule, 71 (1979), Heft 11, S. 721–730.
Busche, E., Marquardt, B., Maurer, M. (Hrsg.): Natur in der Schule. Kritik und Alternativen zum Biologieunterricht. Reinbek: Rowohlt, 1978.
Dörge, F. W. (Hrsg.): Qualität des Lebens. Ziele und Konflikte sozialer Reformpolitik didaktisch aufbereitet. Opladen: Leske, 1973.
Dörge, F. W.: Umweltschutz als wirtschaftspolitische Aufgabe (Sekundarstufe I). In: Umweltschutz als fachübergreifendes Curriculum. Schriftenreihe der Bundeszentrale für politische Bildung. Heft 9. Bonn, 1974, S. 151–170.
Eckardt, K., Habrich, W.: Umweltprobleme und Umweltschutz. S. II. Arbeitsmaterialien Geographie. Stuttgart: Klett, 1976.
Engelhardt, E., Herrmann, E., Hölzel, A.: Umweltschutz – Ökologie. Hessisches Institut für Bildungsplanung und Schulentwicklung (HIBS) (Hrsg.). Sonderreihe der Veröffentlichungen Nr. 6, Wiesbaden, 1979.
Eulefeld, G., Puls, W. W.: Umwelterziehung in den Schulfächern Biologie und Geographie. In: Naturwissenschaften im Unterricht, 26 (1978), S. 251–252.
Eulefeld, G., Bolscho, D., Seybold, H.: Unterrichtsmaterialien zur Umwelterziehung. Eine annotierte Bibliographie. Band 2: ab 1974 bis 1979. Reihe IDK des IPN Kiel. Köln: Aulis, 1979.
Eulefeld, G., Kapune, Th. (Hrsg.): Empfehlungen und Arbeitsdokumente zur Umwelterziehung – München 1978. IPN-Arbeitsberichte. Nr. 36. Kiel: IPN, 1979.
Eulefeld, G., Bolscho, D., Puls, W. W., Seybold, H.: Umweltunterricht in der Bundesrepublik Deutschland 1980. Stand im Primarbereich und in der Sekundarstufe I. Reihe IDK des IPN. Köln: Aulis, 1980.
Fingerle, K.: Umwelterziehung: Empfehlungen und Unterrichtsmodelle. Zu einem KMK-Beschluß und neueren Veröffentlichungen. In: Zeitschrift für Pädagogik, 27 (1981), Heft 1, S. 145–158.
Habrich, W.: Umweltprobleme, Umweltplanung und Umweltschutz als curriculare Elemente des neuzeitlichen Erdkundeunterrichts. Ratingen, Kastellaun, Düsseldorf: Henn, 1975.
Habrich, W., Köhler, E.: Stand und Tendenzen einer Umwelterziehung aus geographischer Sicht. In: Die Deutsche Schule 7 (1979), Heft 11, S. 677–687.
Hameyer, U.: Innovationsprozesse. Analysemodell und Fallstudien zum sozialen Konflikt in der Curriculumrevision. Weinheim/Basel: Beltz, 1978.
Hausmann, W.: Umwelterziehung im Erdkundeunterricht. In: Augsburger Sozialgeographische Hefte, 1979, 6, S. 75–89.

Hendinger, H.: Landschaftsökologie. westermann-colleg Raum und Gesellschaft. Heft 8. Braunschweig: Westermann, 1977.
IPTS: Beiträge für Unterricht und Lehrerfortbildung. Umweltschutz und Schule, 12. Kiel: Schmidt & Klaunig, 1980.
Janssen, J., Meffert, A.: Umwelterziehung. Beiträge zur Didaktik. Baltmannsweiler: Burgbücherei Wilhelm Schneider, 1978.
Kattmann, U.: Unterricht angesichts der Überlebenskrise. Zur Grundlegung eines didaktischen Konzeptes für die Umwelterziehung. Beiträge zum mathematisch-naturwissenschaftlichen Unterricht 31, (1976), S. 2–25.
Köhler, E.: Annotierte Bibliographie zur Umwelterziehung mit dem Schwerpunkt Geographie. In: Praxis Geographie, 9 (1979), 3, S. 150–154.
Kyburz-Graber, R.: Schutz des Waldes. Eine fächerübergreifende Unterrichtseinheit über Probleme der Ökologie und Ökonomie des Waldes in der Kulturlandschaft. In: Schreiber, K.-F. (Hrsg.): Gesellschaft für Ökologie. Verhandlungen. Band VII. 8. Jahrestagung Münster 1978. Göttingen: Gesellschaft für Ökologie, 1979, S. 263–270.
Lehmann, J. (Hrsg.): Hochschulcurriculum Umwelt. Köln: Aulis, 1981.
Maassen, B.: Materialien zur Umwelterziehung in allgemeinbildenden Schulen. Band 1: bis 1974. Eine annotierte Bibliographie. Reihe IDK des IPN. Köln: Aulis, 2. Aufl., 1979.
Marquardt, B.: Analyse heutiger Biologieschulbücher (Sekundarstufe I) im Hinblick auf das Thema Umweltschutz. In: Verhandlungen der Gesellschaft für Ökologie, Göttingen 1976. The Hague: Junk, 1977.
Marquardt, B.: Umwelterziehung zwischen Schmutz und Idylle – Politik in Umweltschutzkapiteln. In: Busche/Marquardt/Maurer, 1978.
Menesini, M. M., Seybold, H.: Umweltschutz in der Schule. Konzeption und praxisorientierte Anregungen für einen fächerübergreifenden Unterricht. Didaktik der Naturwissenschaften 1. Köln: Aulis, 1978.
Meyer, P.: Umweltbewußte Erziehung. Bern, Frankfurt/M.: H. Lang, P. Lang, 1974.
Mikelskis, H.: Materialien zum Thema Kernkraftwerke. Eine kommentierte Dokumentation ausgewählter Unterrichtshilfen. Reihe IDK des IPN Kiel. Köln: Aulis, 1979.
RCFP, Forschungsstab (Hrsg.): Das raumwissenschaftliche Curriculumforschungsprojekt. Erfahrungen und Ergebnisse der Entwicklungsphase 1973–76. Braunschweig: Westermann, 1978.
Seybold, H.: Konzeption und Strategie praxisnaher Curriculumentwicklung. Dokumentation des Entwicklungsprozesses eines Bausteins »Umweltschutz«. Ravensburg: Maier, 1975.
Seybold, H.: Interdisziplinäre Ansätze in Curricula zur Umwelterziehung. In: Die Deutsche Schule, 71 (1979), Heft 11, S. 697–709.
Staatsinstitut für Schulpädagogik: Umwelterziehung an den Bayerischen Schulen, Teil 2: Lernziele, Lerninhalte und Unterrichtsbeispiele. München. 1979.

Kapitel 1.1.

Adl-Amini, B.: Schultheorie – Geschichte, Gegenstand und Grenzen. Weinheim, Basel: Beltz 1978.
Frey, K.: Leitideen des obligatorischen Schulunterrichts. Kiel: IPN 1978, Polykopie 42 S.
Klafki, W.: Studien zur Bildungstheorie und Didaktik. Weinheim, Basel: Beltz, 1973.
Kramp, W.: Studien zur Theorie der Schule. München: Kösel, 1973.
Künzli, R. (Hrsg.): Curriculumentwicklung. Begründung und Legitimation. München: Kösel, 1975.
Zedler, H.-P.: Zur Logik von Legitimationsproblemen. München: Kösel, 1976.

Kapitel 1.2.1.

Albert, H.: Wertfreiheit als methodisches Prinzip. In: Topitsch, L. E. (Hrsg.): Logik der Sozialwissenschaften. Köln, Berlin: Kiepenheuer & Witsch, 1970, S. 181–210. (10. unveränd. Aufl. 1980).
Carson, R. L.: The silent spring. 1962. Deutsch: Carson, R. L.: Der stumme Frühling. München: Beck 1979.
Commoner, B.: The closing circle. Nature, Man and Technology. New York 1971.
Ehrlich, P. R., Ehrlich, A. H.: Bevölkerungswachstum und Umweltkrise. Die Ökologie des Menschen. Frankfurt: Fischer, 1972.
Enzensberger, H. M., Michel, K. M. (Hrsg.): Kursbuch 33. Berlin: Kursbuch-Verlag, 1973.
Etzioni, W.: Elemente einer Mikrosoziologie. In: Zapf, A.: Theorien des sozialen Wandels. Meisenheim: Hain, 1969, S. 162 ff.
Glagow, M. (Hrsg.): Umweltgefährdung und Gesellschaftssystem. München: Piper, 1972.
Gruhl, H.: Ein Planet wird geplündert. Frankfurt: Fischer, 1975.
Kühnelt W.: Grundriß der Ökologie. Stuttgart: Fischer, 1970.
Meadows, D. H., Meadows, D. L., Zahn, E., Milling, P.: Die Grenzen des Wachstums. Bericht des Club of Rome zur Lage der Menschheit. Stuttgart: dva, 1972.
Thienemann, A.: Historische Darstellung des Problems Wasserverschmutzung in »Binnengewässer in Natur und Kultur.« 1965, S. 120 ff.
Parsons, T.: The social system. Glencoe, Ill., 1953.
Parsons, T., Shills, E.: Toward a theory of social action. London, Toronto: Don Mills, 1966.
Rat von Sachverständigen: Umweltgutachten 1978. Stuttgart, Mainz: Kohlhammer, 1978.

Kapitel 1.2.2.

Boehme, G, van den Daele, W., Krohn, W.: Die Finalisierung der Wissenschaft. In: Diederich, W. (Hrsg.): Theorien der Wissenschaftsgeschichte. Frankfurt: Suhrkamp, 1974, S. 276–311.

Kapitel 1.2.3.

Berninger, O.: Die Landschaft und ihre Gliederung. In: Buchwald, K., Engelhardt, W. (Hrsg.): Landschaftspflege und Naturschutz in der Praxis. München: BLV, 1973.
Ellenberg, H.: Ökosystemforschung. Berlin, Heidelberg, New York: Springer, 1973.
Friederichs, K.: Der Gegenstand der Ökologie. Studium generale, 10 (1957) 112–144.
Haeckel, E.: Generelle Morphologie der Organismen. Berlin: Reimer, 1866.
Illies, J.: Umwelt und Anpassung. In: Illies, J., Clausewitz, F. W. (Hrsg.): Unsere Umwelt als Lebensraum. Grzimeks Buch der Ökologie. Zürich: Kindler, 1973, S. 15–21.
Knötig, H.: Bemerkungen zum Begriff Humanökologie. Humanökologische Blätter 1972, 3–140.
Krebs, C. J.: Ecology. New York, Evanston, San Francisco, London: Harper & Row, 1972.
Kühnelt, W.: Grundriß der Ökologie. Stuttgart: Fischer, 2. Aufl., 1972.

Lüth, P.: Kritische Medizin. Hamburg: Rowohlt, 1972.
McHale, J.: Der ökologische Kontext. Frankfurt: Suhrkamp, 1974. (Orig.: The ecological context, 1970).
Mitscherlich, A.: Die Unwirtlichkeit unserer Städte. Frankfurt: Suhrkamp, 12. Aufl., 1974.
Müller, P.: Was ist »Ökologie?« In: Das Gartenamt 1974, Heft 11, S. 634–637.
Odum, E. P.: Ökologie. München: BLV, 1972. (Orig.: Ecology. New York, 1963).
Peus, F.: Auflösung der Begriffe Biotop und Biozönose. Deutsche Entomologische Zeitschrift N. F. 1 (1954), S. 271–308.
Remmert, H.: Ökologie. Berlin, Heidelberg, New York: Springer, 1978.
Riedl, R.: Generelle Eigenschaften der Biosphäre. In: Steubing, L., Kunze, C., Jäger, J.: Belastung und Belastbarkeit von Ökosystemen. Tagungsbericht der Gesellschaft für Ökologie, Gießen 1972. Augsburg: Druck- und Verlagsanstalt W. Blasaditsch, o.J., S. 9–17.
Savigny, E.v.: Grundkurs im wissenschaftlichen Definieren. München: dtv, 1970.
Schwerdtfeger, F.: Ökologie der Tiere. Autökologie. Hamburg, Berlin: Parey, 1963.
Tansley, T.: The use and abuse of vegetation concepts and terms. Ecology 16, 1935.
Thienemann, A. F.: Leben und Umwelt. Hamburg: Rowohlt, 1956.
Tischler, W.: Grundzüge der terrestrischen Tierökologie. Braunschweig: Vieweg, 1949.
Tischler, W.: Rezension von Peus (1954). In: Bericht über die wissenschaftliche Biologie, 97 (1955a), 84.
Tischler, W.: Synökologie der Landtiere. Stuttgart: Fischer, 1955b.
Tischler, W.: Einführung in die Ökologie. Stuttgart, New York: G. Fischer, 1976.
Tischler, W.: Biologie der Kulturlandschaft. Stuttgart, New York: G. Fischer, 1980.

Kapitel 1.2.4.

Commoner, B.: Wachstumswahn und Umweltkrise. Gütersloh: Bertelsmann, 1971.
Doran, Ch. F.: Globales Versagen: Die internationale Umweltpolitik. In: Doran, Ch. F., Hinz, M., Mayer-Tasch, P. C.: Umweltschutz – Politik des peripheren Eingriffs. Eine Einführung in die Politische Ökologie. Darmstadt, Neuwied: Luchterhand, 1974, S. 157–215.
Ehrlich, P., Ehrlich, A.: Bevölkerungswachstum und Umweltkrise. Frankfurt: Fischer, 1972.
Ehrlich, P., Ehrlich, A.: Bevölkerungskontrolle – Kontrolle der Bevölkerung. In: Enzensberger, H. M., Michel, K. M. (Hrsg.): Kursbuch 33. Berlin: Kursbuch-Verlag, 1973, S. 72–78.
Engels, F.: Der Anteil der Arbeit an der Menschwerdung der Affen. Berlin: Dietz, 1962.
Enzensberger, H. M.: Zur Kritik der politischen Ökologie. In: Kursbuch 33, S. 1–42.
Goldmann, M. I.: Umweltzerstörung und Umweltvergiftung in der Sowjetunion. In: Glagow, 1972.
Kade, G.: Ökonomische und gesellschaftspolitische Aspekte des Umweltschutzes. München: Piper, 1972.
Kapp, K. W.: Umweltzerstörung und soziale Kosten – eine Herausforderung an die Ökonomie. In: Glagow, 1972, S. 25–37.
Meadows, D. H., Meadows, D. L., Zahn, E., Milling, P.: Die Grenzen des Wachstums. Bericht des Club of Rome zur Lage der Menschheit. Stuttgart: dva, 1972.

Romoren, E., Romoren, T. I.: Marx und die Ökologie. In: Kursbuch 33, 1971, S. 175–186.
Scheuch, E.: Umweltschutz – und Schutz vor der Umwelt. In: Monat, 267, 1970.
Schmidt, A.: Der Begriff der Natur in der Lehre Marx. Eva 1974.
Simons, K.: Der Beitrag der Sozialwissenschaften zum Umweltproblem. In: Lehmann, J. (Hrsg.): Hochschulcurriculum Umwelterziehung. Köln: Aulis, 1981.

Kapitel 1.2.5.

Cansier, D.: Ökonomische Grundprobleme der Umweltpolitik. Berlin 1975.
Council on Environmental quality: The Global 2000 Report to the President. Frankfurt: Zweitausendeins, 1980.
Enzensberger, H. M.: Zur Kritik der politischen Ökologie. In: Kursbuch 33, Berlin, 1973, S. 1–42.
Frey, B. S.: Umweltökonomie. Göttingen, 1972.
Gerau, J.: Zur politischen Ökologie der Industrialisierung des Umweltschutzes. In: Leviathan, 2/1977, 239–270.
Hassenpflug, D.: Umwelt zu Marktpreisen? In: Das Argument, 93/1975, 769–793; 95/1975, 79–91.
Janssen, B.: Umweltverschmutzung – Krise der Marktwirtschaft? Frankfurt/Köln, 1976.
Kade, G.: Ökonomische und gesellschaftspolitische Aspekte des Umweltschutzes. In: Glagow, M. (Hrsg.): Umweltgefährdung und Gesellschaftssystem. München, 1972, S. 124–141.
Kapp, K. W.: Soziale Kosten der Marktwirtschaft. Frankfurt, 1979.
Keynes, J. M.: Politik und Wirtschaft. Tübingen: Mohr, 1956.
Lange, Ch.: Umweltschutz und Unternehmungsplanung. Stuttgart, 1978.
Möller, H., Osterkamp, R., Schneider, W.: Umweltprobleme aus ökonomischer Sicht. Kronberg: Athenäum, 1979.
Nowotny, E.: Wirtschaftspolitik und Umweltschutz. Bern, 1976.
Prosi, G.: Umwelt und wirtschaftliche Entwicklung. In: Umweltprobleme – wirtschaftliche, politische und soziologische Aspekte. Schriftenreihe des agrarwissenschaftlichen Fachbereichs der Universität Kiel. Hamburg, Berlin: Parey, 1976.
Raffee, H.: Marketing und Umwelt. Stuttgart, 1979.
Ronge, W.: Die Umwelt im kapitalistischen System. In: Jänicke, M. (Hrsg.): Politische Systemkrisen. Köln, 1973, S. 329–352.
Solow, R. M.: The Economists Approach to Pollution Control. In: Armstrong, T. S. (Ed.): Why do we still have an Ecological Crisis? Englewood Cliffs/N.Y., 1972, S. 47–62.
Victor, P. A.: Economics of Pollution. London, 1972,

Kapitel 1.3.

Engelhardt, E., Herrmann, E., Hölzel, A.: Umweltschutz – Ökologie. Hessisches Institut für Bildungsplanung und Schulentwicklung (HIBS) (Hrsg.). Sonderreihe der Veröffentlichungen Nr. 6. Wiesbaden, 1979.
Eulefeld, G.: Ein ökologisches Strukturierungsprinzip für das Biologie-Curriculum in der Sekundarstufe I. In: Kattmann, U., Isensee, W. (Hrsg.): Strukturen des Biologieunterrichts. Bericht über das 6. IPN-Symposion. Köln: Aulis, 1975, S. 125–157.
Eulefeld, G.: Didaktische Leitlinien zur Umwelterziehung in der Bundesrepublik Deutschland. In: Eulefeld, G., Kapune. Th. (Hrsg.): Empfehlungen und

Arbeitsdokumente zur Umwelterziehung – München 1978. IPN-Arbeitsbericht 36. Kiel: IPN, 1979, S. 33–44.

Eulefeld, G., Puls, W. W.: Umwelterziehung in den Schulfächern Biologie und Geographie. In: Naturwissenschaften im Unterricht, 26 (1978), S. 251–252.

Eulefeld, G., Bolscho, D., Bürger, W., Horn, K.-H.: Probleme der Wasserverschmutzung. Unterrichtseinheit für eine Kooperation der Fächer Biologie/Geographie/Sozialkunde in den Klassenstufen 9/10. IPN-Einheitenbank Biologie. Köln: Aulis, 1979.

Eulefeld, G., Kapune, Th. (Hrsg.): Empfehlungen und Arbeitsdokumente zur Umwelterziehung – München 1978. IPN-Arbeitsbericht Nr. 36. Kiel: IPN, 1979.

Eulefeld, G., Bolscho D., Puls, W. W., Seybold, H. unter Mitarbeit von Wiechering, G.: Umweltunterricht in der Bundesrepublik Deutschland 1980. Stand im Primarbereich und in der Sekundarstufe I. Köln: Aulis, 1980.

Habrich, W., Köhler, E.: Stand und Tendenzen einer Umwelterziehung aus geographischer Sicht. In: Die Deutsche Schule 71 (1979), Heft 11, S. 677–687.

Hausmann, W.: Umwelterziehung im Erdkundeunterricht. In: Augsburger Sozialgeographische Hefte, 1979, 6, S. 75–89.

IUCN: Éducation Report of the Working Party from the Nevada Conference, 1970.

Künzli, R.: Differenzierung und Integration im System der Schulfächer bei der Einführung von Informatik. In: Bosler, U., Schulz-Zander, R., Wolgast, H.: Infis. Versuchsinterne Informationen Nr. 2. Modellversuch überregionale Erprobung und Vergleich von schulspezifischen Programmiersprachen für Informatik- und Datenverarbeitungsunterricht. Kiel: IPN, 1980, S. 23–36.

Kyburz-Graber, R.: Schutz des Waldes. IPN-Einheitenbank Biologie. Köln: Aulis, 1981.

Mikelskis, H., Lauterbach, R.: Energieversorgung durch Kernkraftwerke. IPN-Curriculum Physik für das 9. und 10. Schuljahr. Stuttgart: Klett, 1980^2.

Mikelskis, H.: Schulerprobung der Unterrichtseinheit P 9.3. Energieversorgung durch Kernkraftwerke. IPN-Arbeitsbericht Nr. 40. Kiel: IPN, 1980.

Milieu: Zeitschrift des EG-Projekts »Schulnetz für Umwelterziehung.« Dublin.

Münzinger, W.: Projektunterricht zum Thema »Umwelt« als Beispiel außerschulischen Lernens. Kooperationsmodell zwischen Schule und Gemeinde. In: Gesamtschule 9 (1977), 4, S. 23–27.

Rodi, D.: Ein Strukturierungsansatz für den Biologieunterricht in der Sekundarstufe I durch das ökologische Konzept. In: Kattmann, U., Isensee, W. (Hrsg.): Strukturen des Biologieunterrichts. Bericht über das 6. IPN-Symposion. Köln: Aulis 1975, S. 185–196.

Staatsinstitut für Schulpädagogik: Umwelterziehung an den Bayerischen Schulen, Teil 2: Lernziele, Lerninhalte und Unterrichtsbeispiele. München, 1979.

Schulte, G.: Ein ökologisches Konzept zur Strukturierung von Biologieunterricht in der Sekundarstufe I. In: Kattmann, U., Isensee, W. (Hrsg.): Strukturen des Biologieunterrichts. Bericht über das 6. IPN-Symposion. Köln. Aulis 1975, S. 158–184.

Theodor-Heuss-Schule: Modellversuch Umwelt-Ökologie. Planungsgruppe Umweltschutz. Informationen Nr. 2, 1971.

Kapitel 2.1.

Enzensberger, H. M., Michel, K. M. (Hrsg.): Kursbuch 33. Berlin: Kursbuch-Verlag, 1973.

Glagow, M. (Hrsg.): Umweltgefährdung und Gesellschaftssystem. München: Piper, 1972.

Kapitel 2.3.2.

Boulding, K. E.: General systems as a point of view. In: Mesarovic, M. D. (Ed.): Views on general systems theory. New York: Wiley, 1964, S. 25–38.
Bunge, M.: Scientific research I, II. Berlin: Springer, 1967.
Cicourel A. V.: Methode und Messung in der Soziologie. (Orig.: Method and Measurement in Sociology). Frankfurt: Springer, 1970.
Ellenberg, H.: Ökosystemforschung. Berlin, Heidelberg, New York: Springer, 1973.
Feyerabend, P.: Die Wissenschaftstheorie – eine bisher unbekannte Form des Irrsins? In: Hübner, K.: Natur und Geschichte. X. Deutscher Kongress für Philosophie. Kiel 8.–12. Oktober 1972. Hamburg: Meiner, 1973, S. 88–124.
Galbraith, J. Designing complex organisation. Reading (Mass.): Addison-Wiley, 1973.
Goffman, E.: Stigma. Über Techniken der Bewältigung beschädigter Intensität. Frankfurt: Suhrkamp, 1967.
Kuhn, Th. S.: Die Struktur wissenschaftlicher Revolutionen. (Orig.: The structure of scientific revolutions). Frankfurt: Suhrkamp, 1967.
Lakatos, I.: Falsification and the methodology of scientific research programmes. In: Lakatos, I. Musgrave, A. (Eds.): Criticism and the growth of knowlege. Cambridge: University Press, 1970, S. 91–196.
Piaget, J.: Erkenntnistheorie der Wissenschaften vom Menschen. Hauptströmungen der sozialwissenschaftlichen Forschung, hrsgg. von der UNESCO. Frankfurt: Ullstein, 1973.
Skotnicky, J., Weninger, J.: Chemische Thermodynamik. In: Der Chemieunterricht 6 (1975), Heft 3.
Stegmüller, W.: Probleme und Resultate der Analytischen Philosophie und Wissenschaftstheorie. Band I. Berlin: Springer, 1969.

Kapitel 2.3.3.

Blab, J., Nowak, E. u. a.: Rote Liste der gefährdeten Tiere und Pflanzen in der Bundesrepublik Deutschland. Reihe »Natur aktuell«, Nr. 1. Greven: Kilda, 2. Aufl., 1978.
Darwin, L.: Die Entstehung der Arten durch natürliche Zuchtwahl. Reclam.
Ellenberg, H.: Ökosystemforschung. Berlin, Heidelberg, New York: Springer, 1973.
Weinzierl, H.: Gruppe Ökologie: Ökologische Zellen – Anforderung an eine nachhaltige Landnutzung. Geschäftsstelle H. Weinzierl, Ingolstadt.
Heydemann, B.: Die Bedeutung von Tier- und Pflanzenarten in Ökosystemen, ihre Gefährdung und ihr Schutz. In: Jahrbuch für Naturschutz und Landschaftspflege, Bd. 30. Greven: Kilda, 1980, S. 15–83.
Wahlert, G. v.: Evolution als Geschichte des Ökosystems »Biosphäre«. In: Kattmann, U., Wahlert, G. v., Weninger, J.: Evolutionsbiologie. Köln: Aulis, 1978, S. 23–70.

Kapitel 2.4.

Bürger, W.: Teamfähigkeit im Gruppenunterricht. Zur Konkretisierung, Realisierung und Begründung eines Erziehungszieles. Weinheim: Beltz, 1977.
Chester, M., Fox, R.: Role-Playing methods in the classroom. Chicago: Science Research Associates, 1966.
Frey, K.: Projektmethode. In Vorbereitung.
Hendry, C. E., Lipitt, R., Zander, A.: Reality Practice as Educational Method. A

Psychodrama Monograph No. 9. Beacon House, 1947.
Hülshoff, F., Kaldewey, R.: Training Rationeller Lernen und Arbeiten. Stuttgart: Klett, 1976, 2. Aufl.
IPN-Curriculum Physik: Bürger, W.: Anleitungen zur Gruppenarbeit. Stuttgart: Klett, 1975.
Kaiser, F.-J.: Entscheidungstraining. Heilbrunn: Klinkhardt, 1973.
Röseler, R.: Voraussetzungen und Vorbereitung projektorientierten Lernens. In: betrifft erziehung 8 (1975), 1, S. 36–41.
Schlotthaus, W.: Projektorientierter Deutschunterricht. In: Westermanns Pädagogische Beiträge 25 (1973), S. 75–84.

Kapitel 3.1.

a) Fachliche Literatur

Ant, H., Engelke, H.: Die Naturschutzgebiete der BRD. Hiltrup: Landwirtschaftsverlag, 2. Aufl., 1973.
Bartelmess, A.: Wald – Umwelt des Menschen. Freiburg/München: Alber, 1972.
Bauer, L., Weinitschke, H.: Landschaftspflege und Naturschutz. Jena: Fischer VEB, 1973.
Bauer, F., Zimmermann, G.: Der Wald in Zahlen von A–Z. München: BLV, 1963.
Buchwald, K., Engelhardt, W. (Hrsg.): Handbuch für Planung, Gestaltung und Schutz der Umwelt. München, Bern, Wien: BLV, 1978.
Buchwald, K., Engelhardt, W.: Landschaftspflege und Naturschutz in der Praxis. München: BLV, 1973.
Bünning, E.: Der tropische Regenwald. Berlin, Göttingen, Heidelberg: Springer, 1956.
Caspers, R.: Ökologie und Umweltproblematik aus ökonomischer Sicht. Unveröffentlichtes Manuskript.
Dengler, A., Bonnemann, A., Röhrig, E.: Waldbau auf ökologischer Grundlage. Bd. 1: Der Wald als Vegetationstyp und seine Bedeutung für den Menschen. Hamburg, Berlin: Parey, 4. Aufl., 1971.
Domsch, K. H.: Umweltschutz in Land- und Forstwirtschaft. Hamburg, Berlin: Parey, 1972.
Dorst, J.: Natur in Gefahr. Zürich: Füssli, 1966.
Ellenberg, H.: Ökosystemforschung. Berlin, Heidelberg, New York: Springer, 1973.
Ellenberg, H.: Vegetation Mitteleuropas mit den Alpen in ökologischer Sicht. Stuttgart: Ulmer, 2. Aufl., 1978
Hasel, K.: Waldwirtschaft und Umwelt. Eine Einführung in die forstwirtschaftspolitischen Probleme der Industriegesellschaft. Hamburg, 1971.
Kühnelt, W.: Grundriß der Ökologie. Stuttgart: Fischer, 1970.
Leibundgut, H.: Wirkungen des Waldes auf die Umwelt des Menschen. Zürich: Rentsch, 1975.
Leibundgut, H. (Hrsg.): Schutz unseres Lebensraumes. (Symposion ETH Zürich). München, Bern, Wien: BLV, 1971.
Lohmann, M.: Natur als Ware. München: Hanser, 1972.
Stern, H. u. a.: Rettet den Wald. München: Kindler, 1979.
Walter, H.: Vegetationszonen und Klima. Stuttgart: Ulmer, 3. Aufl., 1977.
Walter, H.: Die ökologischen Systeme der Kontinente (Biogeosphäre). Stuttgart: Fischer, 1976.
Walter, H., Straka, H.: Arealkunde. Bd. III, 2 der Einführung in die Phytologie von H. Walter. Stuttgart: Ulmer, 1970.
Weck, J.: Die Wälder der Erde. Berlin, Göttingen, Heidelberg: Springer, 1957.

b) Fachdidaktische Literatur

Kneitz, G.: Produktionsbiologische Untersuchungen, dargestellt an einer mitteleuropäischen Waldlebensgemeinschaft. VDB, Landesverband Bayern, 4. Jahrestagung, Erlangen, 1977.
Kyburz-Graber, R.: Schutz des Waldes. IPN-Einheitenbank Biologie. Köln: Aulis, 1981.
Lobeck, K., Meincke, J.: Wald – Hecke – Strand. Berlin: Volk und Wissen, 1966.
Mitscherlich, G.: Der Wald als Ökosystem und das Problem seiner Belastung. In: Biologie in unserer Zeit 6, (1976), S. 105–110.
Unterricht Biologie Heft 13, erschienen 1977 (Der Wald).
Unterricht Biologie Heft 39, erschienen 1979 (Wild).

Kapitel 3.2.

Brauns, A.: Untersuchungen zur angewandten Bodenbiologie. 2 Bände. Terricole Dipterenlarven. Puppen terricoler Dipterenlarven. Göttingen: Musterschmidt, 1954.
Brauns, A.: Praktische Bodenbiologie. Stuttgart: Fischer, 1968.
Brauns, A.: Taschenbuch der Waldinsekten. Bd. I: Systematik und Ökologie. Stuttgart: Fischer, 1976.
Brauns, A.: Taschenbuch der Waldinsekten. Bd. II: Ökologische Freiland-Differentialdiagnose. Stuttgart: Fischer, 1970.
Burger, H.: Physikalische Eigenschaften der Wald- und Freilandböden. Mitteilungen der Schweiz. Centralanstalt für das forstliche Versuchswesen. XIII. Band, 1. Heft. Zürich, 1922.
Dunger, W.: Tiere im Boden. Neue Brehm-Bücherei 327. Wittenberg/Lutherstadt: Ziemens, 1964.
Eiberle, K.: Das Wildschadenproblem im Waldbau. Schweiz. Zeitschrift für Forstwesen, 9, 1959.
Eulefeld, G. et. al.: Didaktisches Konzept »Ökologie und Umwelterziehung«. (Entwurf). IPN Kiel 1975.
Flüeler, N.: Der Wald. Zürich: Tages-Anzeiger Magazin, 21. Juni 1975.
Hasel, K.: Waldwirtschaft und Umwelt. Eine Einführung in die forstwirtschaftspolitischen Probleme der Industriegesellschaft. Hamburg: Parey, 1971.
Hauser, A.: Vom Raubbau zur Waldpflege. Eine kleine Geschichte der schweizerischen Forstwirtschaft. In: Schweizerische Lehrerzeitung 21, 1976.
Jacsam, J.: Zur Planung von stadtnahen Erholungswäldern. Dissertation Nr. 4638 ETH-Zürich, 1971.
Kyburz-Graber, R.: Ökologie im Unterricht. Versuche zu einem Lehrkonzept über das Ökosystem Wald. Frankfurt: Sauerländer-Diesterweg, 1978 a.
Kyburz-Graber, R.: Didaktik der Waldökologie. Fähigkeiten und Einstellungen von Schülern. In: Schaefer, G. (Hrsg.): Verhandlungen Gesellschaft für Ökologie, Kiel 1977. Göttingen: Gesellschaft für Ökologie, 1978b.
Leibundgut, H.: Die Waldpflege. Bern: Haupt, 1966.
Leibundgut, H.: Der Wald. Eine Lebensgemeinschaft. Frauenfeld: Huber, 1970.
Leibundgut, H.: Wirkungen des Waldes auf die Umwelt des Menschen. Erlenbach-Zürich: Rentsch, 1975.
Mayer, H.: Waldbau auf soziologisgch-ökologischer Grundlage. Stuttgart: Fischer, 1977.

Die neue Reihe

Kohlhammer Taschenbücher Umweltschutz

Hrsg. vom Bundesministerium des Innern.
Erarbeitet vom Umweltbundesamt Berlin.

Jeder ist angesprochen – jeder ist betroffen. Umweltschutz ist innerhalb von zehn Jahren zu einer zentralen Aufgabe von uns allen geworden. Aber wissen wir eigentlich genug über die Umweltprobleme? Was muß heute getan werden? Was wird uns morgen erwarten, wenn wir nichts oder zu wenig tun?

Was Sie schon immer über Umweltschutz wissen wollten
Neuausgabe. 1981.
285 Seiten. Kart. DM 9,80
ISBN 3-17-007259-5
Taschenbuchausgabe

Was Sie schon immer über Auto und Umwelt wissen wollten
ca. 180 Seiten. Kart. DM 9,80
ISBN 3-17-007313-3
Taschenbuchausgabe

Was Sie schon immer über Abfall und Umwelt wissen wollten
227 Seiten. Kart. DM 9,80
ISBN 3-17-007260-9
Taschenbuchausgabe

Was Sie schon immer über Umweltchemikalien wissen wollten
ca. 180 Seiten. Kart. DM 9,80
ISBN 3-17-007314-1
Taschenbuchausgabe

Die Reihe wird fortgesetzt.

 Verlag W. Kohlhammer
Stuttgart · Berlin · Köln · Mainz

Hans-Karl Beckmann (Hrsg.):

Schulpädagogik und Fachdidaktik

232 Seiten. Kart. DM 39,80
ISBN 3-17-005271-3

Das Spannungsfeld zwischen Schulpädagogik und Fachdidaktik ist eines der interessantesten in der Erziehungswissenschaft, das in diesem Werk systematisch und in theoretischer und praktischer Absicht von namhaften Schulpädagogen und Fachdidaktikern aufgearbeitet wird.
Zentrale Fragen der Allgemeinen Didaktik – wie etwa die Sinnfrage, der Erziehungsauftrag, der Fächerkanon, die Inhalte – werden beantwortet und am Beispiel unterschiedlicher Schulfächer analysiert. Dabei dienen die Kapitel zum Religionsunterricht, zur Geschichtsdidaktik, zur Politischen Bildung, zum Mathematik- und Naturwissenschaftlichen Unterricht zugleich auch als erste Einführung in diese Fächer.

Verlag W. Kohlhammer
Stuttgart · Berlin · Köln · Mainz